AF385608

DU PALUDISME

ET

DE SON HÉMATOZOAIRE

PRINCIPALES PUBLICATIONS DU MÊME AUTEUR

Traité des maladies des armées. Paris, 1875 (Ouvrage traduit en langue russe).

Nature parasitaire des accidents de l'impaludisme. Description d'un nouveau parasite trouvé dans le sang des malades atteints de fièvre palustre. Paris, 1881.

Traité des fièvres palustres. Paris, 1884.

En collaboration avec M. J. TEISSIER :

Nouveaux éléments de pathologie médicale. 3ᵉ édition. Paris, 1889 (Ouvrage traduit en langue italienne et en langue espagnole).

8011-90. — CORBEIL. Imprimerie CRÉTÉ.

DU PALUDISME

ET

DE SON HÉMATOZOAIRE

PAR

A. LAVERAN

Médecin principal,
Professeur à l'École du Val-de-Grâce, Membre de la Société médicale
des Hôpitaux de Paris,
de la Société de Biologie et de la Société de médecine publique.
Lauréat de l'Institut (Prix Bréant, 1889).

4 PLANCHES EN COULEUR ET 2 PLANCHES PHOTOGRAPHIQUES

PARIS

G. MASSON, ÉDITEUR

LIBRAIRE DE L'ACADÉMIE DE MÉDECINE

120, Boulevard Saint-Germain, en face de l'École de Médecine

1891

PRÉFACE

A la fin de l'année 1880 j'ai signalé l'existence dans le sang des malades atteints de fièvre palustre, de parasites nouveaux et je suis revenu à plusieurs reprises sur la description de ces parasites pour confirmer mes premières observations et pour les compléter sur quelques points.

Les parasites décrits par moi comme étant ceux du paludisme différaient beaucoup de ceux qui avaient été décrits précédemment et ils ne rentraient pas dans la classe des schizophytes, où tous les microbes pathogènes semblaient alors devoir venir se ranger; aussi mes premières affirmations furent-elles accueillies partout avec beaucoup de scepticisme.

Depuis 1880 les recherches confirmatives des miennes ont été en se multipliant et aujourd'hui je puis dire, je crois, sans exagération, que l'existence de l'hématozoaire du paludisme, a été constatée sur tous les points du globe où le paludisme est endémique.

En 1889, l'Académie des sciences a donné une consécration extrêmement précieuse à mes travaux en me décernant le prix Bréant.

On me pardonnera, je l'espère, de reproduire ici une partie du rapport de M. le professeur Bouchard. Ce rapport constitue un document trop important dans l'histoire de l'hématozoaire du paludisme pour que je puisse l'omettre.

« La commission, par un vote unanime, décerne le prix Bréant (rente de la fondation) à M. A. Laveran, professeur à l'École du Val-de-Grâce, pour sa découverte des hématozoaires du paludisme. Cette découverte, qui date aujourd'hui de dix ans, a été contrôlée par les observateurs les plus divers, dans presque tous les pays où règne la fièvre intermittente. Le parasite, agent pathogène de cette endémie, la plus ancienne, la plus étendue et la plus grave de toutes celles qui ont effrayé l'humanité, diffère radicalement des parasites actuellement connus des autres maladies infectieuses. C'est, chez l'homme au moins, le premier exemple d'une maladie causée par un sporozoaire. Personne ne soutient plus aujourd'hui les idées émises antérieurement qui attribuaient la maladie paludéenne à diverses formes d'algues ou de bactéries...

« La découverte de M. Laveran constitue à elle

(1) Commissaires : MM. Marey, Richet, Charcot, Brown-Séquard, Verneuil ; Bouchard, rapporteur.

seule toute la pathogénie de la fièvre intermittente ; on peut dire qu'elle a transformé l'anatomie pathologique de cette maladie. En effet, le pigment caractéristique des lésions de l'infection palustre est fabriqué par le parasite et inclus dans le parasite lui-même. » (*Académie des sciences. Séance publique* du 30 décembre 1889, p. 65.)

L'existence de l'hématozoaire du paludisme n'est plus sérieusement contestée aujourd'hui, mais plusieurs questions relatives à l'histoire de ce parasite sont encore obscures et méritent d'être examinées à nouveau, en tenant compte des nombreux travaux qui ont été publiés dans ces dernières années.

C'est ce que je me suis proposé de faire dans ce nouvel ouvrage dont le plan est celui-ci :

INTRODUCTION. — Résumé rapide des recherches antérieures aux miennes sur la nature parasitaire du paludisme, état de la question en 1880.

CHAPITRE PREMIER. — Description de l'hématozoaire du paludisme.

CHAPITRE II. — Exposé des recherches postérieures aux miennes.

CHAPITRE III. — Nature du parasite du sang palustre. Hématozoaires analogues trouvés chez différents animaux.

CHAPITRE IV. — L'hématozoaire que j'ai décrit est

bien l'agent du paludisme; ce parasite est polymorphe mais unique.

CHAPITRE V. — Pathogénie des accidents du paludisme.

CHAPITRE VI. — Moyens de défense de l'organisme. Traitement et prophylaxie.

Dans les premiers chapitres j'ai reproduit en partie des articles qui ont paru en 1889 et 1890 dans les *Archives de médecine expérimentale et d'anatomie pathologique*; je n'ai eu qu'à compléter ce travail en tenant compte des publications récentes.

Je n'ai pas cru devoir revenir sur la description clinique des accidents que produit le paludisme; j'aurais eu peu de chose à ajouter aux chapitres que j'ai consacrés à cette question dans mon *Traité des fièvres palustres*

La terminologie a une grande importance dans les sciences et il faut avouer qu'en général la terminologie médicale laisse beaucoup à désirer. Il existe plus de vingt dénominations différentes des accidents produits par l'endémie palustre; il me semble qu'il serait grand temps de choisir parmi ces dénominations et de ne plus laisser ce choix à l'arbitraire. Le mot *Paludisme*, proposé par M. le professeur Verneuil, me paraît excellent; il est court, il rappelle l'origine principale des fièvres et il ne donne pas une fausse idée de la nature des accidents comme font quelques autres dénominations, celle de fièvre intermittente par exemple. Comme adjectif on peut hésiter entre *palustre* et *paludique*; paludique serait peut-être plus régulier, mais le mot palustre est accepté depuis longtemps, et pour cette raison je l'ai adopté en l'employant le plus souvent à titre de qualificatif suivant l'usage : anémie palustre, cachexie palustre, etc., parfois aussi substantivement : un palustre, pour désigner un malade atteint de paludisme.

En dehors des figures intercalées dans le texte, plusieurs planches représentent l'hématozoaire du paludisme sous les différents aspects qu'il a dans le sang frais ou dans les préparations de sang desséché et coloré.

Les hématozoaires des tortues et des oiseaux, qui se rapprochent le plus de l'hématozoaire du paludisme, sont également représentés dans plusieurs planches.

Les photographies reproduites dans les planches V et VI ont été faites par M. Yvon, sur mes préparations; ces photographies des hématozoaires sont difficiles à réussir et je remercie très sincèrement M. Yvon d'avoir bien voulu mettre à mon service sa grande expérience de la photographie microscopique.

A. LAVERAN.

Paris, 1er mars 1891.

DU PALUDISME

ET

DE SON HÉMATOZOAIRE

INTRODUCTION

Les conditions qui favorisent le développement du paludisme et celles qui sont nécessaires à la pullulation de la plupart des espèces végétales et animales inférieures sont exactement les mêmes; aussi la nature parasitaire du paludisme est-elle soupçonnée depuis longtemps, comme en témoignent les écrits de Vitruve, de Varron et de Columelle.

Lancisi et Rasori admettaient que le paludisme était produit par des animalcules qui, engendrés par la putréfaction dans les marais, se trouvaient en suspension dans l'air des localités marécageuses et étaient susceptibles de pénétrer dans le sang. Ces idées étaient si répandues en Italie, au commencement de ce siècle, que, dans le peuple, les animalcules fébrifères avaient reçu un nom, celui de *serafici*.

Pour Virey, les infusoires sont la principale cause de l'insalubrité des marais.

Boudin incrimine les espèces végétales qui se plaisent dans les localités marécageuses et principalement la flouve des marais ; ces espèces végétales répandraient dans l'atmosphère des principes volatils toxiques susceptibles de donner naissance au paludisme.

Bouchardat attribue ces accidents à une espèce de venin qui serait sécrété par quelques-uns des animalcules qui pullulent dans les marais.

Pure hypothèse, sans plus de fondement que l'opinion émise par Boudin ; il a été reconnu notamment que la flouve était tout à fait innocente des accidents du paludisme.

Pour J.-K. Mitchell, Mühry, W.-A. Hammond, les spores qui abondent dans l'air des localités marécageuses sont les agents du paludisme.

J. Lemaire, qui publie, en 1864, des *Recherches sur les organismes microscopiques renfermés dans l'air des marais*, incline visiblement à penser que les microphytes et les microzoaires qui existent dans l'air des localités marécageuses sont la cause du paludisme, mais il n'accuse aucune espèce en particulier.

De même, Massy à Ceylan, Cunningham à Calcutta, et Corre au Sénégal, tout en incriminant les organismes microscopiques de l'air ou de l'eau des marais, ne spécifient pas quel est le microorganisme pathogène.

De 1866 à 1880, on s'efforce de donner plus de précision à ces recherches, et, à plusieurs reprises, on annonce que le parasite du paludisme a été découvert.

Les observateurs qui cherchent le microbe du paludisme dans l'air, dans l'eau et dans le sol des localités insalubres, sont conduits naturellement à accuser les microorganismes qui prédominent là où ils observent.

En 1866, Salisbury décrit comme l'agent du paludisme de petites cellules végétales de l'espèce des *palmelles*, qu'il dit avoir trouvées constamment dans l'urine et dans la sueur des fébricitants de l'Ohio et du Mississipi.

En 1867, Binz signale l'existence de bactéries dans le sang des malades atteints de fièvre palustre, et il annonce qu'il a produit le paludisme chez des animaux, en leur injectant dans les veines des matières putrides d'origine végétale.

En 1869, Balestra décrit une algue trouvée dans l'eau des marais Pontins comme l'agent pathogène des fièvres palustres.

En 1876, Lanzi et Terrigi, à la suite d'expériences faites sur des animaux dans le sang desquels ils injectent de l'eau prise dans les marais d'Ostie, arrivent à conclure que le paludisme est dû à une bactérie brunâtre qui serait la cause de la pigmentation des organes chez les palustres.

En 1878, Eklund décrit, sous le nom de *Limnophysalis hyalina*, un microorganisme qu'il a souvent rencontré sur les algues des plages marécageuses et fébrigènes et qui lui paraît devoir être considéré comme le parasite du paludisme (1).

En 1879, Klebs et Tommasi Crudeli, à la suite de recherches entreprises pour vérifier les assertions de Lanzi et Terrigi, arrivent à conclure que l'agent du paludisme est *un bacille.*

Je crois inutile de décrire ici tous les microorganismes qui ont été décorés successivement du titre de parasites du paludisme et dont aucun n'a résisté aux recherches de contrôle; les travaux de Klebs et Tommasi Crudeli méritent cependant de nous arrêter un peu; le *bacillus malariæ*

____

(1) Voir pour plus de détails mon *Traité des fièvres palustres,* p. 31-51.

était en effet admis par un grand nombre d'observateurs quand je commençai mes recherches.

Klebs et Tommasi Crudeli, après avoir constaté la présence de bacilles dans l'air, dans l'eau et dans le sol des localités palustres, essayèrent de cultiver ces bacilles. La boue des marais était exposée à l'air libre par une température de 36 à 40°, de manière à dessécher seulement la surface en laissant humides les couches sous-jacentes, ce qui paraît être la condition la plus favorable au développement de l'agent du paludisme; une petite quantité de cette boue était introduite dans un liquide de culture, et cette première culture servait à ensemencer d'autres liquides qui étaient injectés dans le tissu conjonctif des lapins.

Klebs et Tommasi Crudeli disaient avoir réussi à provoquer par ce procédé des accidents analogues à ceux du paludisme chez les animaux en expérience.

D'après ces observateurs, le bacille qui dans le sol se trouvait sous l'aspect de spores ovalaires, mobiles, réfractant fortement la lumière, se développait dans les liquides de culture et dans le corps des animaux inoculés, sous la forme de longs filaments d'abord homogènes, puis segmentés transversalement.

Ces expériences et les conclusions que Klebs et Tommasi Crudeli essayaient d'en tirer étaient passibles de nombreuses et graves objections. Le liquide de culture employé était évidemment un liquide très impur; le bacille décrit comme étant l'agent pathogène du paludisme ne présentait aucun caractère qui permît de le distinguer des nombreux bacilles du sol; d'autre part, les assertions des auteurs quant à la nature des accidents produits chez les animaux étaient très contestables, les tracés thermométriques donnés comme étant ceux de fièvres intermittentes provoquées, étaient très peu caractéristiques ; il en était de même des lésions anatomiques observées chez les lapins ; ajoutons qu'il reste encore à démontrer aujourd'hui que ces animaux soient susceptibles de contracter le paludisme.

Des recherches entreprises en Italie par Perroncito, Ceci, Cuboni, Marchiafava, Valenti, Ferraresi, Piccirilli, parurent cependant confirmer tout d'abord celles de Klebs et Tommasi Crudeli (1).

Cuboni affirmait que ce bacille était spécial au paludisme et qu'il avait réussi à le cultiver ; Marchiafava et Ferraresi disaient avoir constaté que le sang des malades atteints de fièvre intermittente, examiné pendant la période de frisson, contenait toujours, et parfois en grande quantité, le *bacillus malariæ* à sa période de développement complet, tandis que pendant l'acmé de la fièvre les bacilles disparaissaient du sang et qu'on ne trouvait plus que des spores.

En 1882, Ceci publiait le résultat d'expériences faites dans le laboratoire de Klebs (*Archiv f. experim. Path. u. Pharm.*, t. XV et XVI) et les conclusions de ce travail étaient conformes à celles de Klebs et Tommasi Crudeli ; l'auteur disait avoir réussi à provoquer des accidents palustres chez les chiens et les lapins en leur injectant dans les veines des liquides de culture préparés avec des terrains palustres.

Tel était l'état de la question au moment où je pu-

____

(1) Klebs et Tommasi Crudeli, *Studien ueber die Ursache des Wechselfiebers und ueber die Natur der Malaria* (Arch. f. exper. Pathol. u. Pharmakol., t. XIII). — Tommasi Crudeli, *The Practitioner*, novembre 1880, p. 321. — Cuboni et Marchiafava, *Arch., f. exper. Pathol.*, t. XIII, 1881.

bliai les premiers résultats de mes recherches sur les parasites du paludisme ; il était, je crois, utile de le rappeler au commencement de cet ouvrage, afin de permettre au lecteur d'apprécier les résultats de mes travaux et de juger des progrès qui ont été faits, depuis 1880, dans la connaissance de la nature et des causes du paludisme.

Un autre problème restait fort obscur en 1880 : celui de la mélanémie palustre. Comme l'étude de la mélanémie palustre a servi de point de départ à mes recherches et qu'elle se rattache intimement à l'histoire des parasites du paludisme, je crois devoir m'y arrêter un peu.

La coloration brunâtre de la rate, du foie et du cerveau a été signalée par tous les observateurs qui ont eu l'occasion de faire des autopsies de sujets morts d'accès pernicieux, mais les premiers observateurs, privés du secours du microscope, ne savaient pas à quoi attribuer cette coloration particulière qu'ils ne notaient d'ailleurs que dans les cas où elle était très prononcée.

Lancisi, Stoll, Bailly, Monfalcon constatent qu'il existe souvent chez des individus morts de paludisme, une pigmentation anormale du foie et du cerveau. Popken et Fricke, Chisholm, Thussinck, Anderson, Prick, Drake, Annesley, Stewardson mettent la pigmentation anormale de la rate, du foie et du cerveau au nombre des altérations les plus constantes du paludisme (1).

Maillot signale, à plusieurs reprises, la teinte brunâtre de la rate chez les palustres et il compare justement cette teinte à celle du chocolat à l'eau ; sur vingt-deux autopsies de fièvre pernicieuse rapportées dans son *Traité*

---

(1) Voir mon *Traité des fièvres palustres*, p. 100.

des fièvres intermittentes (Paris, 1836, p. 285-287), la coloration foncée de la substance grise du cerveau est notée huit fois; dans cinq cas cette coloration était portée jusqu'à une teinte noirâtre.

D'après Haspel, la pigmentation de la rate, du foie et du cerveau, est une des altérations les plus constantes du paludisme. (*Malad. de l'Algérie*. Paris, 1850, t. Ier, p. 335; t. II, p. 318.)

Meckel, le premier, reconnut que la coloration brunâtre de certains viscères chez les sujets morts de fièvres palustres dépendait d'une accumulation de pigment dans le sang.

Virchow, Heschl, Planer et surtout Frerichs, ont donné de bonnes descriptions de la mélanémie palustre. Frerichs décrit très bien les altérations produites par la mélanémie dans les différents organes : foie, rate, poumons, reins, cerveau. Il signale même dans le cerveau, à côté des particules de pigment, des concrétions incolores et hyalines qui obstruent certains vaisseaux capillaires (*Traité des malad. du foie*, trad. fr., p. 493.) Frerichs n'a jamais soupçonné la nature parasitaire de ces derniers éléments, qui sont d'ailleurs méconnaissables dans les conditions où cet observateur se plaçait pour leur étude, c'est-à-dire dans les organes examinés vingt-quatre heures au moins après la mort.

Pour Frerichs, c'est dans la rate que se forme la plus grande partie du pigment ; la stagnation du sang dans les sinus veineux de la rate lui paraît être la cause principale de cette altération.

Frerichs et après lui Griesinger assignent à l'accumulation du pigment dans les capillaires du cerveau un rôle important dans la pathogénie des accidents cérébraux du paludisme : fièvres pernicieuses à forme délirante, soporeuse, comateuse.

Les articles MÉLANÉMIE du *Dictionnaire encyclopédique des sciences médicales* et du *Dictionnaire* de Jaccoud, dus à B. Ball et à Hallopeau, montrent bien que si, à l'époque où ils ont été écrits (1873-1876), l'étude anatomo-pathologique de la mélanémie était très bien faite, les causes et la nature de cette lésion étaient encore fort obscures. La mélanémie n'était regardée ni comme une lésion constante du paludisme, ni comme une lésion particulière à cette maladie ; quant à la formation du pigment, plusieurs théories étaient en présence ; je crois inutile de les reproduire ici.

Dans deux mémoires sur la mélanémie palustre (*Arch. de physiol.*, 1875, et *Arch. gén. de méd.*, 1880), Kelsch arrivait à conclure que la mélanémie était une lésion particulière au paludisme ; d'après cet observateur, le pigment se formait dans le sang, mais le mécanisme de cette formation restait toujours obscur et une question s'imposait plus que jamais : pourquoi la fièvre palustre donne-t-elle naissance à du pigment, tandis que d'autres fièvres souvent plus graves : fièvre typhoïde, typhus, ne s'accompagnent pas de mélanémie ?

En arrivant à Bone, en 1878, j'eus l'occasion de faire plusieurs autopsies de sujets qui avaient succombé à des accidents pernicieux, et je fus frappé de ce fait que la mélanémie était une lésion très spéciale et très caractéristique du paludisme ; mon attention fut naturellement appelée sur cette lésion que je n'avais jamais rencontrée dans aucune autre maladie.

La mélanémie est surtout très marquée chez les individus qui succombent au paludisme aigu (accidents pernicieux) ; la teinte qu'elle donne à certains organes, notamment à la rate, au foie et à la substance grise du cerveau, suffit presque toujours pour qu'il soit facile de dire, d'après le seul examen macroscopique, si la mort a été due au paludisme.

Je rappellerai rapidement ici les altérations qu'on observe dans le paludisme aigu ; dans le paludisme chronique les lésions sont complexes ; les altérations du sang se compliquent de congestions et d'inflammations, qui dans la cachexie palustre passent au premier plan. Ces lésions inflammatoires, les cirrhoses vasculaires notamment, s'expliquent d'ailleurs très bien par l'existence d'éléments parasitaires dans le sang.

Quelques observateurs ont pu soutenir que chez les individus morts de fièvre pernicieuse on ne rencontrait parfois aucune altération caractéristique (Dutroulau).

Cette assertion ne résiste pas à un examen rigoureux ; elle n'a pu être émise qu'à une époque où on ne connaissait pas l'importance de la mélanémie. On peut affirmer au contraire qu'il existe toujours dans ces cas des lésions qui sont surtout prononcées dans la rate et dans le foie.

La rate est augmentée de volume et de poids, mais l'hypersplénie n'est pas toujours considérable ; chez un de nos malades mort d'accès pernicieux, la rate ne pesait que 400 grammes. La forme de l'organe est modifiée, les bords s'arrondissent ; la rate tend à prendre une forme globuleuse, ce qui s'explique par le ramollissement, la diffluence du parenchyme splénique. Il arrive souvent que la seule action de saisir la rate pour l'extraire de l'abdomen détermine la rupture de la capsule distendue et amincie ; les doigts s'enfoncent dans la bouillie splénique.

La coloration est caractéristique ; au lieu de la teinte rouge normale, la rate présente, aussi bien dans les parties profondes qu'à la surface, une teinte brunâtre qui a été comparée à celle du chocolat à l'eau.

Si l'on examine au microscope une goutte de la bouillie splénique, on constate, au milieu des hématies et des éléments propres de la rate qui sont dissociés, l'existence d'éléments pigmentés en grand nombre et de grains de pigment libres ; les éléments pigmentés sont ou des leucocytes chargés de pigment ou des corps hyalins de forme irrégulière ; on trouve dans ces préparations de la rate des grains pigmentés beaucoup plus nombreux et plus gros que dans le sang pris dans les vaisseaux des autres organes.

Le foie est en général un peu augmenté de volume et de poids, sa consistance est souvent diminuée, mais la seule altération constante et caractéristique consiste dans la teinte d'un brun grisâtre, ardoisée, que prend le parenchyme hépatique.

Sur les coupes histologiques faites après durcissement d'un fragment du foie, il est facile de constater que les capillaires sanguins renferment, au milieu des hématies qui les distendent plus ou moins, des éléments pigmentés en grand nombre.

L'examen histologique des reins révèle, là aussi, l'existence d'éléments pigmentés, surtout dans les glomérules de Malpighi ; un certain nombre des éléments pigmentés circulant avec le sang sont évidemment arrêtés à ce niveau.

La mélanémie est souvent assez marquée dans la substance grise du cerveau pour qu'on puisse la constater à l'œil nu ; la substance grise des circonvolutions prend une teinte d'un gris foncé ou violacée comparable à celle de certains hortensias de couleur sombre. L'examen histologique des coupes du cerveau faites après durcissement par le procédé ordinaire, montre que les petits vaisseaux renferment un grand nombre d'éléments pigmentés; les grains de pigment forment dans certains cas un piqueté assez régulier le long des capillaires cérébraux dont l'aspect est tout à fait caractéristique.

Dans les autres parties du cerveau, dans le bulbe, dans la moelle, les petits vaisseaux renferment également de nombreux éléments pigmentés. Si la teinte grise est plus apparente dans la substance grise des circonvolutions, cela tient évidemment à la richesse vasculaire de cette substance.

La moelle des os a une teinte brunâtre due à la présence d'éléments pigmentés identiques à ceux qu'on trouve dans la rate.

Les autres tissus ont une teinte normale, mais sur des coupes histologiques il est facile de constater que les vaisseaux capillaires renferment des éléments pigmentés en plus ou moins grand nombre, et qu'en définitive la mélanémie est bien, comme l'étymologie l'indique, une altération générale du sang qui est seulement plus marquée dans la rate, dans la moelle des os et dans le foie que dans les autres viscères, et qui est naturellement d'autant plus apparente que les tissus sont plus vasculaires.

Quand on examine une goutte du sang recueilli sur le cadavre d'un palustre dans les conditions ordinaires de l'autopsie, c'est-à-dire vingt-quatre heures environ après la mort, on constate au milieu des hématies de nombreux éléments pigmentés. Beaucoup de ces éléments sont des leucocytes mélanifères dont on peut colorer les noyaux avec le carmin, mais à côté de ces leucocytes se montrent des corps hyalins, pigmentés, irréguliers, qui se colorent peu ou pas par le carmin et qui ne possèdent pas de noyaux. Ces derniers éléments ont une grande analogie, au point de vue de leurs dimensions et souvent de leur forme, avec les leucocytes mélanifères et on s'explique qu'ils aient été confondus avec eux. Si le sang est recueilli peu de temps après la mort on y reconnaît les éléments parasitaires caractéristiques du paludisme.

CHAPITRE PREMIER

En 1880, je cherchais à me rendre compte du mode de
formation du pigment dans le sang palustre, lorsque je fus
amené à constater qu'à côté des leucocytes mélanifères
on rencontrait des corpuscules sphériques, hyalins, sans
noyau, d'ordinaire pigmentés, et des éléments en croissant
très caractéristiques.

J'en étais là de mes recherches et j'hésitais encore à
croire que ces éléments étaient des parasites, lorsque le
6 novembre 1880, en examinant les corps sphériques
pigmentés précités, j'observai sur les bords de plusieurs
de ces éléments des filaments mobiles ou flagella dont les
mouvements extrêmement vifs et variés ne me laissèrent
aucun doute sur la nature animée de ces éléments.

J'ai publié en 1881 l'observation du malade dans le
sang duquel j'ai vu les flagella pour la première fois (*De
la nature parasitaire des accidents de l'impaludisme*, Paris,
1881, p. 58) ; cette observation a été reproduite à la fin
de cet ouvrage (observation XXII).

Le fait seul que je puis citer le jour où j'ai observé pour

la première fois les flagella, montre déjà combien ces éléments sont caractéristiques.

Il était naturel de supposer que ces éléments parasitaires, pigmentés pour la plupart, étaient la cause de la mélanémie palustre et en même temps celle des accidents du paludisme. Des faits nombreux vinrent bientôt confirmer cette hypothèse.

Le parasite du sang palustre se présente sous des formes assez variées, que l'on peut ramener aux quatre types suivants :

1° Corps sphériques ; 2° flagella ; 3° corps en croissant ; 4° corps segmentés ou en rosace.

1° *Corps sphériques.* — C'est la forme la plus commune, celle qu'on a le plus souvent l'occasion de rencontrer, je l'ai notée 389 fois sur 432 palustres examinés. Ces éléments sont souvent animés de mouvements amiboïdes qui les déforment plus ou moins.

Constitués par une substance hyaline, incolore, très transparente, ces éléments ont des dimensions variables ; les plus petits ont à peine 1 μ, les plus gros ont un diamètre égal ou même supérieur à celui des hématies ; certains de ces éléments ont un diamètre double de celui des hématies.

Les contours sont indiqués par une ligne très fine ; sur les préparations traitées par l'acide osmique et par les réactifs colorants, on distingue parfois un double contour qui ne s'aperçoit pas sur les éléments observés dans le sang frais. Les plus petits de ces éléments ne renferment qu'un ou deux grains de pigment, ou même n'en renferment pas du tout ; ils se présentent alors sous l'aspect de petites taches claires sur les hématies.

A mesure que ces éléments grossissent, le nombre des grains de pigment augmente; ces grains forment une couronne assez régulière (K, fig. 1), ou bien ils sont disposés d'une façon irrégulière et souvent ils sont animés d'un mouvement très vif. Ce mouvement n'a, ni la constance, ni la régularité du mouvement brownien avec lequel il présente d'ailleurs une certaine analogie; il diminue ou augmente de rapidité, il s'arrête parfois pour recommencer ensuite, sans que les conditions physiques de la préparation se soient modifiées. Au premier aspect on est tenté de croire que les corpuscules pigmentés sont animés d'un mouvement propre; il paraît bien certain qu'il s'agit d'un mouvement communiqué.

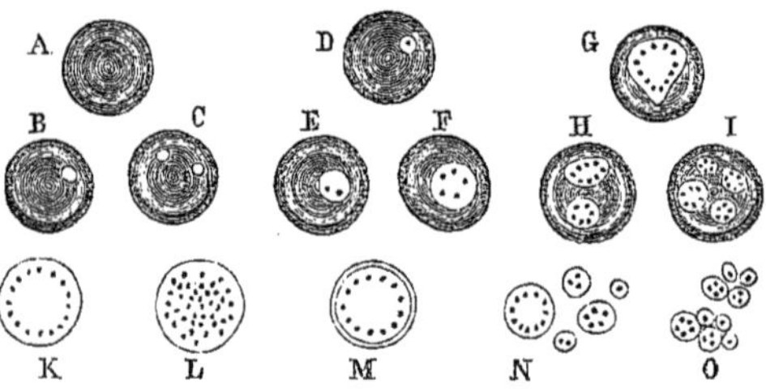

Fig. 1.

A, hématie normale. — B, C, hématies avec des corps sphériques de très petit volume non pigmentés. — D, E, F, hématies avec des corps sphériques de petit volume pigmentés. — G, hématie avec un corps sphérique déformé par les mouvements amiboïdes. — H, I, hématies avec plusieurs corps sphériques pigmentés. — K, corps sphérique pigmenté arrivé à son développement complet. — L, corps sphérique renfermant des grains de pigment en mouvement. — M, corps sphérique sur lequel on distingue un double contour. — N, corps sphériques libres. — O, corps sphériques agglomérés. (Grossissement 1,000 D. environ.)

Les mouvements amiboïdes des corps sphériques coïncident souvent avec l'agitation des grains de pigment; ces déformations qui se produisent avec une certaine lenteur, comme celles des amibes, sont faciles à constater lorsqu'on laisse le même élément au milieu du champ du microscope et qu'on le dessine toutes les minutes par exemple.

Les corps sphériques sont tantôt libres dans le sérum (K, L, N, O, fig. 1), tantôt accolés aux hématies (B, C, D, E, F, G); sur une même hématie on trouve parfois deux, trois ou quatre de ces corps (H, I).

Ces parasites vivent évidemment aux dépens des hématies qui pâlissent de plus en plus, à mesure que les éléments parasitaires qui leur sont accolés augmentent de volume; il arrive un moment où l'hématie ne se distingue plus qu'à son contour, sa teinte caractéristique a disparu, sa transparence est la même que celle du parasite, bientôt l'hématie disparaît complètement.

Les hématies attaquées par les parasites ont souvent un diamètre notablement supérieur à celui des hématies normales; en même temps leur teinte jaunâtre caractéristique et leur forme discoïde s'effacent, les hématies deviennent comme hydropiques.

Ces parasites sont-ils inclus dans les hématies ou bien leur sont-ils seulement accolés? Cette question, qui est d'ailleurs accessoire, est difficile à résoudre par l'observation directe.

Les notions que nous avons sur la structure et sur la consistance des hématies de l'homme nous permettent difficilement de comprendre que les parasites en question puissent s'y introduire; il est bien plus probable qu'ils s'accolent simplement aux hématies en les déprimant. Ce qui rend cette supposition plus vraisemblable encore, c'est que ces éléments parasitaires se trouvent souvent dans le sang à l'état de liberté, et cela à toutes les périodes de leur développement.

Les corps sphériques peuvent se multiplier par voie de segmentation ou de bourgeonnement.

Lorsqu'on examine attentivement un de ces éléments animé de mouvements amiboïdes, il arrive parfois qu'on voit ce corps se segmenter en trois ou quatre éléments semblables mais de plus petit volume; ces éléments se séparent et deviennent libres.

Des espèces de boules sarcodiques se forment aussi quelquefois sur les bords.

Au bout d'un temps variable, mais qui dépasse rarement une demi-heure ou trois quarts d'heure, les mouvements des grains de pigment s'arrêtent et les corps sphériques prennent leurs formes cadavériques; les contours sont plus ou moins irréguliers, le pigment s'amasse sur certains points; ces corps se distinguent encore facilement des leucocytes mélanifères par l'absence de noyau.

Quelques observateurs ont décrit un noyau dans les corps sphériques; s'il existe (ce qui n'est pas encore démontré) ce noyau est en tous cas très difficile à voir, et il ne se colore pas par le bleu de méthylène, comme font les noyaux des leucocytes.

Les figures 2 à 18 de la planche I, insérée à la fin de cet ouvrage, représentent des hématies malades auxquelles adhèrent des corps sphériques au nombre d'un à quatre, d'abord sans pigment, puis avec des grains noirs. Le globule rouge augmente de volume et pâlit (15, 16), puis disparaît complètement. Les figures 19 et 20 montrent des corps sphériques arrivés à leur développement complet, libres; les figures 21 et 22, de petits corps sphériques libres, isolés ou groupés et comme agglomérés.

Dans la figure A de la planche II, j'ai représenté des corps sphériques libres ou adhérents aux hématies avec l'aspect sous lequel ils se présentent dans le sang frais.

La figure B, de la même planche montre des corps sphériques aux différents degrés de leur développement avec l'aspect qu'ils ont dans des préparations de sang desséché et coloré par le bleu de méthylène.

Enfin la figure A de la planche III montre des corps sphériques à leurs différents degrés de développement, libres ou adhérents aux hématies, avec l'aspect qu'ils présentent dans les préparations de sang desséché soumises à la double coloration par l'éosine et le bleu de méthylène.

Marchiafava et Celli ont élevé au sujet de la découverte de ces éléments des revendications sur lesquelles j'aurai à revenir quand j'analyserai les travaux postérieurs aux miens; ces observateurs ont prétendu notamment que je n'avais vu que les formes pigmentées les plus grosses des corps sphériques et que je n'avais pas décrit les mouvements amiboïdes; je crois devoir reproduire à ce sujet quelques passages de mes premières publications.

Dans une communication à l'Académie des sciences (séance du 24 octobre 1881), après avoir parlé des éléments en croissant, des corps sphériques renfermant des grains pigmentés mobiles, munis ou non de flagella et des flagella libres, je note encore comme éléments parasitaires du sang palustre : *de petits éléments qui mesurent à peine le sixième du diamètre d'une hématie et qui ne renferment qu'un ou deux grains de pigment*; j'ajoute que ces corps, tantôt isolés, tantôt agglomérés au nombre de trois ou quatre, tantôt libres dans le sang et tantôt accolés à des hématies, ne paraissent représenter qu'une des phases de développement des corps sphériques plus gros.

Je parle aussi des hématies qui paraissent trouées et

qui ne sont autres que les hématies auxquelles sont accolés de petits corps hyalins sans pigment, formant des taches claires sur les hématies (*Acad. des sciences ; Comptes rendus*, t. XCIII, p. 628).

Dans une communication faite à la Société médicale des hôpitaux de Paris le 28 avril 1882, je signale l'*existence de petits éléments transparents dont les plus petits ne mesurent que 1 μ. et ne renferment qu'un ou deux grains de pigment. Ces corps sont tantôt libres, tantôt accolés à des hématies, on trouve quelquefois trois ou quatre de ces corps sur une même hématie. Ces éléments présentent à la température ordinaire des mouvements amiboïdes.*

Une planche en couleur jointe à ce travail, communiqué en 1882 à la Société médicale des hôpitaux, représente de petits éléments libres, isolés ou groupés, et d'autres éléments au nombre d'un, deux ou trois, qui adhèrent à des hématies.

Dans la *Revue scientifique* du 29 avril 1882, les petits éléments qui ne mesurent que 1 μ. sont également décrits et figurés à l'état libre ou sur les hématies ; j'indique également dans ce travail que ces éléments présentent des mouvements amiboïdes à la température ordinaire.

Dans la deuxième édition des *Nouveaux Éléments de pathologie médicale* (en collaboration avec Teissier, Paris 1883), ces petits éléments sont également décrits et figurés (*op. cit.*, t. Ier, p. 93 et fig. 12).

Dans mon *Traité des fièvres palustres* (Paris, 1884) la figure 7 représente de petits éléments libres ou accolés à des hématies ; les plus petits ne mesurent même pas 1 μ. et ne renferment qu'un grain de pigment, l'un d'eux n'en renferme pas. Je signale (p. 167) la fréquence des hématies qui présentent de petites taches claires ; à la page 168

je note les mouvements amiboïdes des corps que je dési-
gnais alors sous le nom de corps n° 2. La figure 11 représente encore de petits éléments libres ou accolés à des
hématies.

A la page 203 (*op. cit.*), j'écris :

« La forme primitive, embryonnaire des parasites du
paludisme paraît être représentée par les petits corps
sphériques, transparents, que j'ai décrits sous le nom de
corps n° 2 de petit volume et qui sont représentés dans la
figure 7. Ces petits corps sont libres ou adhérents aux
hématies aux dépens desquelles ils se nourrissent évidemment, car les hématies qui les supportent pâlissent de
plus en plus à mesure qu'ils s'accroissent et finissent par
disparaître. Au début, ces éléments sont transparents,
hyalins, non pigmentés et les hématies auxquelles ils
s'accolent présentent simplement de petites taches claires ;
bientôt il se forme un grain de pigment à l'intérieur, puis
deux, trois, et bientôt les grains pigmentés deviennent
assez nombreux pour qu'il soit difficile de les compter. »

L'existence des plus petits de ces éléments dans le sang
est fréquemment notée dans le cours des observations
cliniques publiées dans ce même ouvrage. Notamment
dans les observations XXI, XXXII, XXXV, XXXVI, XLI,
XLII, qui ont été recueillies en 1881 ou 1882.

Nous verrons plus loin qu'en 1884, après la publication
de mon *Traité des fièvres palustres*, Marchiafava et Celli
soutenaient encore que les éléments décrits par moi
n'étaient que des hématies dégénérées. Ce fait seul devrait
suffire à faire justice des revendications de ces auteurs.

2° *Flagella*. — Lorsqu'on examine avec soin une préparation de sang dans laquelle se trouvent à l'état libre des
corps sphériques de moyen volume, il arrive assez souvent

qu'on distingue, sur les bords de ces éléments, des filaments mobiles ou flagella qui s'agitent avec une grande vivacité et qui impriment aux hématies voisines des mouvements très variés ; les hématies sont déprimées, pliées, refoulées et toujours elles reprennent leur forme dès que les flagella s'en éloignent. Ces mouvements sont tout à fait comparables à ceux d'anguillules qui, fixées par leur extrémité caudale, tenteraient de se dégager.

Les flagella sont si fins et si transparents que, malgré leur longueur, très grande pour des microbes (trois ou

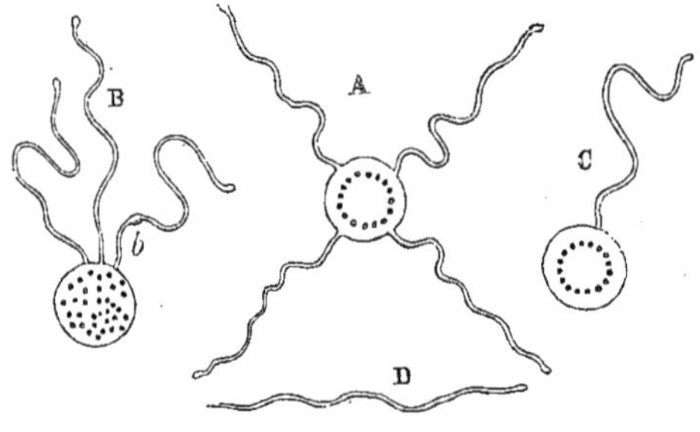

Fig. 2.

A, corps sphérique présentant quatre flagella. — B, corps sphérique avec trois flagella, un des flagella présente un petit renflement. — C, corps sphérique avec un flagellum. — D, flagellum libre. (Grossissement, 1000 D. environ.)

quatre fois le diamètre des hématies, soit 21 à 28 μ), il est très difficile de les voir quand ils sont au repos.

Les flagella sortent des corps sphériques ; on assiste quelquefois à cette excapsulation.

Le nombre des flagella qui adhèrent à un même corps sphérique est variable ; quelquefois on ne distingue qu'un de ces éléments (C, fig. 2), d'autres fois on en distingue deux, trois ou quatre (A, B) ; les mouvements de chaque flagellum sont indépendants de ceux des flagella voisins.

Lorsque les flagella sont au nombre de trois ou quatre, ils se pelotonnent parfois de telle sorte qu'il devient très difficile de dire quel est leur nombre et quelles sont leurs dimensions.

Les mouvements des flagella peuvent être constatés dans le sang immédiatement après sa sortie des vaisseaux, surtout lorsque la température extérieure est très élevée; mais en général il est beaucoup plus facile de faire cette observation au bout de 15 à 20 minutes. Peut-être les mouvements s'arrêtent-ils sous l'influence du refroidissement que subit le sang à sa sortie des vaisseaux.

L'extrémité libre des flagella présente souvent un petit renflement piriforme, visible seulement lorsque cette extrémité très mobile se trouve exactement au point. Ces petits renflements terminaux ont été indiqués pour tous les flagella des corps A et B (fig. 2).

Outre ces renflements terminaux, on constate quelquefois de petits renflements qui semblent se déplacer le long des flagella (*b*, fig. 2); il m'est arrivé plusieurs fois d'apercevoir une particule pigmentée qui paraissait provenir de l'intérieur du corps sphérique et qui se déplaçait le long du flagellum en produisant un léger renflement comme si le flagellum avait été creusé d'un canal.

Tantôt les flagella sont disposés d'une façon symétrique, tantôt ils sont groupés sur un même point du corps sphérique.

Lorsqu'on observe un corps sphérique muni de flagella tel que le corps A ou que le corps B de la figure 2, on a de la peine à se défendre de cette idée qu'on est en présence d'un animalcule muni de pseudopodes; d'autant plus que les flagella impriment souvent au corps sphérique des mouvements plus ou moins étendus; il s'agit d'ordinaire d'un mouvement oscillatoire sur place, mais parfois, surtout si la couche de sang est un peu épaisse, le corps sphérique subit un véritable mouvement de translation.

Le nombre variable des flagella, leur disposition irrégulière, sont peu en rapport avec l'idée d'un parasite muni de pseudopodes, mais ce qui doit surtout faire écarter cette idée, c'est qu'à un moment donné les flagella se détachent des corps sphériques et circulent au milieu des hématies; les flagella devenus libres sont difficiles à suivre; au lieu de se mouvoir sur place, comme lorsqu'ils adhéraient aux corps sphériques, ils se déplacent rapidement dans le champ du microscope; on manque aussi du point de repère que fournit le corps sphérique pigmenté. Il est évident que chaque flagellum vit à ce moment d'une vie indépendante.

Après que les flagella se sont détachés, les corps pigmentés auxquels ils adhéraient se déforment et restent immobiles, les grains de pigment s'accumulent sur un ou plusieurs points.

On a tenté de diminuer l'importance des flagella en arguant de leur rareté dans le sang palustre. Il est certain que ces éléments s'observent plus rarement et plus difficilement que les corps sphériques et les corps en croissant; les flagella ne se produisent qu'à une phase de l'évolution des parasites du paludisme, ils sont invisibles à l'état de repos, et de plus ils disparaissent rapidement sous l'influence de la médication quinique. Sur 432 palustres examinés, je n'ai trouvé les flagella que chez 92.

Les flagella sont représentés dans la planche I (figures 29 à 32); la planche II, figure A; donne une idée assez exacte de l'aspect très caractéristique que prennent ces éléments lorsqu'ils s'agitent dans le sang frais au milieu des hématies qu'ils déplacent.

Les flagella se trouvent toujours dans le sang en même temps que les corps sphériques décrits plus haut et souvent aussi en même temps que les corps en croissant qui seront décrits plus loin. Je n'ai jamais réussi à voir les flagella sortir d'un corps en croissant, mais les corps en croissant peuvent, comme nous le verrons, prendre par une transformation assez lente, la forme ovalaire, puis sphérique, et il est bien probable que ces corps sphériques donnent naissance à des flagella comme les corps sphériques proprement dits.

Les flagella, quoique assez rares dans le sang périphérique (d'après les recherches de Councilman on les rencontrerait beaucoup plus souvent dans le sang recueilli directement dans la rate), n'en demeurent pas moins les éléments les plus caractéristiques parmi les différentes formes que prennent les parasites du paludisme.

On m'a demandé souvent à voir ces parasites, et j'ai toujours constaté ceci : lorsque je n'avais à montrer que des éléments sphériques ou des corps en croissant, il restait quelques doutes dans l'esprit des observateurs ; si je réussissais à trouver des flagella, toute hésitation disparaissait, quelques instants d'examen suffisaient pour lever tous ces doutes.

C'est après avoir constaté l'existence des flagella dans le sang frais que M. le professeur Bouchard disait à l'Académie des sciences : « Une note récente de M. Laveran me conduit à signaler l'importance d'une découverte qui remonte à dix années et qui, contestée pendant longtemps, me paraît aujourd'hui inattaquable... » (*Académie des sciences*, séance du 21 janvier 1889).

M. le professeur Straus a été également convaincu de la nature parasitaire des éléments trouvés dans le sang des palustres à partir du jour où il a pu observer les flagella; précédemment je lui avais montré des corps sphériques et en croissant sans réussir complètement à le convaincre.

« J'avoue, dit M. Straus, que j'étais parmi ceux qui conservaient encore quelques doutes sur la validité de la découverte de M. Laveran, tant on est porté, malgré soi, à se défier de notions nouvelles qui ne rentrent pas dans les cadres reçus; mais ces doutes viennent d'être complètement dissipés. M. Laveran a bien voulu me montrer, au Val-de-Grâce, des préparations du sang d'un soldat de retour du Tonkin avec des accès de fièvre intermittente. On y voyait, avec une netteté parfaite, les diverses formes décrites par lui, du parasite, surtout des *corps flagellés*, qui sont éminemment caractéristiques; ces corps sphériques, munis de flagella ondulés et animés de mouvements extrêmement vifs, qui déplacent les globules rouges à la façon de véritables fouets, forment une des images les plus saisissantes qui se puissent voir au microscope; cette image est aussi particulière et aussi caractéristique que l'est celle du sang charbonneux ou du sang d'un individu atteint de filariose.» (*Soc. de biologie*, 24 nov. 1888.)

Les observateurs, aujourd'hui nombreux, qui ont réussi à retrouver les flagella dans le sang palustre, sont unanimes à déclarer que le spectacle des flagella en mouvement est absolument caractéristique et que, lorsqu'on y a assisté une fois, il est impossible de mettre en doute la nature animée de ces éléments.

Les flagella ne sont pas visibles en général sur les préparations de sang desséché et coloré; il m'est arrivé cependant d'en distinguer quelques-uns sur ces préparations, ce qui prouve que les flagella existaient dans le sang frais, au sortir des vaisseaux, la dessiccation ayant lieu très rapidement.

3° *Corps en croissant.* — Il s'agit d'éléments cylindriques, plus ou moins effilés à leurs extrémités et d'ordinaire recourbés en croissant (A, fig. 3) ; la substance de ces corps est transparente, incolore, sauf vers la partie moyenne où se trouvent des grains de pigment identiques à ceux des corps sphériques.

La longueur de ces éléments est en général un peu plus grande que le diamètre des hématies, soit de 8 à 9 μ ; il est à noter qu'on ne trouve jamais de corps en croissant de petit volume, ni d'un volume notablement supérieur à celui qui vient d'être indiqué ; la largeur est de 2 μ environ vers la partie moyenne. Les extrémités du croissant sont tantôt très effilées, tantôt arrondies.

Les contours sont indiqués dans le sang frais par une seule ligne très fine, mais il est facile de constater, sur certaines préparations qui ont subi l'action de l'acide osmique ou de réactifs colorants, qu'il existe un double contour.

Les grains de pigment dont la présence est constante sont presque toujours réunis vers la partie moyenne, ils sont plus ou moins agglomérés. Par exception le pigment se rencontre à une des extrémités.

On aperçoit d'ordinaire du côté de la concavité une ligne très fine qui relie les deux extrémités du croissant (B, fig. 3).

Ces éléments sont libres dans le sang ; lorsque l'un d'eux est accolé à une hématie (C, fig. 3) l'accolement est accidentel ; si l'on vient à frapper légèrement sur la lamelle couvre-objet de manière à déplacer les hématies, le corps

en croissant se déplace en général facilement et redevient
libre. Les corps sphériques accolés à des hématies adhèrent au contraire très fortement à ces éléments et il est
impossible de les dégager par le moyen que nous venons
d'indiquer.

En établissant un petit courant dans une préparation
de sang, il est facile de s'assurer que les corps en croissant ont bien la forme cylindrique indiquée plus haut, ils
tournent en effet sur eux-mêmes en suivant le courant et
se présentent sous leurs différentes faces.

A côté des éléments en croissant, on en trouve souvent
d'autres qui sont à peine incurvés ou même dont le grand
axe est rectiligne, et qui se rapprochent plus ou moins de

Fig. 3.

A, B, corps en croissant. — C, corps en croissant accolé à une hématie.
— D, corps en croissant. — E, corps ovalaire. (Grossissement, 1000 D. environ.)

la forme ovalaire représentée en E (fig. 3). En laissant un
corps en croissant dans le champ du microscope, on peut
constater que ce corps prend, au bout d'un certain temps,
la forme ovalaire. Le corps ovalaire lui-même se transforme au bout d'un temps variable en un élément arrondi.

Ces éléments ne sont pas doués de mouvement; les
grains pigmentés qu'ils renferment sont immobiles, les
changements de forme indiqués plus haut sont lents
à se produire et n'ont rien de commun avec les mouvements amiboïdes; enfin on n'observe jamais de flagella sur
les bords des corps en croissant.

La forme de ces éléments, leurs dimensions qui sont toujours à peu près les mêmes, et qui se rapprochent de celles des hématies, la ligne fine qui réunit souvent les cornes du croissant et qui semble appartenir à une hématie presque entièrement détruite, permettent de penser qu'il s'agit d'hématies envahies par les hématozoaires du paludisme.

Quelquefois cette origine des corps en croissant est très apparente, la ligne fine qui réunit les deux extrémités du croissant forme avec le bord externe du croissant un cercle régulier qui a exactement les dimensions d'une hématie. Il est à remarquer qu'on ne trouve jamais dans les hématies de petits corps en croissant en voie de développement comme cela s'observe pour certains hématozoaires des animaux (*Drepanidium ranarum*, par exemple).

Quelques observateurs admettent que les corps en croissant ont des noyaux.

Les corps en croissant sont représentés dans la planche I, figures 33 à 36, ainsi que les corps ovalaires ou sphériques qui en dérivent (37, 38).

La figure A de la planche II montre des corps en croissant avec l'aspect qu'ils ont dans le sang frais et la figure B, de la même planche avec l'aspect qu'ils ont dans une préparation de sang desséché et coloré avec le bleu de méthylène.

La figure A de la planche III montre ces mêmes éléments dans une préparation de sang desséché et soumis à la double coloration (éosine et bleu de méthylène).

4° *Corps en rosace ou segmentés*. — A côté des corps sphériques, des flagella et des corps en croissant, on trouve quelquefois dans le sang des palustres des éléments sphériques, pigmentés au centre et régulièrement segmentés. Dans mon *Traité des fièvres palustres*, cette variété des éléments parasitaires est mentionnée à la page 177. Cette segmentation est représentée en D, E, G, H, dans la figure 4. Ces éléments ont été dessinés à Constantine au mois de septembre 1881, et observés pendant un accès de fièvre

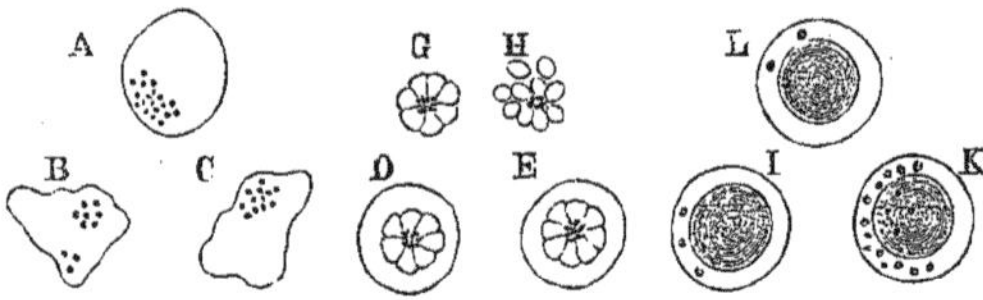

Fig. 4.

A, B, C, Corps hyalins pigmentés immobiles et déformés. — D, E, éléments segmentés ou en rosace, pigmentés au centre. — G, H, éléments provenant de la segmentation des corps en rosace. — I, K, L, leucocytes mélanifères dont le noyau a été rendu très apparent par la coloration au carmin. (Grossissement, 1000 D. environ.)

quarte. J'ai noté également ces éléments dans quelques cas de fièvre quotidienne; ils m'ont paru très rares dans la tierce.

Cette forme en rosace aurait, d'après Golgi, une grande importance; elle représenterait en effet le principal mode de multiplication des parasites du paludisme; de plus, le mode de segmentation serait différent dans la tierce et dans la quarte. Je reviendrai plus loin sur cette question; pour le moment je me contenterai de dire que je n'ai pas eu souvent l'occasion de rencontrer dans le sang palustre cette forme en rosace, ce qui explique la place très secondaire que je lui avais assignée.

Nous avons vu plus haut que les corps sphériques peuvent se multiplier par une espèce de bourgeonnement ou par scissiparité; les corps segmentés réguliers ne représenteraient donc qu'un des modes de multiplication des hématozoaires.

Les différentes phases de la segmentation d'un corps

sphérique sont figurées dans la planche I (fig. 23 à 28), la segmentation qui n'est tout d'abord indiquée que par une légère dentelure des contours de l'élément, s'accuse de plus en plus, enfin les petits corps sphériques résultant de la segmentation deviennent libres.

La figure A de la planche III montre un corps en rosace dans une préparation de sang desséché et soumis à la double coloration (éosine et bleu de méthylène).

On trouve enfin dans le sang palustre des corps hyalins immobiles, irréguliers, pigmentés (A, B, C, fig. 4), qui ne sont évidemment que des formes cadavériques des parasites décrits plus haut, et des leucocytes mélanifères qui s'en distinguent par leur forme plus régulière et par la présence d'un noyau qui se colore facilement par le carmin (I, K, L, fig. 4).

Des leucocytes mélanifères sont représentés dans la planche I (39, 40, 41) à côté de formes cadavériques des éléments parasitaires (42, 43, 44); et dans la planche II (fig. A) avec l'aspect qu'ils ont dans le sang frais.

Sur 480 palustres examinés en Algérie, j'ai constaté 432 fois l'existence des parasites décrits ci-dessus. La plupart des faits négatifs ont été recueillis au début de mes recherches, alors que je ne savais pas exactement dans quelles conditions il fallait se placer pour l'observation de ces parasites, et se rapportent à des malades qui avaient été soumis à la médication quinique ou qui n'avaient pas eu d'accès depuis quelque temps; conditions très défavorables pour la recherche des parasites, comme je l'ai reconnu depuis.

Il était intéressant de savoir si les parasites se montraient plus ou moins nombreux dans le sang, avant, pendant ou après les accès.

Sur 79 examens faits peu de temps avant des accès, j'ai observé les parasites 79 fois.

Sur 286 examens faits pendant des accès, je les ai observés 273 fois.

Sur 164 examens faits quelques heures après un accès de fièvre, je les ai observés 141 fois (*Traité des fièvres palustres*, p. 197).

C'est donc un peu avant les accès ou bien au début des accès que l'examen du sang doit être fait.

Chez certains malades et en particulier chez certains cachectiques qui paraissent avoir acquis une tolérance très grande pour les parasites, ceux-ci se trouvent non seulement pendant toute la durée des paroxysmes, mais aussi dans l'intervalle des accès, et certaines formes (corps en croissant) ne disparaissent que lentement, alors même que le malade est soumis à la médication quinique. Il existe en somme de grandes différences individuelles.

J'ai eu l'occasion d'examiner à Paris un certain nombre de soldats revenant des colonies et de passage ou en congé à Paris. Ces hommes venaient d'Algérie, de Tunisie, du Tonkin, de Cochinchine, du Sénégal, de Madagascar. Toutes les fois que j'ai pu faire l'examen du sang dans de bonnes conditions, c'est-à-dire au début d'un accès, j'ai trouvé des éléments parasitaires, et les éléments étaient les mêmes quel que fût le pays d'origine de la fièvre. A la vérité, ces éléments étaient souvent peu nombreux et leur observation était par suite plus difficile qu'en Algérie. Il faut tenir compte de ce fait que les palustres qui nous arrivent à Paris ont toujours été traités d'une façon plus ou moins suivie.

J'ai retrouvé également les parasites chez quelques

malades qui avaient contracté le paludisme en France, à Rochefort notamment.

Sur 432 cas dans lesquels j'ai constaté en Algérie la présence des parasites, j'ai noté :

> Corps sphériques seuls........................ 266 fois.
> Corps en croissant seuls........................ 43 —
> Corps sphériques et corps en croissant.......... 31 —
> Corps sphériques et flagella.................... 59 —
> Corps sphériques, corps en croissant et flagella. 33 —

Les corps sphériques seuls ou associés aux autres éléments ont donc été observés 389 fois sur 432.

Les corps en croissant seuls ou associés aux autres formes, 107 fois.

Les flagella, toujours associés aux éléments sphériques, ont été rencontrés chez 92 malades.

Dans la plupart des cas (95 fois sur 107), les corps en croissant ont été observés dans le sang de malades atteints de cachexie palustre ou de fièvre intermittente de récidive ; lorsqu'on observe, comme on le fait à Paris, des malades qui viennent de loin et qui ont eu de nombreuses rechutes de fièvre, ou qui sont cachectiques, il faut donc s'attendre à rencontrer ces corps en croissant plus fréquemment que dans les pays palustres où l'on a souvent l'occasion d'observer des fièvres de première invasion.

Si je ne modifie pas les chiffres donnés dans mon *Traité des fièvres palustres* au sujet de la fréquence des différents éléments, en tenant compte des faits que j'ai observés depuis que j'ai quitté l'Algérie, c'est que mes premiers chiffres se rapportent à toutes les formes du paludisme, tandis qu'à Paris je n'ai observé qu'une catégorie de malades (malades atteints de rechute de fièvre intermittente) ; l'introduction de ces faits dans ma statistique d'Algérie aurait donc eu pour effet de fausser les chiffres auxquels j'étais arrivé.

Quelles sont les relations qui existent entre les différents éléments parasitaires décrits ci-dessus? J'ai émis dès 1882 l'opinion que ces éléments, malgré la variété de leurs formes, constituent, non des parasites d'espèces différentes, mais des états successifs d'un même parasite polymorphe.

Les corpuscules hyalins, non encore pigmentés, qui forment de petites taches claires sur les hématies représentent vraisemblablement la forme embryonnaire du parasite; peu à peu ces corps s'accroissent et leur volume finit par égaler ou même dépasser un peu celui des hématies; en même temps le nombre des grains de pigment augmente; ces éléments qui sont doués de mouvements amiboïdes vivent à l'état de liberté dans le sérum du sang ou adhèrent aux hématies aux dépens desquelles ils se nourrissent et qui leur fournissent le pigment. Les flagella se développent à l'intérieur des corps sphériques et, à un moment donné, ils deviennent libres.

L'interprétation des corps en croissant reste encore assez obscure, mais la relation de ces éléments avec les corps sphériques et avec les flagella ne paraît pas douteuse.

Nous verrons, dans le chapitre suivant, que plusieurs observateurs italiens admettent l'existence de deux ou trois espèces d'hématozoaires du paludisme; l'une de ces espèces étant caractérisée par les corps en croissant.

Examen du sang palustre; technique pour la conservation et la coloration des éléments parasitaires. — Lorsqu'on se propose d'étudier les parasites du paludisme, il importe tout d'abord de se placer dans de bonnes conditions au point de vue du choix des malades. Ces parasites font le plus souvent défaut dans le sang des palustres qui n'ont pas eu d'accès depuis quelque temps, ou qui viennent d'être soumis à la médication quinique ; on choisira donc un malade qui a la fièvre ou qui est sous le coup d'un accès, et qui n'a pas pris récemment de sels de quinine.

Le procédé le plus simple, le plus pratique, pour la recherche des parasites du sang palustre, consiste à examiner le sang frais obtenu par la piqûre d'un doigt.

Councilman et Golgi, qui ont fait l'examen du sang de la rate chez un certain nombre de malades, ont constaté que le sang recueilli de cette façon renfermait des éléments parasitaires en plus grand nombre que le sang périphérique. La ponction capillaire de la rate, faite avec les procédés antiseptiques, n'est pas dangereuse ; néanmoins c'est là une exploration trop délicate et trop douloureuse pour qu'on puisse la faire entrer dans la pratique.

La préparation du sang frais est faite par le procédé ordinaire ; il importe qu'elle soit très mince. On peut border à la paraffine, mais cette précaution n'est pas indispensable ; le sang qui se coagule sur les bords de la préparation, au contact de l'air, fait lui-même obturation ; il reste liquide au centre pendant un temps variable, mais qui dépasse toujours plusieurs heures, ce qui est bien suffisant pour les examens ordinaires. Lorsqu'on veut faire l'examen du sang avec de forts grossissements ou qu'on se propose d'étudier les mouvements des éléments parasitaires, il est bon de border à la paraffine afin de supprimer les mouvements que l'évaporation du sang imprime aux hématies.

Au début de mes recherches, je prenais des précautions minutieuses pour prévenir l'introduction dans les préparations de tous les corpuscules extérieurs. Dans la pratique, ces précautions ne sont pas indispensables; les éléments parasitaires sont trop caractéristiques pour qu'il soit possible de les confondre avec les poussières en suspension dans l'air.

Si le doigt du malade qu'on se propose de piquer n'est pas très propre, il faut seulement le laver avec soin afin d'éviter l'introduction dans la préparation des poussières qui pourraient gêner l'examen; on lave le doigt à l'eau d'abord, puis à l'alcool et on a soin de le sécher complètement avant de faire la piqûre. Pour peu que la peau soit humide le sang s'étale, se mélange à l'eau et les hématies se déforment; au contraire, lorsque la peau est bien sèche, le sang qui sort par la piqûre forme une goutte très bien limitée et très saillante qu'il est facile de recueillir et dans laquelle les hématies ne se déforment pas, si l'on opère assez vite.

J'examine ordinairement le sang pur sans adjonction d'aucun liquide.

Dans les premiers instants qui suivent celui où la préparation a été faite, la recherche des éléments parasitaires est parfois difficile; les hématies adhèrent entre elles, et se présentent souvent par la tranche; dans ces conditions la plupart des éléments parasitaires, et en particulier ceux qui adhèrent aux hématies, sont invisibles.

Si la préparation est suffisamment mince, les hématies ne tardent pas à se mettre à plat, ce qui facilite beaucoup la recherche des hématozoaires.

Les éléments parasitaires sont souvent peu nombreux dans le sang recueilli à la périphérie, aussi l'observateur qui entreprend de les rechercher doit-il s'armer de patience et revenir plusieurs fois à l'examen du sang, avant de déclarer que cet examen est négatif.

Un grossissement de 400 diamètres est suffisant pour la recherche des hématozoaires du paludisme. Je me sers d'ordinaire des oculaires 1 ou 2 et des objectifs 7 ou 9 de Verick ; j'ai employé également les objectifs 10 et 13 à immersion homogène du même constructeur.

L'examen du sang frais doit être fait à la lumière naturelle, la lumière artificielle et l'éclairage Abbé rendent les éléments parasitaires trop transparents.

Les éléments parasitaires étant d'ordinaire pigmentés, les grains noirs de pigment fournissent d'utiles points de repère.

En ajoutant au sang une goutte d'eau, on détruit les hématies sans altérer, au moins pendant quelque temps, certains éléments parasitaires, les corps en croissant notamment que l'on peut déceler rapidement par ce moyen.

C'est dans le sang pur et frais, au milieu des hématies, qu'on étudie le mieux les parasites du paludisme ; si la présence des hématies est parfois gênante, souvent aussi elle facilite l'observation, notamment en ce qui concerne les flagella, si transparents qu'on a de la peine à les voir dans le sérum. Les mouvements très variés que ces éléments impriment aux hématies contribuent à déceler leur présence et à rendre leurs mouvements propres plus manifestes.

Les mouvements si rapides des grains de pigment dans les corps sphériques, les mouvements amiboïdes de ces derniers éléments, ne peuvent être étudiés également que dans le sang frais ; on peut suivre en outre dans les préparations de sang frais, au moyen d'une observation prolongée d'un même élément quelques-unes des transformations qu'il subit.

La platine chauffante (37° à 38°) utile pour l'observation des mouvements amiboïdes et des flagella, n'est pas nécessaire. Toutes mes observations en Algérie ont été faites à la température du laboratoire.

La dessiccation rapide du sang par la chaleur est un excellent moyen de conservation du sang et des éléments parasitaires qu'il contient. Les lamelles couvre-objets, avec le sang étalé en couche mince à leur surface, peuvent être conservées longtemps, envoyées au loin, et colorées longtemps après que le sang a été recueilli ; grâce à ce procédé je puis examiner à Paris du sang recueilli en Algérie ; je suis heureux d'avoir l'occasion de remercier ceux de mes confrères qui ont bien voulu m'envoyer du sang palustre desséché et notamment MM. Soulié, professeur suppléant à l'école d'Alger et Geschwind.

La chaleur me paraît ici préférable aux vapeurs d'acide osmique qui ont été conseillées également pour fixer les hématies dans leur forme ; l'acide osmique est bien plus difficile à manier que la chaleur; on ne peut pas avoir sur soi un flacon renfermant une solution d'acide osmique et il serait dangereux de laisser ce réactif dans les salles de malades.

L'acide osmique a en outre un grave inconvénient en ce qui concerne les parasites du paludisme ; il colore les granulations graisseuses en noir et il pourrait y avoir confusion avec les grains de pigment des parasites.

Pour faire des préparations de sang desséché on procède de la manière suivante :

1° On nettoie avec grand soin quelques lamelles couvre-objets dans l'eau d'abord et au besoin dans l'eau additionnée d'acide chlorhydrique, puis dans l'alcool;

2° On nettoie le doigt du malade dont on se propose

d'examiner le sang, on le sèche complètement, puis on fait une piqûre avec une épingle flambée ;

3° On approche de la goutte de sang qui s'échappe par la piqûre une lamelle couvre-objet jusqu'au contact ; la goutte de sang adhère à la lamelle ;

4° On applique aussitôt sur la première lamelle une deuxième lamelle, de manière que le sang s'étale en couche mince et uniforme entre ces deux lamelles ;

5° On fait alors glisser les lamelles l'une sur l'autre et on les sépare, le sang qui forme une couche très mince à la surface de chaque lamelle se dessèche rapidement;

6° On saisit à l'aide d'une pince chaque lamelle et on la passe trois fois dans la flamme d'une lampe à alcool en ayant soin de ne pas tourner du côté de la flamme la surface recouverte de sang.

Les lamelles ainsi préparées peuvent être enveloppées dans du papier et examinées ultérieurement; on écrit sur le papier le nom du malade et la date à laquelle la prise de sang a été faite.

Le sang desséché comme il vient d'être dit peut être examiné sans autre préparation, sans coloration, et ce procédé donne d'excellents résultats pour les corps en croissant. La lamelle couvre-objet est placée sur une lame porte-objet et on borde à la paraffine ; la préparation est *montée à sec*, comme on dit ; le baume du Canada rendrait les éléments beaucoup trop transparents.

Dans des préparations de sang conservées depuis six ou sept ans par ce procédé les corps en croissant sont encore très nets ; à la longue ces éléments se déforment un peu ; ils s'élargissent et deviennent granuleux.

Les corps sphériques pigmentés, libres ou adhérents aux hématies, se voient également sur les préparations de sang desséché lorsqu'on a l'habitude de ces recherches ; mais, pour l'étude de ces éléments dans le sang desséché, il y a avantage à employer les réactifs colorants : bleu de méthylène ou double coloration par l'éosine et le bleu de méthylène.

Avant de soumettre la préparation de sang aux réactifs colorants, il est utile, pour fixer les hématies dans leur forme, mieux encore qu'elles ne l'ont été par la chaleur, d'employer, suivant le conseil de Roux, le mélange à parties égales d'alcool et d'éther ; on verse sur la lamelle quelques gouttes de ce mélange et on laisse sécher.

Pour obtenir la coloration avec le bleu de méthylène, on verse sur la lamelle recouverte de sang desséché quelques gouttes d'une solution aqueuse concentrée de bleu de méthylène ; au bout de trente secondes on lave à l'eau distillée et on sèche la préparation qui est montée à sec. Le montage à sec me paraît bien préférable au montage dans le baume du Canada, qui rend les hématies et les éléments parasitaires trop transparents.

Les préparations montées à sec sont bordées à la paraffine et à la cire de façon à empêcher l'humidité atmosphérique de les altérer ; elles peuvent ainsi se conserver longtemps.

Les éléments parasitaires (corps sphériques libres ou adhérents aux hématies, corps en croissant, ovalaires, segmentés) prennent dans ces préparations une teinte bleue beaucoup plus pâle que celle des noyaux des leucocytes ; les hématies conservent leur couleur normale (fig. B, planche II).

La double coloration du sang par l'éosine et le bleu de méthylène, d'après le procédé de Metchnikoff, donne de très bons résultats pour l'étude des hématozoaires du paludisme et pour celle des hématozoaires des animaux qui se rapprochent des parasites du paludisme.

On dessèche le sang et on fixe les globules comme il a été dit ci-dessus; la lamelle couvre-objet sur laquelle le sang a été desséché est mise dans la solution aqueuse concentrée d'éosine pendant trente secondes, puis lavée à l'eau distillée et séchée; la lamelle est ensuite portée dans la solution aqueuse concentrée de bleu de méthylène pendant trente secondes environ, lavée de nouveau à l'eau distillée et séchée. On monte à sec ou dans le baume du Canada après s'être assuré que la double coloration a été obtenue dans de bonnes conditions.

Dans le sang des oiseaux et des batraciens ou des reptiles, les noyaux des hématies se colorent fortement en bleu. Les hématozoaires prennent une teinte d'un bleu beaucoup plus pâle que celle des noyaux des leucocytes et des hématies, quelquefois une teinte violacée due au mélange des teintes de l'éosine et du bleu de méthylène.

Les hématies altérées par la présence des hématozoaires se colorent moins vivement par l'éosine que les hématies saines.

Les figures A et B de la planche III montrent l'aspect du sang palustre et du sang d'oiseau renfermant des hématozoaires sur des préparations soumises à la double coloration par l'éosine et le bleu de méthylène.

Je n'ai pas réussi jusqu'à présent à colorer les flagella; on arrive parfois à distinguer quelques flagella sur les préparations de sang desséché, mais cela est fort rare.

Dans l'étude du sang palustre et surtout dans l'étude du sang qui a été desséché et soumis à l'action de différents réactifs, il faut tenir grand compte des altérations accidentelles et ne pas s'exposer à confondre ces altérations avec celles qui sont caractéristiques de la présence des hématozoaires.

Ehrlich et Foà ont constaté que, dans certains cas, les hématies normales desséchées et soumises à l'action du bleu de méthylène montraient des taches bleuâtres ou des granulations colorées par le bleu de méthylène.

Celli et Guarnieri, qui signalent cette cause d'erreur (*Annali di agricoltura*, 1889), ont essayé de colorer le sang frais, à sa sortie des vaisseaux, avec du bleu de méthylène dissous dans du sérum provenant d'épanchements séreux ; la coloration des éléments parasitaires se fait lentement, il faut laisser la préparation pendant une heure ou même trois heures dans la chambre humide.

D'après Celli et Guarnieri, les corps amiboïdes colorés de cette manière montrent un espace central clair dans lequel se trouvent un ou deux corpuscules plus fortement colorés ; la partie périphérique se colore assez vivement.

Dans ce procédé comme dans le procédé par dessiccation il existe des causes d'erreur ; le séjour prolongé dans le sérum coloré et dans la chambre humide peut très bien donner lieu à des altérations des éléments normaux ou parasitaires.

Une bonne méthode de coloration, dit Soulié, consiste à recueillir le sang à examiner sur une lame qui porte une goutte d'une solution alcoolique de bleu de méthylène évaporée ; la matière colorante se dissout lentement dans le sérum, les globules blancs et les autres éléments se colorent sans s'altérer (*Bull. méd. de l'Algérie*, 1890, p. 230). Il faut avoir soin d'employer une solution assez étendue, sans quoi le bleu de méthylène ne peut pas se dissoudre complètement dans le sérum. Feletti a recommandé une méthode de coloration analogue sinon identique (Congrès de la Société italienne de médecine interne, 1890).

Essais de culture. — Lorsqu'on recueille du sang avec pureté chez un palustre, après s'être assuré de la présence des hématozoaires, et qu'on en dépose quelques gouttes dans du bouillon, sur de la gélatine, de la gélose ou de la pomme de terre, on constate au bout de quelques jours que le bouillon est limpide et qu'il ne s'est produit aucune colonie sur les milieux solides, alors même que ces milieux ont été maintenus dans l'étuve à des températures de 37° à 40°.

Dans l'eau et dans la terre stérilisées les résultats des ensemencements sont également négatifs.

Les milieux ordinaires ne réussissant pas pour la culture des hématozoaires du paludisme, on devait espérer que ces parasites pourraient du moins se cultiver dans le sang.

Les tentatives que j'ai faites dans ce sens n'ont donné jusqu'ici que des résultats négatifs. Un de ces essais de culture des hématozoaires dans le sang pur, maintenu à la température de 38°, a été fait par M. Roux dans le laboratoire de M. Pasteur, c'est-à-dire dans les conditions les meilleures.

Un moyen très simple d'essayer cette culture dans le sang consiste à recueillir une goutte de sang palustre avec pureté sur une lamelle couvre-objet qui est placée sur une de ces lames excavées qui servent à l'étude des microbes en goutte suspendue; les lamelles de verre ont été au préalable stérilisées à la flamme. Un peu de vaseline interposée entre les bords des lamelles empêche la dessiccation; pour plus de sûreté, la préparation, dans l'intervalle des examens, peut être laissée dans la chambre humide.

Il faut avoir soin, lorsqu'on recueille la goutte de sang

sur la lamelle couvre-objet, de l'étaler un peu : les éléments parasitaires ne sont visibles, en effet, que sur les points où la couche de sang est très mince et principalement sur les bords.

J'ai pu conserver ainsi, pendant dix jours et plus, des préparations de sang palustre dans lesquelles je distinguais des éléments parasitaires au milieu des hématies à peine altérées. Il m'a semblé une fois que les corps amiboïdes pigmentés avaient augmenté de nombre, mais ce n'était là peut-être qu'une illusion qui pourrait s'expliquer par ce fait que les hématies devenues plus pâles laissaient mieux voir les éléments parasitaires.

Depuis que j'emploie ce mode d'examen, je n'ai eu malheureusement que peu d'occasions d'étudier du sang palustre frais ; il y a là des recherches à poursuivre ; il est possible qu'en examinant avec soin du sang en goutte suspendue et en maintenant la préparation à une température de 38° avec la platine chauffante, on réussisse à suivre les transformations du parasite et à établir plus exactement qu'on n'a pu le faire jusqu'ici les relations qui existent entre ses différentes formes.

Essais d'inoculation aux animaux. — La plupart des vétérinaires sont d'accord pour nier l'existence du paludisme chez les animaux (Verheyen, art. Fièvres interm. du *Dictionn. de médecine vétérinaire* de Bouley et Raynal).

Certaines épizooties ont été attribuées au paludisme, parce qu'elles avaient été observées dans des régions marécageuses, mais c'est là évidemment une preuve tout à fait insuffisante. Les régions marécageuses favorisent la propagation de beaucoup de maladies, en dehors du paludisme.

La cachexie aqueuse ou pourriture, qui fait souvent de

grands ravages au milieu des troupeaux qui paissent dans les prairies marécageuses, n'a rien à voir avec la cachexie palustre; on sait qu'elle est due à la présence de distomes ou douves dans les voies biliaires.

Obédénare a rapporté au paludisme une épizootie assez commune chez les bœufs dans la région danubienne, épizootie qui se caractérise principalement par de la fièvre et des hématuries.

Babes a étudié récemment cette maladie sous le nom d'*hémoglobinurie épizootique du bétail* (*Arch. f. path. Anat. u. Physiol.*, 1889); d'après lui, la maladie est causée par un diplocoque qui pénètre dans les hématies et qui les détruit; les diplocoques se trouvent surtout en abondance dans les reins, ce qui explique la fréquence des hématuries.

La présence des pentastomes dans les parois intestinales (très commune chez les bœufs de la région danubienne) favoriserait la pénétration des diplocoques dans le sang.

Le diplocoque décrit par Babes est évidemment un parasite très différent des hématozoaires du paludisme.

Smith a décrit dans la fièvre du Texas du bœuf, des altérations du sang qui sont probablement de nature parasitaire, mais qui paraissent n'avoir rien de commun avec celles du paludisme. (Pfeiffer, *Les protozoaires pathogènes*, p. 57.)

Lorsque j'étais en Algérie, j'ai souvent demandé à des vétérinaires de m'envoyer des fragments du foie et de la rate d'animaux suspects de paludisme, j'ai fait l'examen histologique des pièces, en petit nombre, qui m'ont été envoyées et je n'ai jamais constaté les lésions du paludisme.

Les faits de paludisme expérimental rapportés par Klebs et Tommasi Crudeli, Ceci et Schiavuzzi, ne résistent pas à la critique.

En 1883, à Constantine, j'ai essayé de provoquer la
fièvre palustre chez le lapin par l'injection, dans les veines,
de liquides de culture préparés avec les terrains palustres
(méthode de Klebs, Tommasi Crudeli et Ceci). L'injection
dans les veines de ces liquides ou de ceux qui sont recueillis directement dans les flaques d'eau des localités
marécageuses, provoque facilement un accès de fièvre
chez le lapin, mais l'accès ne se reproduit pas ; les animaux se remettent très vite et, lorsqu'on les sacrifie au
bout d'un temps plus ou moins long, on n'observe pas
les altérations qui caractérisent le paludisme.

Je n'ai pas été plus heureux dans mes essais d'inoculation du paludisme aux lapins lorsque je me suis servi,
pour les injections intra-veineuses, de sang recueilli sur
des palustres.

Nous verrons plus loin (ch. iii) que quelques observateurs ont assimilé aux parasites du paludisme certains
hématozoaires des oiseaux qui s'en rapprochent beaucoup
à la vérité, mais qui ne paraissent pas devoir être confondus avec eux ; nous discuterons cette question avec plus
d'utilité lorsque nous aurons étudié les hématozoaires des
oiseaux.

Le fait qu'on n'a réussi jusqu'ici, ni à cultiver le parasite
du paludisme dans les milieux naturels ou artificiels, ni à
l'inoculer aux animaux, a été invoqué plus d'une fois par
les auteurs qui contestaient l'existence de ce nouveau
parasite. L'argument aurait de la valeur s'il s'agissait d'un
schizophyte ; mais les hématozoaires du paludisme ne rentrant pas dans cette classe, il n'y a pas lieu de s'étonner
qu'ils se comportent autrement que des microcoques ou
des bacilles. On ne peut pas cultiver les filaires du sang de
l'homme dans les milieux artificiels, personne ne s'avise

cependant de contester la nature parasitaire de la filariose.

Nous possédons aujourd'hui, grâce aux travaux des Pasteur et des Koch, une méthode excellente pour l'étude des schizophytes. Faut-il s'étonner si cette méthode ne s'applique pas à des sporozoaires? Évidemment non. A ces nouveaux parasites il faut de nouveaux procédés d'observation et d'expérimentation. L'étude des hématozoaires des animaux est tout indiquée comme préface à celle plus difficile des hématozoaires du paludisme. Il faudra choisir des espèces qui se prêtent à l'expérimentation et chez lesquelles les hématozoaires sont d'une observation facile; il sera particulièrement intéressant de voir comment les hématozoaires des oiseaux, par exemple, si voisins de ceux du paludisme, se reproduisent et se propagent.

CHAPITRE II

Les travaux ayant pour objet de contrôler mes recherches sur les parasites du paludisme, très rares de 1881 à
1886, sont devenus de plus en plus nombreux dans ces
dernières années.

Dans l'exposé de ces recherches, qui pour la plupart
confirment les miennes, je ne suivrai pas exactement l'ordre chronologique. Plusieurs observateurs ont publié sur la
question des mémoires qui se corrigent ou se complètent
l'un l'autre et qui ne peuvent pas être examinés séparé-
ment. La bibliographie par années qui se trouve à la fin
de ce volume permettra au lecteur de rétablir l'ordre
chronologique de ces travaux.

Dès la fin de l'année 1880, j'avais communiqué à mon
collègue le Dr E. Richard, professeur agrégé du Val-de-
Grâce, les premiers résultats de mes recherches en le
priant de les contrôler. M. Richard m'écrivit bientôt qu'il
avait réussi à retrouver dans le sang des palustres de
Philippeville (province de Constantine), les parasites observés à Constantine.

Dans un article de la *Revue scientifique* du 27 janvier 1883, Richard décrit très bien les différents aspects sous lesquels les éléments parasitaires se présentent dans le sang des palustres, et il conclut ainsi : « Aujourd'hui, après une année de recherches, nous demeurons fermement convaincu que M. Laveran est dans le vrai et que le microbe réel de l'impaludisme a été découvert par lui. »

Nous avons vu (p. 5) que le nom de Marchiafava figurait en 1880 parmi ceux des observateurs qui défendaient le prétendu *bacillus malariæ*. Depuis cette époque, Marchiafava a abandonné complètement ce bacille, et il a publié, sur le paludisme, en collaboration avec Celli, plusieurs mémoires dont l'analyse nous arrêtera un peu. De 1884 à 1889 les opinions émises par ces auteurs ont beaucoup varié et l'histoire de ces variations est indispensable à connaître quand on veut apprécier la valeur de certaines revendications faites par Marchiafava ou en son nom.

En 1884, Marchiafava et Celli, dans un mémoire *sur les altérations des globules rouges dans l'infection malarique et sur la cause de la mélanémie*, déclarent que tous les éléments parasitaires décrits par moi dans le sang des palustres doivent être considérés comme des hématies dégénérées. Marchiafava et Celli contestent absolument que ces éléments nouveaux que j'avais eu l'occasion de leur montrer à Rome en 1882 soient de nature parasitaire ; ils veulent expliquer les flagella eux-mêmes par une dégénérescence des hématies.

Marchiafava et Celli inclinent à croire à cette époque que l'agent du paludisme est un microcoque.

Dans une lettre datée de Rome, 9 avril 1884, M. Marchiafava, en me remerciant de l'envoi de mon *Traité des fièvres palustres* et en m'envoyant le mémoire précité, a bien soin de me faire remarquer qu'il est arrivé, avec son collaborateur, à des conclusions très différentes des miennes.

« Pour nous, m'écrit M. Marchiafava, les seuls éléments pouvant être soupçonnés d'être des parasites sont des *corpuscules privés de pigment, analogues à des microcoques*, qui se trouvent souvent en grand nombre dans les globules rouges et qui sont seulement visibles sur les préparations du sang desséché et coloré par le bleu de méthylène.

« Nous croyons que les formes pigmentées que vous avez décrites ne sont autres que des globules rouges dégénérés et pigmentés. »

Au Congrès de Copenhague en 1884, Marchiafava et Celli soutenaient encore, avec Tommasi Crudeli, que les éléments décrits par moi comme étant les parasites du paludisme ne représentaient que des phases de régression des hématies.

Ainsi il ne peut pas y avoir de doute à cet égard : après la publication de mon *Traité des fièvres palustres*, quatre ans après la publication de mes premiers travaux sur la question, Marchiafava et Celli refusaient d'admettre la nature parasitaire des éléments décrits par moi dans le sang des palustres, aussi bien celle des corps sphériques que celle des corps en croissant et des flagella, et ils pensaient que le parasite du paludisme était un microcoque.

En 1885, Marchiafava et Celli, dans un deuxième mémoire qui a pour titre : *Nouvelles recherches sur l'infection malarique* (*Annales italiennes de l'agriculture*. Rome, 1885), reconnaissent qu'on rencontre dans le sang palustre des éléments parasitaires qui affectent les formes décrites précédemment par moi : corps pigmentés libres ou adhérents aux hématies, corps en croissant et flagella doués

de mouvements extrêmement caractéristiques ; ils insistent
encore sur les petits éléments non pigmentés décrits dans
leur publication antérieure comme des espèces de microcoques, mais en avouant que, contrairement à leurs premières assertions, beaucoup de ces éléments sont visibles
dans le sang frais et renferment des grains de pigment ;
sur 47 éléments parasitaires représentés, 40 sont pigmentés.

Il suffit de jeter les yeux sur les figures reproduites ci-
dessous (fig. 5) d'après ce mémoire de 1885, pour s'assurer
que les éléments parasitaires décrits par ces auteurs sont
bien ceux dont j'avais signalé la présence dans le sang pa-

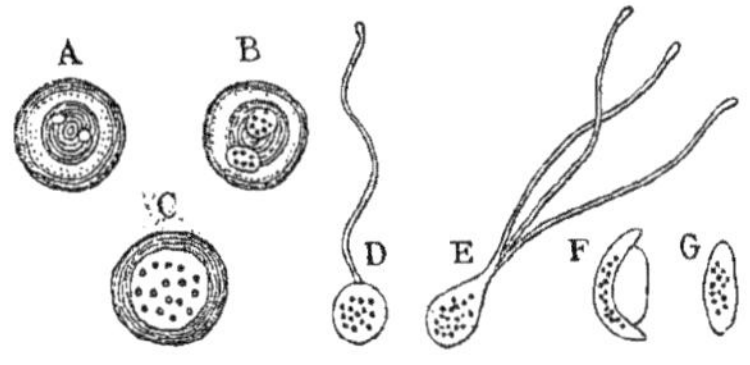

Fig. 5.

A, B, C, hématies renfermant des plasmodes. — D, E, corps hyalins pigmenté avec des flagella. — F, corps en croissant. — G, corps ovalaire.
(Figures empruntées aux mémoires cités de MM. Marchiafava et Celli.)

lustre plusieurs années auparavant ; on reconnaît facilement les corps sphériques adhérents aux hématies (inclus dans les hématies disent Marchiafava et Celli), les
éléments munis de flagella et les corps en croissant.

En 1886, nouveau mémoire des mêmes auteurs publié
dans le même recueil que le précédent. Marchiafava et
Celli insistent beaucoup sur la description des éléments
doués de mouvements amiboïdes et dépourvus de pigment
auxquels ils proposent de donner le nom de *plasmodes* ou
hémoplasmodes malariques. Ce nom de plasmodes, appliqué
pour la première fois à des éléments parasitaires du sang

palustre, a pu faire croire à quelques personnes que Marchiafava et Celli avaient trouvé de nouveaux parasites; en réalité, ces auteurs n'ont fait que décrire sous ce nouveau nom dont l'impropriété a été démontrée (1) des éléments signalés par moi dès 1880 et 1882. Pour appuyer leurs revendications, Marchiafava et Celli ont insisté sur ces deux considérations que les plasmodes étaient des éléments non pigmentés et doués de mouvements amiboïdes; j'avais dit avant eux (voyez p. 18) que les éléments désignés dans mes premières publications sous le nom de corps n° 2, et qui correspondent aux plasmodes, étaient doués de mouvements amiboïdes et que les plus petits de ces éléments ne renfermaient pas de pigment. Marchiafava et Celli ont, d'ailleurs, pour les besoins de leur cause, exagéré beaucoup la fréquence de la non-pigmentation de ces éléments; il est exceptionnel de rencontrer des éléments amiboïdes non pigmentés du volume de quelquesuns de ceux représentés dans le mémoire précité.

En 1887, dans une communication sur l'infection malarique faite à l'Académie royale de Rome, Marchiafava et Celli affirment de nouveau que les éléments doués de mouvements amiboïdes et dépourvus de pigment (plasmodes) sont les véritables parasites du paludisme, tout en reconnaissant que les éléments pigmentés sont également parasitaires et qu'il ne s'agit pas, comme ils l'avaient soutenu précédemment, d'une dégénérescence des hématies.

En 1888, dans les *Archives italiennes de biologie*, les mêmes observateurs essayent, une fois encore, de démon-

____

(1) Les naturalistes désignent sous le nom de plasmodes une *réunion* d'êtres semblables qui s'observe assez souvent à l'une des phases du développement des protozoaires; les hématozoaires du paludisme nè se présentant pas à l'état de *plasmodes*, ce nom générique ne peut pas leur convenir.

trer que les plasmodes sont les vrais parasites du paludisme, et que les plasmodes diffèrent beaucoup des parasites que j'ai décrits.

En 1889, Celli et Guarnieri publient, dans les *Annales
italiennes de l'agriculture*, un travail qui fait évidemment
suite aux mémoires précédents, bien que la signature de
Marchiafava ne s'y trouve pas.

Ce travail marque une nouvelle évolution dans les opinions de Celli ; les auteurs classent, ainsi qu'il suit, les
éléments parasitaires du sang palustre : 1° corps amiboïdes ;
2° corps falciformes d'où ils font dériver les flagella.

Nous avons vu que, dans leurs mémoires de 1886 et 1887,
Marchiafava et Celli décrivaient comme étant les parasites
du paludisme de petits éléments amiboïdes, non pigmentés
(plasmodes) qui, suivant eux, n'avaient rien de commun
avec mes parasites ; ces auteurs avaient refusé jusqu'ici
d'admettre que les plasmodes n'étaient, comme je l'ai
toujours soutenu, que le premier degré de développement
des corps sphériques pigmentés. Aujourd'hui, Celli et
Guarnieri acceptent cette filiation comme démontrée, les
corps sphériques pigmentés rentrent dans la catégorie
des corps amiboïdes, avec les petits éléments dénués de
pigment ; dans la planche consacrée aux corps amiboïdes,
27 fois sur 30, les éléments sont représentés comme étant
pigmentés.

Celli et Guarnieri reconnaissent que des vacuoles formées artificiellement sur des hématies desséchées ont été
confondues plus d'une fois avec les microcoques que Marchiafava et Celli accusaient, en 1884, d'être les agents du
paludisme ; ils reconnaissent enfin que les corps amiboïdes,
pigmentés ou non, libres ou adhérents aux hématies, les
corps en croissant et les flagella ne représentent que les

différentes phases d'un même parasite, probablement d'un
sporozoaire.

Il ne restait plus à Celli et Guarnieri qu'un aveu à faire,
c'est que Marchiafava avait eu grand tort de contester
pendant si longtemps les faits avancés par moi et que les
revendications de cet observateur au sujet des plasmodes
n'avaient plus aucune base.

Au mépris de la logique et de la vérité, Celli et Guarnieri
ont essayé encore de soutenir ces revendications. Ils veulent bien reconnaître que j'ai décrit le premier les corps
en croissant et les flagella, mais, à les en croire, la plus
grande part dans la découverte des corps amiboïdes devrait
être attribuée à Marchiafava, attendu que je n'avais décrit
(affirment-ils) que ceux de ces éléments qui sont *libres et
immobiles*. Ne pouvant pas nier que j'aie parlé de mouvements amiboïdes, Celli et Guarnieri affectent de croire
que j'en ai parlé à propos des corps en croissant, ce qui est
absolument faux. J'ai toujours dit que les corps en croissant
étaient immobiles, et je n'ai parlé de mouvements amiboïdes qu'à propos des éléments qui sont désignés dans
mes premières publications sous le nom de corps n° 2 et
qui ne sont autres que les éléments amiboïdes de Celli et
Guarnieri.

On a pu voir (p. 19) que j'avais décrit dès 1882, non
seulement les corps amiboïdes libres, mais aussi ceux de
ces éléments qui adhèrent aux hématies, ces derniers éléments sont décrits et figurés notamment dans un mémoire
présenté en 1882 à la Société médicale des hôpitaux; il
suffit de jeter les yeux sur la planche annexée à ce travail
pour se convaincre de l'inexactitude de l'assertion de Celli
et Guarnieri. Loin de méconnaître l'importance des éléments que Celli et Guarnieri désignent sous le nom de

corps amiboïdes, j'ai toujours dit que ces formes étaient
celles qui se rencontraient le plus souvent dans le sang
palustre; on voit dans mon *Traité des fièvres palustres* que
j'ai observé ces éléments 389 fois sur 432 cas.

Celli et Guarnieri disent avoir vu des corps en croissant
se transformer en éléments ovalaires, puis en éléments
sphériques d'où s'échappaient des flagella. J'ai souvent
essayé de suivre les transformations des corps en croissant,
j'ai vu ces éléments prendre au bout d'un temps variable
la forme ovalaire ou la forme arrondie, mais je n'ai jamais
vu les flagella s'échapper d'un élément qui, au début de
l'observation, présentait la forme en croissant.

Sans contester le fait signalé par Celli et Guarnieri, je
pense que ces auteurs se sont beaucoup trop pressés de
généraliser et de conclure que les flagella dérivaient toujours des éléments en croissant. J'ai souvent observé les
flagella dans du sang qui ne renfermait pas de corps en
croissant et j'ai vu les flagella s'échapper d'éléments doués
de mouvements amiboïdes très nets, appartenant sans
conteste à la première classe des éléments décrits par
Celli et Guarnieri.

Dans un mémoire sur les fièvres estivales et automnales
publié en 1889, Celli et Marchiafava ont reconnu l'importance des corps en croissant qu'ils avaient contestée jusqu'alors; suivant eux, les corps en croissant ne se rencontraient que très rarement dans le sang palustre, une fois
sur deux cents cas, d'après une note d'un de leurs précédents mémoires. Aujourd'hui ces auteurs constatent que
les corps en croissant s'observent souvent dans le sang
des malades atteints de fièvres automnales. Pietro Canalis
avait déjà appelé l'attention sur ce fait, qui est d'accord
avec ce que j'avais dit de la fréquence de ces éléments chez

les cachectiques palustres, ou du moins chez les malades qui ont eu plusieurs rechutes de fièvre.

Dans un dernier travail sur les fièvres d'hiver (Rome, 1890), Celli et Marchiafava, discutant la question de savoir si les éléments parasitaires du sang palustre appartiennent à une même espèce ou à plusieurs espèces, concluent en disant qu'ils persistent à admettre l'existence d'un seul parasite polymorphe « hypothèse qui, écrivent-ils, a *toujours* été défendue par nous. » Ce mot *toujours* paraîtra sans doute singulier au lecteur qui vient de lire le résumé des travaux de MM. Celli et Marchiafava; je lui laisse le soin de l'apprécier à sa juste valeur.

Si nous résumons cet historique des travaux de Marchiafava et Celli, nous voyons qu'en 1884 ces auteurs n'admettaient pas la nature parasitaire des éléments décrits par moi, et qu'ils inclinaient à croire que l'agent du paludisme était une espèce de micrococque.

De 1885 à 1888 Marchiafava et Celli s'efforcent de démontrer que les éléments désignés par eux en 1886 sous le nom de plasmodes sont les vrais parasites du paludisme, et que ces plasmodes diffèrent beaucoup de mes parasites.

Enfin, en 1890, Celli, Marchiafava et Guarnieri admettent l'existence de tous les éléments parasitaires décrits par moi et, pour eux comme pour moi, ces éléments ne représentent que les différents états d'un même parasite qui est celui du paludisme.

Une conclusion s'impose, ce me semble, c'est que Marchiafava et Celli sont arrivés tout simplement à vérifier, en 1890, les faits que j'avais annoncés de 1880 à 1882.

Sternberg a publié en 1886 (*The Medical Record*, New-York, 1886) un mémoire sur les parasites du paludisme dont les conclusions viennent à l'appui de celles que nous

venons de formuler au sujet des travaux de Marchiafava
et Celli.

Sternberg avait entrepris, en 1881, à la Nouvelle-Orléans
des recherches pour vérifier celles de Klebs et de Tommasi Crudeli ; il était resté dans le doute relativement au
rôle assigné par ces observateurs au *bacillus malariæ;* en
1884 Sternberg n'avait pas non plus, dit-il, beaucoup de
confiance dans le nouveau parasite que je venais de décrire. Sur ces entrefaites, il alla à Rome, il vit dans le laboratoire de Marchiafava les éléments parasitaires dont
j'avais signalé l'existence et il revint en Amérique convaincu
que ces parasites nouveaux étaient bien ceux du paludisme;
il ne tarda pas à les retrouver lui-même dans le sang des
palustres américains.

Sternberg ne met pas en doute que les plasmodes soient
les mêmes éléments que ceux décrits par moi dans mes
premiers travaux sous le nom de corps n° 2.

Golgi a publié plusieurs mémoires sur les parasites du
paludisme, et il a étudié tout particulièrement les formes
segmentées.

Dans un travail publié en 1886 (*Archives italiennes des
sciences médicales*), Golgi donne les premiers résultats de
ses recherches qui, faites à Pavie, ont porté principalement sur des malades atteints de fièvre quarte. Golgi
annonce qu'il a retrouvé dans le sang de presque tous ses
malades les corpuscules hyalins, doués de mouvements
amiboïdes, qui sont décrits dans mes premiers travaux
sous le nom de corps n° 2, et il reconnaît que les plasmodes
de Marchiafava et Celli ne représentent que le premier
degré de développement de ces éléments. Les figures
jointes à ce mémoire ne laissent aucun doute sur l'identité
des éléments observés à Pavie et de ceux décrits par moi;

les corps hyalins doués de mouvements amiboïdes, les corps
en croissant ou ovalaires sont exactement représentés.

Golgi insiste beaucoup sur la forme en rosace. L'élément
parasitaire se segmente régulièrement, tandis que les
grains pigmentés se réunissent vers la partie centrale; les
segments se désagrègent, prennent l'aspect de corpuscules
arrondis et, devenus libres, se transforment en corps sphériques amiboïdes. Les corps en rosace représenteraient
par conséquent un des modes de multiplication des éléments parasitaires.

Golgi a constaté chez la plupart de ses malades un rapport direct entre la quantité des parasites et l'intensité
de la fièvre.

Des ponctions faites dans la rate aux différents stades
des accès de fièvre lui ont permis de constater que la
quantité de parasites était bien plus grande dans le sang
de la rate que dans le sang périphérique.

Dans un mémoire qui a paru dans les *Archives italiennes
des sciences médicales* en 1889 et qui a pour titre : *Du
développement des parasites du paludisme dans la fièvre
tierce*, et dans un travail plus récent publié dans les *Archives italiennes de biologie*, t. XIV, fasc. I-II, Golgi expose
les différences qui existent d'après lui entre les parasites
de la tierce et ceux de la quarte. Ces différences peuvent
se résumer ainsi qu'il suit :

Le parasite de la tierce accomplit son évolution en deux
jours, celui de la quarte en trois jours.

Les corps amiboïdes de la tierce ont des mouvements
beaucoup plus vifs que ceux de la quarte.

Les parasites de la tierce donnent lieu facilement et
rapidement à la décoloration des hématies auxquelles ils
s'attaquent, tandis que dans la fièvre quarte les hématies

envahies par les parasites gardent, presque jusqu'au moment où la destruction est complète, leur coloration caractéristique.

Dans la quarte, les globules du sang malades ont une tendance marquée à se rétracter, tandis que dans la tierce les globules malades ont souvent des dimensions supérieures à celles des globules sains.

Dans la tierce, le protoplasma des parasites est très transparent, les contours sont peu marqués ; dans la quarte le protoplasma paraît moins délicat, et les contours des parasites sont plus nets.

Dans la quarte, le pigment se présente sous la forme de grains ou de bâtonnets plus gros que dans la tierce ; la teinte du pigment serait aussi un peu différente.

Enfin, et c'est là ce qui constitue la différence principale, la segmentation des éléments en rosace ne se fait pas de la même manière dans la tierce et dans la quarte. Dans la tierce le nombre des corpuscules arrondis qui naissent de la segmentation des éléments pigmentés est plus grand que dans la quarte.

La figure 6, empruntée à Golgi, fait bien ressortir cette différence ; le nombre des segments serait à peu près deux fois plus grand dans la tierce que dans la quarte.

Dans la quotidienne on rencontre tantôt les parasites de la tierce, tantôt ceux de la quarte, ce que Golgi explique en admettant que la quotidienne ne représente pas un type à part, mais seulement une forme compliquée de la tierce ou de la quarte, double tierce ou triple quarte. Cette hypothèse sera difficilement admise par les cliniciens, surtout par ceux qui ont exercé dans les pays chauds, où la quotidienne est de beaucoup la plus commune des intermittentes.

Les corps en croissant se rencontreraient, d'après Golgi,
dans les fièvres de type irrégulier ; je les ai rencontrés bien
souvent pour ma part dans des fièvres intermittentes régulières.

Golgi a réussi à observer les flagella et il a constaté
que ces éléments ne se montraient dans le sang qu'au

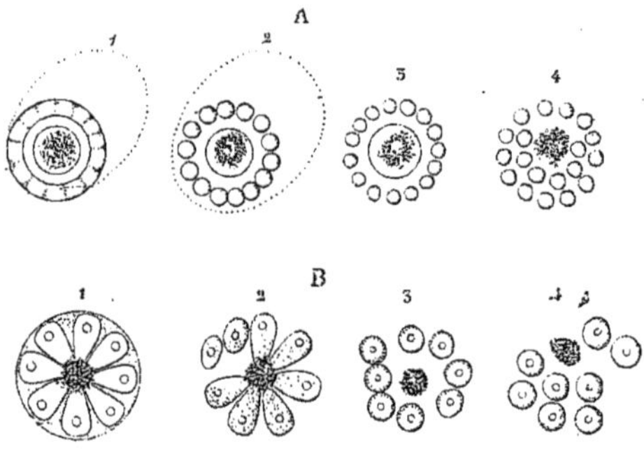

Fig. 6.

A — 1, 2, 3, 4. Segmentation d'un élément pigmenté dans la fièvre tierce. On
voit encore le contour de l'hématie dans les figures 1 et 2. Dans la figure 4,
la séparation des corpuscules provenant de la segmentation est complète.
B — 1, 2, 3, 4. Segmentation d'un élément pigmenté dans un cas de fièvre
quarte. Dans la figure 4, la séparation des corpuscules provenant de la
segmentation est complète.

moment des accès fébriles et quelques heures avant ces
accès.

Nous verrons plus loin qu'un certain nombre d'observateurs italiens ont admis après Golgi l'existence de plusieurs espèces de parasites du paludisme.

Il est à remarquer que quelques-uns des auteurs qui
défendent la théorie de Golgi sont beaucoup plus affirmatifs que lui ; Golgi, tout en admettant plusieurs variétés
de parasites n'a jamais affirmé, que je sache, qu'il s'agissait de parasites appartenant à des espèces absolument
distinctes, sans rapport entre elles. Il résulte même d'un

passage du dernier travail de Golgi (*Archives italiennes de biologie*, 1890) que cet observateur admet la possibilité du passage d'une forme de parasites à l'autre.

En 1884, Councilman et Abbot avaient mis en doute la nature parasitaire des éléments décrits par moi; leurs recherches avaient été faites sur le cadavre, c'est-à-dire dans de très mauvaises conditions au point de vue de l'examen de parasites qui se déforment rapidement après la mort.

En 1887, dans une communication à la Société pathologique de Philadelphie, Councilman annonce qu'il a réussi à trouver des hématozoaires chez tous les palustres qu'il a eu l'occasion d'examiner (*Fortschritte der Medicin*, 1888, n° 12; planches V et VI).

Dans une première série de recherches faites sur le sang obtenu par la piqûre du doigt, Councilman a constaté l'existence des flagella 11 fois sur 80.

Dans une deuxième série, l'examen a porté sur du sang extrait directement de la rate, et les flagella ont été trouvés 16 fois sur 21 malades. C'est là un résultat très remarquable et qui montre bien qu'on ne saurait arguer de la rareté des flagella dans le sang périphérique, pour contester l'importance de ces éléments.

D'après Councilman, les corps en croissant et les corps ovalaires qui en dérivent ne s'observeraient que chez les malades atteints de cachexie palustre; les formes segmentées, pendant la période de frisson des accès de fièvre intermittente.

Enfin Councilman constate que l'action des sels de quinine, très nette sur les éléments amiboïdes et sur les flagella, est beaucoup moins efficace sur les corps en croissant, ce qui est conforme à ma propre observation (*Traité des fièvres palustres*, p. 201).

Les travaux de W. Osler sont, comme ceux de Sternberg et de Councilman, confirmatifs des miens; comme ces derniers observateurs, W. Osler accueillit tout d'abord mes descriptions des parasites du paludisme avec un grand scepticisme, et en particulier celles des flagella; l'existence de pareils éléments dans le sang lui semblait, dit-il, invraisemblable; il entreprit cependant des recherches de contrôle et il ne tarda pas à se convaincre de l'exactitude de mes descriptions (Communic. à la Soc. pathol. de Philadelphie. *The British Med. Journ.*, 1887).

Sur 70 malades atteints des différentes formes du paludisme, W. Osler a réussi à retrouver 63 fois les hématozoaires; les observations négatives s'expliquent d'ailleurs par ce fait, que les malades qui en sont l'objet avaient été soumis à la médication quinique.

Dans les formes aiguës du paludisme W. Osler a rencontré surtout les petits éléments hyalins, doués de mouvements amiboïdes et souvent pigmentés qui sont désignés dans mes premiers travaux sous le nom de corps n° 2.

Les corps en croissant ont été trouvés presque toujours chez des individus atteints de cachexie palustre ou du moins de fièvre intermittente récidivée. Les flagella ont été notés dans 7 cas (6 chroniques, 1 aigu); la forme segmentée ou en rosace dans 6 cas.

Les figures ci-jointes (fig. 7) empruntées au travail de W. Osler ne permettent pas de douter de l'identité des éléments parasitaires observés par W. Osler et par moi.

Au point de vue de la relation des parasites avec les accès de fièvre, W. Osler est arrivé aux mêmes conclusions que moi; c'est avant les accès et à la période initiale des accès que les éléments parasitaires se trouvent en plus grand nombre dans le sang; cette règle comporte des exceptions.

La quinine fait disparaître les éléments parasitaires, plus rapidement dans les formes aiguës que dans les formes chroniques.

Dans une deuxième communication à la Société pathologique de Philadelphie en 1887, W. Osler confirme ses

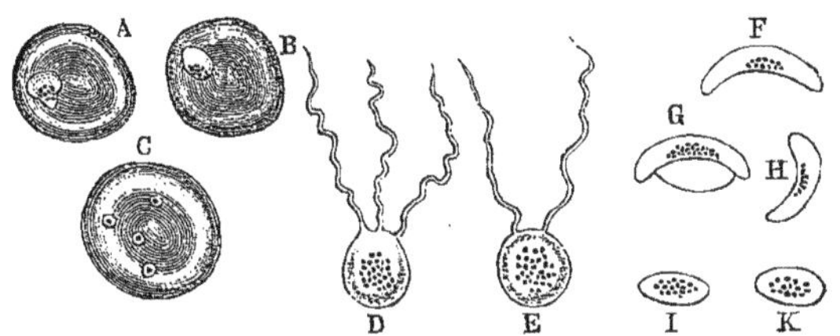

Fig. 7. — Quelques aspects des éléments parasitaires du sang palustre, d'après W. Osler.

A, B, C, hématies auxquelles sont accolés des corps sphériques pigmentés de petit volume. — D, E, corps sphériques pigmentés avec des flagella. — F, G, H, corps en croissant. — I, K, corps ovalaires.

premières conclusions et il appelle l'attention sur la concordance remarquable qui existe entre les descriptions des auteurs qui ont étudié les hématozoaires du paludisme dans les différentes contrées du monde.

W. Osler a noté moins souvent que Councilman l'existence des flagella, mais il n'a pas examiné le sang recueilli directement par ponction dans la rate, comme l'a fait Councilman.

W. Osler a constaté que les éléments amiboïdes qui adhèrent à des hématies peuvent se détacher et devenir libres dans le sang; c'est un des arguments que j'ai fait valoir pour soutenir que ces parasites sont seulement accolés aux hématies, qu'ils dépriment d'ailleurs plus ou

moins au point d'adhérence, et non inclus dans les hématies comme le veulent quelques auteurs.

Maurel, qui a fait de nombreuses recherches sur les
microorganismes de l'air, de l'eau et du sol des contrées
marécageuses, avait d'abord mis en doute l'existence de
mes hématozoaires, qu'il n'avait pas réussi à retrouver.
A la fin de ses *Recherches microscopiques sur l'étiologie du
paludisme* (Paris, 1887), Maurel déclare qu'il est aujourd'hui
convaincu de l'existence de ces parasites.

Dans un mémoire lu à la Société de pathologie de New-
York en 1888, James dit avoir constaté l'existence des
hématozoaires 34 fois sur 35 palustres examinés.

James a recherché vainement, dans le sang d'un grand
nombre de malades non entachés de paludisme, des éléments parasitaires analogues à ceux des palustres; aussi
insiste-t-il sur l'importance de la recherche des hématozoaires au point de vue du diagnostic.

Cet observateur a toujours rencontré les corps en croissant dans les formes chroniques du paludisme et les corps
segmentés pendant les paroxysmes fébriles; il donne
comme démontrées les propositions suivantes:

1° On trouve d'une façon constante dans le sang des
palustres les éléments parasitaires qui ont été décrits sous
le nom d'hématozoaires du paludisme;

2° Les corps en croissant ne se rencontrent que dans
les formes chroniques du paludisme;

3° Les formes segmentées s'observent seulement avant
et pendant les paroxysmes;

4° Sous l'action de fortes doses de quinine les éléments
parasitaires disparaissent rapidement du sang à l'exception
des corps en croissant.

On voit que Councilman, W. Osler et James sont

d'accord pour attribuer spécialement les corps en croissant à la cachexie palustre; en tant que règle générale, cela est conforme à mon observation, mais je pense que James en particulier a formulé cette règle d'une façon trop absolue.

Vandyke Carter a constaté aux Indes l'existence des hématozoaires dans le sang d'un grand nombre de palustres. Je regrette de n'avoir pas réussi à me procurer le travail original de Vandyke Carter.

Evans, chirurgien à l'hôpital de Mandalay, a retrouvé dans le sang des palustres les petits éléments hyalins, généralement pigmentés, qui vivent à l'état libre ou bien à l'état de parasites des hématies (*Communic. à la Société clin. de Londres*, 1888).

Soulié a réussi à constater dans le sang des palustres, à Alger, la présence des parasites et notamment des corps pourvus de flagella. Au sujet de ces derniers éléments Soulié s'exprime ainsi :

« Il est impossible de ne pas être convaincu, lorsqu'on les a bien vus une fois, de leur existence et de leur nature vivante et parasitaire. C'est un très curieux spectacle que de contempler ces longs bras s'agitant avec tant de vigueur autour de la sphère qui les supporte, capables de tirailler et de donner toutes les formes à un ou plusieurs globules situés dans le voisinage. Quelquefois un des flagella se détache et poursuit sa marche en tire-bouchon dans le sérum, écartant les globules qu'il trouve sur son passage; il revêt la forme d'un spirille ou d'un spirochæte. Au bout de quelques heures, à la température de 15° à 20° C., les mouvements se ralentissent et finissent par cesser. De même que les corpuscules en croissant, ils se colorent mal sous l'action des couleurs d'aniline. »

(*Comptes rendus de la Société de biologie*, 1888, p. 168).

Soulié ajoute, il est vrai, que l'examen du sang a été souvent négatif.

Il est difficile de s'entendre sur la portée de ces mots : *examen négatif*, quand il s'agit des parasites du paludisme. Le résultat de l'examen dépend, pour une grande part, de l'habitude qu'on a de cette recherche, et du temps qu'on y consacre. Il m'est arrivé bien souvent de trouver des éléments parasitaires, et parfois en grand nombre, dans des préparations de sang dont l'examen m'avait été signalé comme négatif.

Les hématozoaires se dissimulent facilement au milieu des hématies, surtout au début de l'examen des préparations, lorsque les hématies sont empilées ; il est donc nécessaire que l'examen soit prolongé et qu'on y revienne à plusieurs reprises.

Il faut tenir grand compte aussi de l'état du malade et du traitement qu'il a suivi. Nous avons vu que c'était un peu avant les accès et au début de ces accès qu'on avait le plus de chances de rencontrer les parasites du paludisme dans le sang périphérique.

Dans un nouveau travail (*Bulletin méd. de l'Algérie*, 1ᵉʳ avril 1890), Soulié dit que sur trente malades atteints de paludisme examinés par lui, pendant les mois d'octobre et de novembre 1889, les hématozoaires ont été trouvés quatorze fois et il ajoute que beaucoup de malades n'ont été examinés qu'une seule fois, après un traitement par les sels de quinine, ce qui explique le nombre encore assez élevé des cas dans lesquels l'examen du sang a été négatif.

En Russie, Metchnikoff, Sacharoff et Bartoschewitsch ont réussi à retrouver les hématozoaires du paludisme ; de plus, Danilewsky et Metchnikoff ont signalé l'existence de parasites analogues dans le sang de différents animaux et spécialement de certains oiseaux ; nous reviendrons sur cette question dans le chapitre suivant.

Sacharoff a constaté l'existence des hématozoaires chez presque tous les palustres qu'il a examinés. Il décrit les cinq formes suivantes (*Communic. à la Société de médecine de Tiflis*) :

1° Corpuscules arrondis ou de forme irrégulière à contours peu accentués, doués de mouvements amiboïdes, inclus dans des hématies ; le contour seul de ces éléments se colore par la solution concentrée de bleu de méthylène ;

2° Mêmes éléments renfermant, dans les formes pernicieuses surtout, de nombreux grains de pigment ; le bleu de méthylène colore ces éléments dans leur totalité ;

3° Mêmes corpuscules libres dans le sang, pigmentés, présentant quelquefois la segmentation en rosace ; les corpuscules résultant de la segmentation peuvent s'introduire dans les hématies et donner naissance aux formes n° 1 ;

4° Forme en croissant ou ovalaire, pigmentée ; Sacharoff note, lui aussi, que cette forme est particulièrement fréquente dans la cachexie palustre et qu'elle résiste plus que les autres à la médication quinique ;

5° Hématozoaires avec des flagella animés de mouvements énergiques.

En 1889, Sacharoff a publié sous ce titre : *le Paludisme sur le chemin de fer de Transcaucasie*, un opuscule en langue russe qui est intéressant, surtout à cause des photographies microscopiques jointes au texte. Plusieurs de ces photographies représentent exactement les corps en croissant et même les corps sphériques adhérents aux hématies.

La thèse de Khenzinsky intitulée : *Contributions à l'étude des microorganismes du paludisme* (Odessa, 1889), mérite d'être signalée dans cet historique ; une planche représentant différents aspects des hématozoaires du paludisme est jointe à ce travail.

Enrique Morado et Tomás Coronado ont retrouvé à la Havane l'hématozoaire du paludisme avec ses différentes formes : corps en croissant, corps sphériques et flagella. (*Cronica medico-quirurgica de la Habana*, octobre 1889.)

Dans un travail, publié en 1890 dans le même journal. Tomás Coronado étudie d'abord les altérations qui se produisent dans le sang normal après sa sortie des vaisseaux, altérations qui, dit-il, sont très marquées à la Havane en raison de la température élevée de l'atmosphère, et il montre très bien que ces altérations ne peuvent pas être confondues avec celles qui sont produites par la présence des hématozoaires. T. Coronado décrit ensuite l'hématozoaire du paludisme.

Sur 71 malades atteints de fièvre palustre qui ont été examinés par lui, les corps sphériques ont été rencontrés 36 fois, les corps en croissant 29 fois, les flagella 11 fois, ces derniers toujours associés aux corps sphériques.

T. Coronado signale des corpuscules mobiles, libres dans le sérum, qui seraient des formes embryonnaires des hématozoaires. La nature parasitaire de ces corpuscules ne paraît pas bien établie. Des corpuscules mobiles analogues à ceux décrits par Coronado se montrent souvent dans le sang des malades atteints d'affections étrangères au paludisme ou même d'individus sains (V. ch. III).

T. Coronado conclut de ses recherches qu'il n'existe pas plusieurs espèces d'hématozoaires donnant lieu aux différentes variétés cliniques du paludisme, mais un seul hématozoaire polymorphe.

L'hématozoaire du paludisme aurait été retrouvé également à l'île Maurice par Élie Anderson et à Hong-Kong par J.-M. Atkinson.

Pietro Canalis a publié, depuis 1889, plusieurs travaux intéressants sur les hématozoaires du paludisme.

Sur 63 palustres examinés avec grand soin et à des intervalles souvent très rapprochés à l'hôpital militaire de Rome, les hématozoaires du paludisme ont été rencontrés dans tous les cas et jamais ils ne se sont montrés dans le sang des individus atteints d'affections étrangères au paludisme.

P. Canalis admet avec Golgi que les parasites du paludisme présentent une évolution différente dans la tierce et dans la quarte; il cherche, en outre, à démontrer qu'il existe une troisième variété à laquelle il donne le nom de *variété des corps semi-lunaires*, de la forme la plus caractéristique de l'évolution de ces parasites. Cette dernière variété se rencontrerait dans les fièvres quotidiennes à accès prolongés ou subintrants, dans les continues palustres pouvant produire rapidement la cachexie, dans certaines fièvres pernicieuses, dans les fièvres irrégulières.

D'après P. Canalis, le cycle de développement de cette troisième variété peut se diviser en quatre phases : corps amiboïdes, corps semi-lunaires ou ovoïdes, corps arrondis et flagella, corps segmentés. Les corps semi-lunaires se développent dans les hématies aux dépens des corps amiboïdes; ils se transforment en corps ovalaires puis en corps sphériques d'où émergent les flagella. Les formes semi-lunaires ne se présentent ordinairement dans le sang qu'après des accès répétés, du 15° au 30° jour après le premier accès. Une seule fois, P. Canalis a trouvé ces éléments dans le sang au 7° jour de la maladie.

Parmi ces phases d'évolution, il n'y en a qu'une de caractéristique : les corps en croissant. P. Canalis avoue qu'à la première phase (corps amiboïdes) la troisième variété qu'il cherche à faire admettre ne se distingue pas des deux autres ; les flagella ne sont pas non plus particuliers à cette variété ; enfin, l'auteur qui admet que les corps en croissant, après s'être transformés en corps sphériques peuvent subir la segmentation ou sporulation, ne dit pas en quoi cette segmentation diffère de celle qu'on observe dans la tierce et la quarte.

Il est à noter que P. Canalis n'a pas vu se produire cette segmentation pendant le cours d'une observation microscopique et que c'est par induction qu'il a été conduit à l'admettre.

Restent les corps en croissant, qui assurément sont très caractéristiques. Ces corps se rencontrent-ils toujours dans certaines formes cliniques du paludisme à l'exclusion des autres? C'est là une question que nous examinerons plus loin.

Feletti et Grassi (*Sur les parasites du paludisme*, Catane, 1889 et *Riforma medica*, mars 1890), ont réussi à retrouver à Catane les hématozoaires du paludisme, et ils n'hésitent pas à reconnaître que les éléments décrits par moi sont bien des parasites ; fait d'autant plus intéressant que le professeur Grassi s'était montré d'abord peu favorable à cette manière de voir. Feletti et Grassi, en modifiant les méthodes de recherches employées jusqu'ici, disent avoir constaté l'existence d'un noyau dans l'intérieur des corps sphériques ; ils proposent de donner aux plus petits de ces corps le nom d'*amibules* et celui d'*amibes* aux autres. Le noyau des corps amiboïdes est volumineux et le plus souvent excentrique, il ressemble à celui qu'on trouve dans

beaucoup de rhizopodes. Dans le noyau se trouve un nucléole. Feletti et Grassi n'indiquent pas les nouvelles méthodes d'observation qu'ils ont employées.

Les corps semi-lunaires contiendraient également un
noyau avec un nucléole.

D'après Feletti et Grassi, il faudrait distinguer au moins
deux espèces d'hématozoaires du paludisme : la première
donnant lieu aux fièvres régulières et la deuxième aux
fièvres irrégulières. Les parasites des fièvres irrégulières
seraient caractérisés surtout par la forme en croissant,
comme l'avaient déjà dit Golgi et Pietro Canalis. Feletti et
Grassi auraient noté, dans tous les cas de fièvre étudiés à
Catane depuis le mois de septembre 1889, une différence
très nette entre ces deux espèces de parasites ; jamais les
corps en croissant n'auraient été rencontrés par eux dans
la tierce, ni dans la quarte.

Feletti et Grassi ont dû voir à Catane, comme on le voit
partout, des fièvres qui changent de type et qui, après
avoir été continues ou quotidiennes prennent le type
quarte ; il faudrait admettre que, dans ces cas, qui sont
très fréquents, les deux variétés de parasites coexistent
dans le sang.

Au dire de ces auteurs les flagella ne représenteraient
qu'une phase d'altération des hématozoaires. Feletti et
Grassi reconnaissent cependant qu'on peut constater
l'existence des flagella dans le sang de certains malades
quelques instants seulement après que le sang est sorti
des vaisseaux.

Les recherches de E. Antolisei et Angelini sont, sur la
plupart des points, confirmatives de celles de Golgi et de
Pietro Canalis (*Riforma medica*, janvier 1890 et *Archivio
italiano di clinica medica*, 1890).

L'*hématozoaire de la quarte* est, d'après ces observateurs, le mieux caractérisé des parasites du paludisme, celui dont l'évolution est la plus régulière et par suite le plus facile à étudier.

Le premier jour de l'apyrexie on trouve dans le sang des malades atteints de fièvre quarte des corps sphériques pigmentés ; le deuxième jour ces éléments devenus plus grands se rencontrent dans les hématies, ou libres dans le plasma, mais les éléments libres sont plus rares que dans la tierce.

Le jour de l'accès, des formes segmentées se montrent dans le sang, six, huit, ou dix heures avant le début de l'accès.

Pendant l'accès fébrile l'examen du sang révèle surtout des corps amiboïdes sans pigment, les corps segmentés deviennent de plus en plus rares ; Antolisei n'a pas constaté la transformation en corps amiboïdes des spores provenant de la segmentation.

La sporulation serait la cause déterminante de l'accès de fièvre qui, d'après Antolisei, est d'autant plus fort que les formes en voie de segmentation sont plus nombreuses.

Dans aucun cas de fièvre quarte, Antolisei n'a rencontré les corps en croissant, ni les flagella.

S'il existe dans le sang deux générations de parasites dont l'une est plus vieille d'un jour que l'autre, on a une double quarte ; trois générations peuvent produire une triple quarte, c'est-à-dire une fièvre ayant les apparences d'une quotidienne, mais il est rare, d'après Antolisei, que la quotidienne soit due à cette transformation de la quarte.

Dans certaines fièvres subcontinues on pourrait rencontrer les mêmes éléments parasitaires que dans la quarte.

Les formes parasitaires que l'on rencontre dans le sang des malades atteints de *fièvre tierce* sont complexes et bien plus difficiles à interpréter, d'après Antolisei, que dans la quarte. Dans beaucoup de cas, écrit cet auteur, on a trouvé des éléments qu'on ne prévoyait pas et qui ne semblaient pas être en rapport avec le cycle fébrile où se faisait l'observation; dans un certain nombre de cas de tierce il a été impossible, malgré des examens répétés du sang, de trouver des corps segmentés.

Dans les heures qui suivent un accès de fièvre tierce on observe en général des corps amiboïdes, avec ou sans pigment, libres ou inclus dans les hématies. Dans le jour d'apyrexie les corps pigmentés se montrent de plus en plus grands et nombreux. C'est huit à dix heures avant l'accès que ces éléments s'observent en plus grand nombre dans le sang.

Les flagella ont été rencontrés souvent dans le sang des malades atteints de fièvre tierce.

Dans les corps segmentés de la tierce le nombre des spores est plus grand que dans ceux de la quarte ainsi que Golgi l'avait indiqué.

Antolisei admet que la plupart des fièvres quotidiennes sont produites par les hématozoaires de la tierce, mais il ne croit pas qu'on puisse conclure, de l'observation des faits, à l'existence de deux générations de parasites qui viendraient à maturation à vingt-quatre heures d'intervalle.

Les principaux caractères des hématozoaires des fièvres irrégulières seraient les suivants : au début de l'infection provoquée par cette variété de parasites on ne trouve souvent dans le sang, au moins dans le sang périphérique, que des corps amiboïdes; au bout d'un temps variable apparaissent les corps en croissant; on ne peut pas toujours attendre l'apparition de ces éléments; la fièvre devenant menaçante, on est obligé de donner des sels de quinine. Les malades peuvent avoir plusieurs rechutes de fièvre sans qu'on voie apparaître les corps en croissant qui finissent cependant par se montrer et qui caractérisent seuls cette variété de parasites (Antolisei et Angelini).

Lorsqu'on n'observe dans le sang que des corps amiboïdes il est impossible de dire s'il s'agit d'une tierce, d'une quarte ou d'une fièvre irrégulière.

Les corps en croissant proviennent des corps amiboïdes; la sporulation se fait comme pour les autres variétés par des corpuscules arrondis (P. Canalis). De ces spores proviennent les amibes qui recommencent une génération de parasites.

Les amibes à un certain point de leur développement, au lieu de suivre l'évolution commune aux autres formes voisines et de se reproduire avec la forme arrondie, prennent la forme semi-lunaire. Il n'y a pas d'observation directe qui montre le passage d'une amibe avec ou sans pigment à la forme semi-lunaire, mais on a de nombreuses raisons de croire que les choses se passent ainsi (Antolisei et Angelini).

Les corps semi-lunaires prennent la forme ovalaire, puis la forme arrondie et de cette forme arrondie s'échappent souvent des flagella, Antolisei et Angelini n'ont pas vu les flagella devenir libres.

Les autres processus qu'on rencontre dans les formes semi-lunaires sont :

1° Le bourgeonnement, qui pourrait se produire sur les formes en croissant, les formes ovalaires ou rondes;

2° La désagrégation (mort); le protoplasma est réduit

en fragments irréguliers, hyalins, à simple contour;

3° La sporulation. Elle se fait comme dans la quarte. Le pigment s'accumule au centre; bientôt le corps sphérique se segmente et donne naissance à des corpuscules arrondis à double contour au nombre de 8, 10, 12.

Ces corps en voie de sporulation ne sont pas très communs dans le sang périphérique, les organes internes seraient leur siège de prédilection.

Lorsque le sang d'un malade atteint de fièvre palustre irrégulière ne montre que des corps sphériques, on peut être sûr qu'au bout d'un temps variable on trouvera chez ce même malade, lors d'une rechute, les corps en croissant. (Antolisei et Angelini.)

La quinine fait disparaître du sang les corps amiboïdes, mais non les corps en croissant qui persistent pendant un temps variable.

Les flagella ne représenteraient pas une phase nécessaire des corps en croissant, mais seulement une phase accidentelle.

Dans un autre travail (*Riforma medica*, avril 1890), Antolisei écrit à propos de la variété d'hématozoaires caractérisée par les corps en croissant : « La biologie et la morphologie de cet être varient avec l'intensité de l'infection qu'il provoque, avec la saison dans laquelle l'infection a lieu et avec les conditions individuelles des malades qui en sont atteints. »

Les caractères différentiels attribués par Antolisei et Angelini aux trois espèces d'hématozoaires qu'ils admettent, manquent, comme on voit, de précision.

C. Terni et G. Giardina (*Rivista d'igiene e sanita pubblica*, 16 mai 1890) ont examiné le sang de quatre-vingt-cinq malades à l'hôpital militaire de Rome pendant les mois d'octobre, novembre et décembre 1889. Dans la plupart des fièvres irrégulières et des cachexies palustres ces observateurs ont trouvé les corps en croissant, ce qui viendrait à l'appui des idées émises par Golgi et Pietro Canalis.

Terni et Giardina ont observé les flagella vingt-cinq fois sur quatre-vingt-cinq cas; ils ont constaté, comme je l'avais fait, que les flagella se trouvent de préférence dans le sang chez les individus en imminence d'accès et qu'ils sont toujours associés aux corps sphériques.

A. Bignami a étudié la répartition des éléments parasitaires dans les différents organes des sujets morts d'accès pernicieux (*Accad. med. di Roma*, *Anno XVI*, t. V, sér. 2); il est arrivé aux conclusions suivantes : les parasites se trouvent toujours en beaucoup plus grand nombre dans les artérioles et dans les capillaires que dans les vaisseaux de moyen ou de gros calibre. Les formes adultes des parasites et les corps en voie de segmentation ont une grande tendance à s'accumuler dans quelques réseaux capillaires, spécialement dans ceux du cerveau, des poumons, de la rate, de la moelle des os, du foie, de l'intestin; dans quelques cas de fièvre pernicieuse avec accidents cholériformes le réseau capillaire de l'intestin était plus riche en parasites que tous les autres organes. Les corps en croissant et ovalaires sont plus abondants dans la rate et dans la moelle des os que partout ailleurs.

Les parasites s'accumulent là où la circulation est difficile, comme dans les capillaires cérébraux et ils déterminent, d'après Bignami, des lésions endothéliales qui contribuent encore à augmenter la gêne de la circulation. Dans les veines, les parasites (formes amiboïdes) sont souvent accolés à la paroi comme les leucocytes.

La perniciosité, comme le fait remarquer justement Bignami, coïncide toujours avec une abondance très grande de parasites, mais ces parasites, quoique en nombre très grand dans les viscères, peuvent se montrer assez rares dans le sang obtenu par la piqûre du doigt.

La recherche des parasites du paludisme sur le cadavre est difficile, attendu que ces parasites se déforment rapidement et se confondent avec les leucocytes mélanifères; cette confusion a été faite par tous les auteurs qui, avant moi, ont étudié les lésions anatomiques du paludisme. Bignami a pratiqué ses autopsies quelques heures seulement après la mort, ce qui explique qu'il ait pu retrouver encore les parasites avec leur aspect caractéristique.

Pour l'étude des hématozoaires dans les tissus pris sur le cadavre, A. Bignami recommande :

1° Comme moyen de fixation : l'alcool absolu et la solution de sublimé à 1 p. 100 à laquelle il ajoute 0,75 p. 100 de chlorure de sodium et 0,50 à 1 p. 100 d'acide acétique; les pièces restent dans ce liquide un quart d'heure à quelques heures, suivant leur volume.

2° Pour la coloration des coupes : la solution aqueuse de safranine, la solution de bleu de méthylène avec 1 p. 10 000 de potasse, la vésuvine en solution aqueuse, le brun de Bismarck et le rouge Magenta de Grubler. Ces deux dernières substances colorantes sont celles qui ont donné les meilleurs résultats.

Les auteurs allemands avaient accueilli tout d'abord avec beaucoup de faveur le *bacillus malariæ* de Klebs et Tommasi Crudeli au détriment de mes hématozoaires; les travaux récents de Paltauf, de Kahler, de Plehn, de Bamberger, de Quincke, sont confirmatifs des miens.

Paltauf a retrouvé dix fois sur dix les hématozoaires du

paludisme et Kahler cinq fois sur cinq (*Société de médecine de Vienne*, 20 décembre 1889).

Bamberger a constaté la présence de ces parasites chez tous les palustres qu'il a examinés et jamais il n'a rencontré d'organismes semblables chez les individus atteints de maladies étrangères au paludisme (*Société de médecine de Vienne*, 2 mai 1890).

Plehn (*Société de médecine de Berlin*, 5 mars 1890) a observé les hématozoaires du paludisme dans le sang de plusieurs malades qui avaient contracté la fièvre intermittente en Allemagne, et notamment dans le sang d'un ouvrier qui avait pris la fièvre aux environs de Potsdam. Plehn, qui a constaté que ces hématozoaires ne se rencontraient jamais en dehors du paludisme et qu'ils disparaissaient sous l'influence de la médication quinique, ne met pas en doute qu'ils soient les agents pathogènes du paludisme.

Quincke (Kiel, 1890) a eu l'occasion d'examiner huit malades atteints de fièvre palustre; six de ces malades avaient travaillé au creusement du canal de la mer du Nord à la Baltique, les deux autres venaient de la région inférieure de l'Elbe et de Kiel. Dans un cas seulement la fièvre était quotidienne, dans les autres cas elle avait le type tierce. Chez ces huit malades, l'examen du sang a révélé l'existence des hématozoaires du paludisme.

Quincke n'a pas constaté les rapports constants qui existeraient d'après Golgi entre la nature des éléments parasitaires du sang et le type fébrile. Il fait remarquer qu'on observe souvent dans le sang des palustres des altérations pseudo-vacuolaires des hématies qui n'ont rien à voir avec les parasites du paludisme et qui se montrent d'ailleurs dans un grand nombre de maladies et même dans le sang des individus sains.

Les travaux de Plehn et de Quincke sont intéressants, bien qu'ils ne soient basés que sur un petit nombre de faits, il était utile de constater que la fièvre intermittente prise aux environs de Potsdam ou de Kiel s'accompagne de la présence dans le sang des mêmes parasites que les fièvres d'Algérie et des pays chauds.

Pfeiffer a retrouvé également les hématozoaires du paludisme (*les Protozoaires pathogènes*, Iéna, 1890).

Aux nombreux travaux résumés ci-dessus qui, tous, à part quelques divergences sur des points secondaires, confirment les miens, on n'en peut opposer qu'un très petit nombre dont les conclusions soient différentes.

A l'appui de l'opinion émise par Klebs et Tommasi Crudeli sur l'existence d'un *bacillus malariæ*, un seul travail a été publié depuis 1882, celui de Schiavuzzi.

Le 4 avril 1886, Tommasi Crudeli annonçait à l'Académie de médecine de Rome que B. Schiavuzzi avait réussi à obtenir des cultures pures d'un bacille recueilli dans l'air des marécages qui avoisinent Pola en Istrie, et que ce bacille était identique à celui qui avait été précédemment décrit par Klebs et par lui-même.

Une nouvelle communication était faite à ce sujet à l'Académie de médecine de Rome dans la séance du 5 décembre 1886 ; enfin le professeur Ferdinand Cohn, qui avait suivi à Pola les recherches de Schiavuzzi, publiait le résultat de ces recherches en 1888, dans son journal (*Beiträge zur Biologie des Pflanzen*, 1888).

Le bacille isolé par Schiavuzzi se présente dans le sol des régions palustres sous la forme de spores ovalaires, mobiles, réfractant fortement la lumière ; dans le corps des animaux inoculés et dans les liquides de culture, il se développerait en longs filaments d'abord homogènes, puis segmentés transversalement.

A l'appui de l'assertion que ce bacille est l'agent du paludisme, on est quelque peu étonné de ne trouver dans le mémoire de Schiavuzzi que quatre expériences faites sur des lapins qui ont été inoculés avec le liquide de culture du bacille de Pola. Encore ces expériences sont-elles très peu probantes. Les tracés thermométriques des lapins inoculés par Schiavuzzi diffèrent très peu de ceux des lapins à l'état sain; la température des animaux, et celle du lapin en particulier, subit des variations nycthémérales; par suite, les oscillations de quelques dixièmes de degré ne peuvent pas être considérées comme indiquant un état pathologique. Dans une des observations, une ascension assez forte, qui d'ailleurs ne s'est pas reproduite, s'explique par des accidents locaux au niveau de la piqûre d'inoculation. Comme le dit Golgi, il a fallu une bonne volonté extraordinaire à Schiavuzzi, Tommasi Crudeli et F. Cohn, pour voir dans ces faits des exemples authentiques de fièvre intermittente chez le lapin (Golgi, *Intorno al preteso bacillus malariæ di Klebs, Tommasi Crudeli e Schiavuzzi*. Torino, 1889).

Les altérations cadavériques trouvées chez les lapins en expérience ne sont pas plus caractéristiques que les tracés thermométriques.

Ce travail, loin de fortifier les opinions défendues par Klebs et Tommasi Crudeli, montre, au contraire, combien sont fragiles les bases de la croyance au *bacillus malariæ*.

C. Golgi a cherché à vérifier les assertions de Schiavuzzi et il a fait des expériences sur des lapins avec les cultures de ce bacille préparées par Schiavuzzi lui-même.

Il résulte de ces expériences que l'injection du bacille

de Schiavuzzi n'a jamais déterminé chez les lapins la fièvre intermittente ; c'est à peine si, à la suite des inoculations, on observe une légère élévation de température qui ne se reproduit pas les jours suivants et qui a été notée également à la suite de l'inoculation de cultures de microbes non pathogènes.

Golgi a examiné avec soin le sang des lapins inoculés avec la culture du bacille de Schiavuzzi. Cet examen ne lui a révélé que quelques-unes de ces altérations banales des hématies qui se produisent même dans le sang normal après sa sortie des vaisseaux ; jamais il n'a rencontré aucun élément semblable aux éléments parasitaires des palustres.

La conclusion de Golgi est que le bacille de Klebs, de Tommasi Crudeli et de Schiavuzzi n'a rien à faire avec le paludisme.

Un autre auteur italien résumait ainsi qu'il suit, dès 1887, dans une revue sur les parasites du paludisme, l'histoire du bacille décrit par Klebs et Tommasi Crudeli : « Depuis le moment où il a été découvert, le *bacillus malariæ* a été toujours en perdant du terrain au point qu'aujourd'hui il est presque complètement abandonné. » (U. Arcangeli, *Rivista clinica*, n° 1, 1887.)

La place du *bacillus malariæ* paraît marquée à la suite des prétendus parasites du paludisme qui n'ont plus qu'un intérêt historique.

En 1886, Von Sehlen a publié sur l'étiologie du paludisme un travail dans lequel il annonce qu'il a trouvé dans le sang des malades atteints de fièvre intermittente, examiné pendant le frisson, des microcoques de 1 μ de diamètre environ. En cultivant sur la gélose le sang recueilli chez ces malades, cet observateur aurait obtenu des colonies de microcoques, tandis que les cultures faites avec le sang recueilli pendant l'apyrexie ne donnaient rien. La terre des localités marécageuses aurait fourni des colonies de microcoques semblables à celles du sang palustre (Sehlen, *Ueber die Ætiologie der Malaria. Arch. de Virchow*, 1886, n° de mai, p. 319).

Les tentatives faites par différents observateurs pour reproduire ces expériences n'ont donné que des résultats négatifs. Le sang palustre ne renferme pas de microcoques ; ce nom ne saurait convenir aux formes embryonnaires des hématozoaires du paludisme ; les plus petits de ces éléments se rapprochent à vrai dire par leurs dimensions des microcoques décrits par Sehlen, et on pourrait supposer que cet observateur a vu ces formes embryonnaires et qu'il les a prises pour des microcoques, n'était la question de culture.

Jusqu'ici les essais de culture qui ont été faits avec les hématozoaires du paludisme n'ont fourni que des résultats négatifs ; j'ai fait pour ma part, sans le moindre succès, de nombreuses tentatives dans ce sens (chap. I, p. 42) et d'autres observateurs n'ont pas été plus heureux que moi.

Schwalb, (*Réunion des médecins allemands à Magdebourg*, septembre 1884 et *Virchow's Arch.*, septembre 1886, p. 486) ayant réussi à provoquer chez des lapins des lésions analogues à celles de la mélanémie palustre en donnant à ces animaux des doses répétées de sulfure ou d'oxysulfure de carbone, en a conclu que le paludisme était un empoisonnement par l'oxysulfure de carbone.

Je signale cette théorie chimique du paludisme pour être complet, mais je crois inutile de m'arrêter à la discuter ; la fièvre intermittente n'a pas été signalée, que je sache, chez les ouvriers qui sont exposés aux vapeurs de sulfure de carbone, et l'existence de l'oxysulfure de carbone dans les pays où règne le paludisme reste à démontrer.

L'hématozoaire du paludisme est d'une observation assez difficile, surtout dans nos climats, chez des sujets déjà en traitement, et lorsqu'on n'est pas encore familiarisé avec ses différents aspects; il n'y a donc pas lieu de s'étonner si des recherches entreprises dans ces conditions ont été quelquefois négatives. Bon nombre d'observateurs, après avoir nié d'abord l'existence de l'hématozoaire du paludisme sont devenus, à la suite de nouvelles recherches, des partisans convaincus de ce parasite.

Je crois pouvoir conclure de cette revue des travaux postérieurs aux miens que l'existence des parasites décrits par moi dans le sang palustre est aujourd'hui bien établie. Ces parasites ont été retrouvés sur les points les plus éloignés du globe, et, comme l'a fait remarquer W. Osler, il y a une concordance remarquable entre les descriptions qui en ont été données en Europe, en Afrique, en Asie et en Amérique.

Comment faut-il classer ces nouveaux parasites? Sont-ce bien les agents pathogènes du paludisme? Ces questions seront examinées dans les chapitres suivants.

CHAPITRE III

La nature parasitaire des éléments décrits au chapitre premier n'est plus contestée aujourd'hui, je crois cependant devoir dire quelques mots des recherches de Mosso et de Maragliano, qui tendaient à démontrer que des hématies altérées pouvaient prendre l'aspect de certains éléments parasitaires du sang palustre.

Mosso injectait du sang de chien dans la cavité péritonéale d'un oiseau, et trois ou quatre jours après l'injection il constatait des déformations des hématies qu'il a voulu assimiler aux altérations du sang palustre.

Les observateurs qui ont entrepris de contrôler ces recherches, après avoir étudié les parasites du sang palustre, sont arrivés à des conclusions diamétralement opposées à celles de Mosso.

A. Cattaneo et Monti ont injecté dix-huit fois du sang de chien dans le péritoine des oiseaux (poulets et pigeons) d'après la méthode de Mosso et ils ont examiné le contenu du péritoine à des époques variant du premier au quinzième jour après l'opération.

Le sang injecté se sépare dans les premiers jours en une partie liquide et un coagulum ; à mesure qu'on s'éloigne du moment où l'injection a eu lieu, la partie liquide diminue et le coagulum devient plus consistant.

On trouve dans la partie liquide et dans le coagulum des globules rouges (d'oiseau et de chien), plus ou moins altérés, des globules blancs normaux ou granuleux, des cellules globulifères ou pigmentifères analogues à celles qui ont été décrites par Bizzozero dans la moelle des os, qui paraissent dériver de l'endothélium péritonéal. Ces éléments du sang altéré ne sauraient être confondus avec les éléments parasitaires du sang palustre. .

Des planches jointes au travail de Cattaneo et Monti reproduisent les différents aspects que prennent les globules rouges et blancs altérés de l'expérience de Mosso ; il suffit de jeter un coup d'œil sur ces figures pour se convaincre que les hématozoaires du paludisme n'ont rien à voir avec ces altérations du sang.

Marchiafava et Celli qui ont reproduit l'expérience de Mosso, sont arrivés aux mêmes conclusions que Cattaneo et Monti, ce qui mérite d'autant plus d'être noté qu'au début de leurs recherches, ces auteurs avaient prétendu, eux aussi, que mes parasites n'étaient autres que des éléments normaux du sang plus ou moins altérés.

Maragliano a étudié les altérations que subit le sang de l'homme sous l'influence de la dessiccation, de la chaleur, et de différents réactifs.

Dans une préparation de sang normal bordée à la paraffine, on peut observer, d'après Maragliano, des déformations des hématies qui rappellent de très près quelques-unes des altérations décrites dans le sang palustre, notamment les espaces clairs, non pigmentés, sur lesquels

Marchiafava et Celli ont particulièrement insisté. Des
planches qui accompagnent le mémoire de Maragliano
représentent les altérations des hématies observées par
lui. Il paraît évident, après examen de ces figures, que Maragliano n'a observé, ni les éléments sphériques pigmentés,
ni les corps en croissant, ni les flagella du sang palustre;
aucun des éléments figurés par lui ne renferme de pigment; aucun ne rappelle, même de loin l'aspect des flagella. Le doute n'existe que pour les petits espaces clairs
non pigmentés; il est certain que sous l'influence de la
chaleur et de la dessiccation, des espaces clairs se forment
souvent dans les hématies et que la confusion avec les
hématies auxquelles adhèrent de petits éléments hyalins,
sphériques, non encore pigmentés, est possible.

En examinant le sang frais à la température ordinaire,
on évite cette cause d'erreur qui, d'ailleurs, ne saurait être
invoquée pour les autres éléments parasitaires du sang
palustre.

Cattaneo et Monti, qui ont répété les recherches de Maragliano, concluent que les altérations décrites par cet
observateur n'ont aucun rapport avec celles du sang
palustre.

Telle est aussi la conclusion du Dr Tómas Coronado
qui, à la Havane, a étudié comparativement les altérations
du sang normal et celles du sang palustre.

Pour ma part, je me suis bien souvent placé pour l'examen du sang dans les conditions indiquées par Maragliano
et jamais, lorsqu'il s'agissait d'un individu indemne de
paludisme, je n'ai vu se produire aucun des éléments que
je considère comme caractéristiques du paludisme.

Dans une discussion récente au congrès de la Société
italienne de médecine interne, Maragliano a reconnu

l'existence de l'hématozoaire du paludisme, tout en maintenant que les plasmodies (c'est-à-dire les corps sphériques dépourvus de pigment) pouvaient être confondues avec les altérations globulaires (*Semaine médicale*, 1890, p. 394). Réduite à ces termes, la critique de Maragliano me paraît assez juste.

Les altérations que produit la chaleur sur les globules rouges du sang doivent être également mises hors de cause.

On sait que lorsqu'on chauffe une préparation de sang normal à 57° C. on voit se produire des altérations profondes des hématies. Sur leurs bords apparaissent des prolongements ou de petites boules sarcodiques qui sont animées d'un mouvement brownien.

Talamon a appelé de nouveau l'attention, l'an dernier sur ces altérations des hématies et en particulier sur ce qu'il a nommé les *déformations flagellaires* (*Société médicale des hôpitaux*, 26 février 1890 et journal *la Médecine moderne*, 6 mars 1890).

Talamon produit ces altérations en plaçant la préparation de sang frais à 8 ou 10 centimètres d'un feu de coke très ardent; dix à douze secondes suffisent pour produire les déformations; la lamelle porte-objet appliquée sur le dos de la main donne à ce moment une sensation de brûlure assez marquée.

Ce procédé expérimental est mauvais pour deux motifs : en premier lieu, si on chauffe trop la préparation tous les globules du sang sont détruits; en second lieu, on ne sait pas à quelle température se produisent les déformations. En se servant de la platine chauffante il est facile de constater qu'il faut une température de 56° à 57° au minimum pour que les altérations des hématies se produisent. Dès que la température atteint ce degré, de petites boules

sarcodiques se forment à la circonférence des hématies; ces boules sarcodiques se transforment souvent en
prolongements de longueur variable qui sont animés d'un
mouvement plus ou moins vif, mais peu varié; les boules
sarcodiques qui se détachent des hématies sont agitées
d'un mouvement brownien.

Ces faits ont été très bien étudiés et décrits par M. Schultze
et par Ranvier; Talamon a fait ses observations à un grossissement très fort (objectif 12 à immersion de Verick);
aussi le phénomène a-t-il été décrit par lui avec des
couleurs beaucoup plus vives, qu'il ne l'avait été par
M. Schultze et Ranvier; l'amplification des images se retrouve dans sa description d'un phénomène qui est banal
ou qui, du moins, peut être reproduit à volonté.

Les différences qui existent entre les flagella du paludisme et les prolongements sarcodiques des hématies
normales soumises à l'action de la chaleur sont nombreuses :

1° Les flagella des hématozoaires du paludisme s'observent à la température ordinaire du laboratoire, je les ai
observés souvent à une température qui ne dépassait pas
15°. Les prolongements sarcodiques des hématies ne se développent que quand on chauffe le sang de 56° à 57 degrés.

2° Les flagella des hématozoaires n'ont jamais été rencontrés que chez des malades atteints de paludisme; dans
le sang de ces malades ils sont toujours associés à d'autres
éléments parasitaires, aux corps sphériques pigmentés
d'où ils paraissent sortir; jamais les flagella n'émanent
des hématies comme font toujours les prolongements sarcodiques dont on détermine la formation en chauffant
fortement le sang.

3° Les flagella du paludisme diffèrent des prolongements

sarcodiques par leur forme et leurs dimensions qui sont beaucoup plus régulières que celles de ces prolongements, par la vivacité et la variété de leurs mouvements. Aucun des observateurs qui ont vu les flagella se mouvoir dans tous les sens, s'enrouler sur eux-mêmes, puis se dérouler en imprimant les mouvements les plus variés aux hématies voisines, que par instants ils semblent vouloir percer, n'admettra qu'on puisse confondre ces mouvements avec ceux des prolongements sarcodiques produits par la chaleur. Les flagella s'agitent parfois si vivement qu'ils impriment un mouvement de translation au corps sphérique sur lequel ils s'insèrent. Devenus libres, ils conservent la même vivacité, la même variété de mouvements.

Hayem (*De la contractilité des globules rouges et des pseudo-parasites du sang dans l'anémie extrême. Soc. méd. des hôpitaux*, 21 février 1890) a appelé l'attention sur certaines déformations des hématies qui s'observent dans les anémies profondes; ces déformations ont été rattachées par lui aux quatre types suivants :

Premier type. — Certains globules rouges parfois très volumineux ont la propriété de changer de forme sur place (contractilité amiboïde).

Deuxième type. — Certains globules rouges montrent des prolongements en doigt de gant immobiles ou mobiles; les mouvements de ces prolongements sont le plus souvent de simples oscillations; quelquefois il se produit un prolongement tentaculaire très délié.

Troisième type. — Mouvement oscillatoire des globules nains qui restent en suspension dans le plasma.

Quatrième type. — Éléments se déplaçant dans la préparation (pseudo-parasites). Le plus souvent ces derniers éléments se présentent sous l'apparence de bâtonnets noueux, étroits, d'une longueur très variable.

« Ces pseudo-parasites sont animés d'un mouvement d'oscillation continue autour de leur axe vertical et de plus, de mouvements d'inflexion suivant leurs faces. Il résulte de ce double mouvement et de l'irrégularité de leur contour que chacun d'eux considéré individuellement change constamment de forme, particularité qui à elle seule suffirait pour distinguer ces corps mobiles des parasites avec lesquels on pourrait les confondre.

« Tel élément qui, à certain moment, a l'apparence d'un bâtonnet, prend tout à coup celle d'une petite masse arrondie portant une sorte de flagellum. D'autres fois, le bâtonnet simulant une bactérie s'incurve pour prendre la forme d'un V ou d'un petit triangle. Dans d'autres cas encore l'élément prend l'aspect d'un diplocoque.

« Quelle que soit leur forme tous ces petits corps se déplacent activement dans la préparation » (*Bulletin de la Soc. méd. des hôpitaux*, 1890, p. 119).

Les caractères différentiels de ces pseudo-parasites du sang et des flagella du sang palustre sont faciles à tracer : Les flagella ne se développent pas sur les bords des hématies comme les pseudo-parasites de Hayem, ils ne ressemblent pas à ces prolongements *noueux* de longueur très inégale qui ont l'aspect de bactéries ou de diplocoques. Enfin les mouvements si compliqués des flagella ne sauraient être assimilés à ceux de ces débris de globules rouges qui, soumis au mouvement brownien, sont de plus entraînés par les courants qui se produisent toujours dans le plasma d'une préparation de sang frais, courants dus à l'évaporation qui se fait sur les bords et aux différences de température.

Les mouvements des globules rouges décrits par Hayem,
à l'exception de ceux du premier type, ne paraissent pas
être d'ordre vital. Ils persistent pendant plusieurs jours
dans des préparations faites aseptiquement et on peut
les provoquer à volonté en élevant brusquement la température du sang, ce qui altère évidemment la vitalité
des hématies (Browicz, *Neuvième congrès de médecine
interne*, Vienne, 1890).

A. Edington (*Report the morphology and development of
the blood*, in *Brit. Med. Journ.*, 31 mai 1890) a signalé
l'existence dans le sang normal d'éléments auxquels il
donne le nom d'*albocytes*. Ce sont des corpuscules incolores, sphériques, ayant à peu près le tiers du diamètre
d'un globule rouge qui se formeraient dans l'intérieur d'un
globule blanc spécial ou matricyte. Les albocytes d'abord
incolores grandissent peu à peu, se chargent d'hémoglobine, deviennent biconcaves et arrivent ainsi à l'état
de globules rouges adultes.

Talamon estime que les albocytes d'Edington ne sont
autres que les hématoblastes de Hayem (*Médecine moderne*,
1890, p. 728).

Au Congrès de Berlin (1890), Kollmann (de Leipzig) a
appelé de nouveau l'attention sur les pseudo-microbes du
sang humain normal. Lorsqu'on examine du sang humain
normal recueilli avec les précautions antiseptiques, on
constate, dit Kollmann, une quantité de petits corps qui
ressemblent à des microcoques ou à des bacilles, ces
corpuscules dont les plus gros mesurent 0,5 μ de diamètre
sont animés de mouvements très vifs. L'examen par les
réactifs colorants confirme qu'il s'agit de produits artificiels dérivés des hématies ou des leucocytes; les cultures
sur gélatine sont stériles.

Ces pseudo-microbes du sang ont été confondus plus d'une fois, comme l'a dit Kollmann, avec de véritables microbes.

La confusion avec des hématozoaires de ces éléments, ou des hématies ayant subi des altérations, ne serait possible en tous cas que pour la première phase de l'évolution de ces parasites, lorsqu'ils se présentent sous l'aspect de petits éléments non pigmentés, formant des taches claires dans les hématies. Certaines hématies altérées ont, il faut le reconnaître, dans le sang desséché surtout, une grande analogie avec des hématies envahies par les hématozoaires au premier degré de leur développement.

Celli et Guarnieri ont reconnu que les vacuoles formées artificiellement sur les hématies desséchées avaient été décrites plus d'une fois comme des éléments parasitaires; la confusion s'explique d'autant mieux que, sur les préparations colorées, la matière colorante, le bleu de méthylène par exemple, peut s'accumuler dans ces vacuoles comme s'il se fixait sur un élément parasitaire.

E. Antolisei note que le sang qui provient d'individus non entachés de paludisme présente quelquefois des altérations qui rappellent de très près les premières phases de développement des hématozoaires du paludisme (*Gazzetta degli Ospitali*, 1889, n° 77). Lorsqu'on ne rencontre dans le sang d'un malade que ces formes non pigmentées, il ne faut donc pas se trop presser de diagnostiquer le paludisme.

Plusieurs observateurs, trompés par ces ressemblances, ont cru avoir retrouvé dans le sang de malades atteints d'affections étrangères au paludisme des altérations identiques à celles qui caractérisent le paludisme. Cette confusion, je le répète, n'est possible que pour la première phase de développement des hématozoaires et elle est difficile à faire lorsqu'on examine du sang frais qui n'a été soumis ni à l'action de la chaleur, ni à celle de réactifs capables de déformer les hématies; c'est pour éviter ces causes d'erreur que, dans mes premières recherches, j'ai toujours examiné le sang frais et pur, sans addition d'aucun réactif.

König (de Berlin) indique le moyen suivant pour distinguer les corps amiboïdes des pseudo-vacuoles : on enlève subitement le diaphragme du microscope en laissant en place l'éclairage, les corps amiboïdes disparaissent, tandis que les vacuoles restent et deviennent encore plus nettes (Tito Gualdi, *Congrès de Berlin. Semaine médicale*, 1890, p. 305).

Quelle est la nature du parasite du sang palustre? Quelle place faut-il lui assigner dans l'échelle des êtres?

Ce parasite polymorphe appartient évidemment à une autre espèce que les schizophytes qui jusqu'ici avaient fourni tous les microbes pathogènes connus; la plupart des auteurs admettent qu'il doit être classé parmi les sporozoaires, mais cette opinion a trouvé quelques contradicteurs.

D'après Feletti et Grassi, les hématozoaires du paludisme devraient être rangés parmi les rhizopodes (*Riforma medica*, mars 1890), et ils appartiendraient à deux espèces distinctes.

1° *Hæmameba* avec trois variétés :

a. *H. præcox* qui produit la fièvre quotidienne avec accès tendant à se rapprocher;

b. *H. vivax* (tierce simple et double);

c. *H. malariæ* (quarte simple, double ou triple).

2° *Laverania* (1) produisant les fièvres irrégulières qui en peu de jours changent de caractère : continues, sub-continues, quotidiennes, tierces, etc.

Antolisei a essayé de démontrer que l'hématozoaire du paludisme se rapprochait des *monadines* de Cienkowski ou *protéomixètes* de Lankester (*Riforma medica*, avril 1890).

On connaît aujourd'hui un certain nombre de sporozoaires qui appartiennent évidemment à des espèces voisines de l'hématozoaire du paludisme.

Balbiani a divisé les sporozoaires en : 1° grégarines; 2° psorospermies oviformes ou coccidies; 3° psorosper-mies tubuliformes ou sarcosporidies; 4° myxosporidies, et 5° microsporidies (*Leçons sur les sporozoaires*. Paris, 1884).

Le polymorphisme des coccidies, leur état de parasi-tisme dans des cellules vivantes, les phénomènes compli-qués qui président à leur développement se retrouvent dans l'histoire des parasites du paludisme.

C'est, en effet, parmi les coccidies qu'il faudrait ranger l'hématozoaire du paludisme d'après Metchnikoff dont l'autorité est si grande en pareille matière.

D'après Kruse, l'hématozoaire du paludisme devrait être considéré comme une hémogrégarine et non comme une coccidie.

En dehors des coccidies, Giard a cité parmi les sporo-zoaires ayant de l'affinité avec les parasites du paludisme : la *microsporidie* du ver à soie et le *lithocystis Schneideri*, parasite constant de la cavité générale d'un oursin; ce dernier parasite a une forme plasmodiale et des kystes

(1) J'ai décrit le premier les hémamibes comme les corps en croissant, je ne vois donc pas pourquoi on donnerait mon nom à une de ces espèces plutôt qu'à l'autre.

polysporés ; des corps en croissant se forment en nombre variable dans chaque spore et produisent les amibes qui se transforment en flagellates.

Eimer a découvert en 1870 dans l'intestin de la souris une coccidie que Schneider a étudiée après lui et à laquelle il a proposé de donner le nom d'*Eimeria falciforme*. D'après Eimer, ce parasite se présente sous plusieurs aspects : 1° forme kystique à l'état d'inclusion dans les cellules épithéliales de l'intestin ; 2° corpuscules falciformes inclus dans les cellules épithéliales ou libres de l'intestin ; ces derniers sont animés d'un mouvement assez énergique, la courbure du croissant s'exagère et il se produit ensuite un redressement brusque du croissant ; 3° corps amiboïdes qui, après avoir rampé pendant quelque temps à la surface de l'intestin, pénétreraient dans les cellules épithéliales et reviendraient ainsi à la phase primitive.

On trouve dans l'intestin de la salamandre une coccidie qui a une grande analogie avec l'*Eimeria falciforme* de la souris. Cette coccidie se développe dans le noyau des cellules épithéliales de l'intestin sous l'aspect d'un corps arrondi, granuleux, qui se segmente et qui donne naissance à des corps en croissant disposés en faisceaux. Ces derniers éléments devenus libres sont animés de mouvements identiques à ceux de l'*Eimeria falciforme* ; la courbure s'exagère, puis le croissant se redresse brusquement. Au mois de mai 1889, j'ai constaté la présence de ces parasites dans l'intestin de plusieurs salamandres dans le laboratoire de M. Metchnikoff à l'Institut Pasteur. D'après Metchnikoff ces parasites présentent la forme flagellée à une certaine phase de leur développement. J. Steinhaus a donné une bonne description de ces coccidies sous le nom de *Karyophagus Salamandræ* (*Archives de Virchow*, 1889, t. CXV).

Il n'est pas beaucoup plus surprenant de voir des parasites se développer dans ou sur les globules du sang que dans les cellules épithéliales de l'intestin, comme cela a lieu pour l'*Eimeria falciforme*. Néanmoins ce rapprochement aurait paru sans doute un peu forcé si on n'avait pas découvert dans le sang de différents animaux des parasites qui rappellent de plus près encore ceux du paludisme.

Dès 1843 Gruby signalait dans le sang de la grenouille la présence d'un organisme muni de flagella auquel il donnait le nom de *Trypanosoma sanguinis*.

Griffith Evans a fait connaître en 1880 une maladie qui sévit aux Indes sur les chevaux, les mulets et les chameaux, et qui est désignée sous le nom de *Surra*. Cette maladie, qui a les caractères d'une fièvre rémittente, est occasionnée par des hématozoaires qui ont été décrits d'abord sous le nom de spirilles (Evans) puis sous le nom de *Spirochæta Evansii* par Steel. Steel et Evans ont réussi à transmettre cette maladie aux chiens, aux chevaux et aux mulets.

Lewis a observé chez les rats de l'Inde des hématozoaires qu'il croit être identiques à ceux de la maladie *Surra*. Crookshank a retrouvé ces parasites 25 fois sur 100 dans le sang du rat d'Europe. Il s'agit d'un organisme polymorphe qui se présente tantôt sous la forme globuleuse, tantôt sous la forme d'un organisme muni de flagella, tantôt enfin sous la forme de corps en croissant.

Gaule a décrit sous le nom de *cytozoon* un hématozoaire de la *Rana esculenta* (*Arch. f. Physiol.*, 1880-1881 et *Revue d'hygiène*, 1885, p. 686). Ce cytozoon se rencontre dans les hématies sous la forme d'un corps allongé à côté du noyau, ou bien à l'état libre dans le plasma ; il est alors animé de mouvements très vifs. Le corps du cytozoon est vermiforme, effilé à ses deux extrémités, la longueur du parasite égale en moyenne la moitié du grand axe d'un globule rouge. Des cytozoa de plus grande dimension ont été rencontrés dans le sang du triton.

Ces parasites du sang de la grenouille ont été décrits par Ray Lankester, Wallerstein, Grassi, sous le nom de *Drepanidium ranarum*, et par Kruse sous celui d'*Hémogrégarine* des grenouilles.

On trouve souvent dans le sang de la grenouille en même temps que le drepanidium, des corps amiboïdes inclus dans les hématies qui ne paraissent être qu'une phase de développement du drepanidium; ces corps amiboïdes renferment parfois des espèces de bacilles qui s'y multiplient et qui ne se rencontrent pas à l'état de liberté dans le sérum. La véritable signification de ces derniers parasites du sang de la grenouille est encore assez obscure (Gabritchewsky, *Annales de l'Institut Pasteur*, 1890. p. 440).

L'existence d'hématozoaires chez les poissons a été signalée pour la première fois en 1841 par Valentin.

Mitrophanow, en 1883, a décrit dans le sang de la carpe et de la loche des infusoires flagellés qui, à une phase de leur développement, se présentent à l'état de corps amiboïdes sans flagella.

Chalachnikow a observé très souvent des hématozoaires chez les poissons provenant des gouvernements de Kherson et Kharkov, du Dniéper et des lacs près de Tobolsk; ces hématozoaires ont une grande analogie avec le trypanosoma de la grenouille et du rat.

On observe fréquemment dans le sang des tortues (*Emys lutaria*) et de la grenouille (*Rana esculenta*) des organismes munis de flagella, qui se trouvent également dans la lymphe, dans l'urine et même dans la bile.

Ces parasites qui correspondent aux *Hexamitus* de Dujardin sont munis de six flagella, quatre antérieurs et deux postérieurs ; ils se fraient avec beaucoup de vigueur une route à travers les hématies en les repoussant ou les entraînant.

L'hexamitus vit aussi à l'état libre dans le canal intestinal des tritons, des grenouilles, des lézards et des tortues. Les altérations de structure de la paroi intestinale dans l'inanition favorisent l'entrée de ce parasite dans le sang ; la muqueuse intestinale devient plus perméable pour les jeunes formes d'hexamitus qui se répandent ensuite dans tout le système vasculaire et lymphatique.

En examinant le sang des lézards (*Lacerta viridis, Lacerta agilis*) pris à Kharkov et aux environs, Danilewsky et Chalachnikow ont constaté fréquemment qu'un grand nombre de corpuscules sanguins rouges étaient envahis par des éléments parasitaires. Ces hématozoaires sont presque toujours inclus dans les hématies ; on peut cependant en rencontrer qui sont libres et qui se meuvent lentement dans le sérum au milieu des hématies.

Ce parasite du sang du lézard ou hémocytozoon se présente le plus souvent sous l'aspect d'un vermicule dont les extrémités sont plus ou moins effilées, ses dimensions sont variables (de 10 à 15 µ de long) ; chaque parasite contient un noyau. Les hématies envahies sont augmentées de volume et se décolorent.

L'hémocytozoon est animé parfois d'un mouvement rudimentaire consistant en une flexion dans le sens de la courbure suivie d'un redressement ; l'élévation de la température (30 à 38° C.) augmente l'intensité de ce mouvement, le froid a une action inverse.

Les hémocytozoa libres ont l'aspect de vermicules doués

de mouvements analogues à ceux décrits ci-dessus; on distingue des étranglements peu marqués.

On observe aussi dans le sang des lézards de petits éléments protoplasmiques qui ont à peine le quart du volume d'un leucocyte et qui représentent probablement la première phase de développement de ces hématozoaires.

La fréquence des hématozoaires varie beaucoup suivant la provenance des animaux : sur cinq lézards pris dans un jardin à Kharkov, en août et septembre, il y en avait au moins un dont le sang contenait ces parasites; chez les lézards pris à 15 kilomètres de la ville, les hématozoaires étaient beaucoup plus rares.

Les hématozoaires du lézard s'introduisent probablement par les voies digestives, mais rien n'est démontré à cet égard.

Le sang de la tortue des marais renferme fréquemment des parasites libres ou inclus dans les hématies, qui ont été observés pour la première fois par Danilewsky en 1884.

La planche IV (fig. A) reproduit d'après Danilewsky quelques-uns des aspects des hématozoaires de la tortue.

Les parasites inclus dans les hématies ou cytozoa se présentent d'abord sous l'aspect de taches oblongues ou plus rarement arrondies, incolores, ce qui permet de les distinguer facilement de la substance des hématies; le cytozoon est situé à côté du noyau, il renferme quelques granulations brillantes mais pas de pigment (1-5, fig. A, planche IV).

A un degré plus avancé de son développement, le cytozoon se montre à l'intérieur de l'hématie sous la forme d'un vermicule transparent, incolore, immobile (6, 7, 8, fig. A, planche IV).

Ce vermicule grandit, il prend une teinte grisâtre et un

noyau apparaît vers la partie moyenne; l'une des extrémités se recourbe, si bien que le parasite replié sur lui-même peut acquérir une longueur double du grand diamètre de l'hématie qui le renferme.

La structure du vermicule est des plus simples; c'est un corps cylindrique un peu effilé à ses extrémités, représentant une seule cellule avec un noyau.

Le parasite arrivé à son état de développement complet devient mobile et s'échappe de l'hématie qu'il traîne encore pendant quelque temps à sa suite (9-12, fig. A, pl. IV).

Les éléments 9, 10 et 11 sont intéressants au point de vue de l'interprétation de la ligne très fine qui rejoint souvent dans les corps en croissant des palustres les deux extrémités du croissant; cette ligne représenterait le bord de l'hématie altérée et devenue très transparente; sur l'hématie de la tortue la présence du noyau est très caractéristique.

Le vermicule devenu libre se meut par larges ondulations circulaires hélicoïdes; plus tard on voit apparaître des étranglements transversaux qui se déplacent pendant les mouvements de progression et qui peuvent être assimilés à des contractions.

Danilewsky a trouvé dans la moelle osseuse des tortues des *cytocystes grégariniques* (15, 16, fig. A, pl. IV). Dans l'intérieur de globules rouges, pâles et distendus, on distingue des corps ovalaires à surface mamelonnée, mûriformes, qui se segmentent bientôt plus complètement et qui donnent naissance à des embryons (17, 18, fig. A, planche IV).

D'après Danilewsky, le parasite adulte s'enkyste dans un globule rouge et il se produit une métamorphose intracellulaire de la grégarine à l'instar de celle de *Monosporea*

(A. Schneider) en cytoplasma, le protoplasma se décompose ensuite en embryons mobiles.

Les cytocystes des hématozoaires des tortues sont intéressants à comparer aux éléments segmentés ou en rosace du sang palustre.

Ces hématozoaires de la tortue ont une grande analogie avec ceux du lézard.

Plus encore que les précédents, les hématozoaires des oiseaux se rapprochent de ceux du paludisme.

Danilewsky a trouvé dans le sang de plusieurs espèces d'oiseaux des hématozoaires qu'il a décrits sous les noms suivants : *pseudovermicules, pseudovacuoles, polimitus sanguinis avium, pseudospirilles, trypanosoma.*

Les quatre premières de ces formes paraissent correspondre aux différentes phases d'un parasite polymorphe qui a une très grande analogie avec l'hématozoaire du paludisme.

Les *pseudovacuoles* ou *cytozoa* (1-4, pl. IV, fig. B) se présentent sous l'aspect de taches claires, de forme et de dimensions variables, dans l'intérieur des hématies ; les plus petits de ces éléments mesurent de 2 à 4 μ de diamètre, les plus grands atteignent le volume des hématies. On trouve souvent plusieurs cytozoa dans une même hématie.

L'hémocytozoon des oiseaux contient des grains noirs de pigment en nombre variable qui paraissent être le produit d'une transformation de l'hémoglobine comme le pigment des parasites du paludisme.

Il est à noter que chez les animaux à sang froid (grenouilles, lézards, tortues), les hématozoaires ne donnent pas naissance, comme chez les animaux à sang chaud, à la formation de pigment (Danilewsky).

Les pseudovacuoles ou hémocytozoa paraissent être des formes jeunes, temporaires, des hématozoaires des oiseaux.

Les grains de pigment renfermés dans les cytozoa sont animés parfois d'un mouvement très rapide, analogue à celui que j'ai décrit dans certains éléments du sang palustre.

Les *pseudovermicules* ont une forme allongée; ils mesurent de 14 à 17 μ de long; la substance du parasite a une couleur grisâtre; au centre on trouve toujours un noyau; le corps du vermicule est effilé à ses extrémités, l'une des extrémités est d'ordinaire plus arrondie que l'autre. Ces éléments sont mobiles, les mouvements sont lents, la chaleur les active; le pseudovermicule avance d'ordinaire en suivant une ligne courbe ou une large spirale; il se forme des étranglements transversaux pendant ces mouvements (5, fig. B, pl. IV).

Le *polimitus* représente la forme la plus intéressante des hématozoaires des oiseaux; il a été décrit en 1884 par Danilewsky et retrouvé depuis par différents observateurs, notamment par Metchnikoff.

Le polimitus se développe dans les hématies; sa forme est en général sphérique; à l'intérieur se meuvent des flagella qui impriment des mouvements au polimitus et qui le déforment; au bout d'un certain temps la capsule s'ouvre et les flagella s'échappent en présentant des mouvements énergiques.

Le polimitus excapsulé (sorti de l'hématie qui le renfermait) mesure en moyenne 6 μ, parfois 12 et jusqu'à 15 μ de diamètre (8, 9, fig. B).

Les flagella, de longueur variable, sont indépendants les uns des autres au point de vue des mouvements; un d'eux s'arrête souvent tandis que les autres continuent à s'agiter.

L'extrémité libre des flagella est d'ordinaire un peu renflée ; mais ce n'est pas là un caractère constant. Le polimitus excapsulé présente des oscillations sur place qui lui sont imprimées par les flagella. Il se segmente quelquefois.

Danilewsky a trouvé le polimitus dans le sang de la pie-grièche, du geai, de la chouette ; les animaux observés par lui avaient été pris récemment, ou bien ils étaient en captivité depuis un certain temps.

Le polimitus des oiseaux se développe toujours dans les hématies et c'est par exception qu'on le rencontre à l'état de liberté dans le sérum. On s'en assure en recueillant le sang dans une pipette qui renferme une solution d'acide osmique, ou bien en desséchant rapidement le sang ; dans ces conditions on ne trouve dans les préparations aucun polimitus libre.. Le refroidissement auquel le sang est soumis lorsqu'il est extrait des vaisseaux, favorise l'excapsulation ; en chauffant à 40° la préparation, on peut empêcher l'excapsulation de se produire ; on n'observe pas alors de polimitus libres, tandis que dans la même préparation refroidie à 20° on en rencontre beaucoup (Danilewsky).

Le polimitus est composé d'une enveloppe et d'un contenu liquide dans lequel se trouvent des grains noirs (mélanine) animés souvent d'un mouvement très vif. Les flagella se meuvent d'abord à l'intérieur du polimitus, puis ils se dégagent, s'agitent pendant quelques instants avant de rompre leur adhérence au polimitus et enfin deviennent libres ; ils constituent alors les pseudospirilles.

Les pseudospirilles sont animés de mouvements très vifs qui peuvent persister pendant une heure et plus.

Il se forme quelquefois des renflements sur les pseudospirilles des oiseaux comme sur les flagella du sang palustre, ce qui s'explique par la nature protoplasmatique
de ces éléments.

Danilewsky n'a pas réussi à cultiver les pseudospirilles
du sang des oiseaux, il n'a pas observé leur division et il
pense qu'ils ne peuvent pas se multiplier à l'état libre.

A côté des polimitus et des pseudospirilles, on rencontre quelquefois dans le sang des oiseaux, des organismes semblables aux parasites qui ont été observés dans
le sang du rat et du hamster, et qui ont été décrits sous
le nom d'*herpetomonas Lewisii*. Danilewsky a trouvé pour
la première fois ces organismes dans le sang de plusieurs
oiseaux (chouette, geai) en 1885, et il leur a donné le
nom de *trypanosoma sanguinis avium*. En 1861, Eberth
avait constaté l'existence d'un trypanosoma dans le tube
digestif des oiseaux.

Le *trypanosoma sanguinis avium* a une forme cylindrique; l'extrémité postérieure est plus effilée que l'antérieure; le corps est grisâtre, demi-transparent, homogène,
de consistance molle. L'extrémité antérieure se prolonge
en un flagellum plus ou moins long, qui va en s'effilant
de plus en plus. Une membrane ondulante forme une
bordure hyaline. Les ondulations du flagellum et celles de
la membrane ondulante correspondent entre elles pour la
vitesse, l'étendue et la direction.

Le trypanosoma a une marche spiralliforme, le flagellum dirigé en avant.

Dans l'intérieur du trypanosoma, on distingue un noyau
grisâtre, homogène, avec un nucléus.

Le trypanosoma se reproduit par division longitudinale.

D'après Danilewsky, ces hématozoaires s'observent

chez les oiseaux qui après l'éclosion sont nourris par leurs parents, et non chez ceux qui trouvent eux-mêmes leur nourriture à leur sortie de l'œuf. Il paraît démontré, au moins pour le trypanosoma, que ce parasite se développe dans le tube digestif et notamment dans le jabot, et que les petits sont infectés par leurs parents.

En général la présence des hématozoaires n'entraîne pas de troubles morbides chez les oiseaux. Sur plus de 300 oiseaux examinés par Danilewsky et porteurs d'hématozoaires, quatre ou cinq seulement furent pris d'accidents auxquels ils succombèrent; dans ces cas il existait une quantité extraordinaire de parasites dans le sang; le foie et la rate étaient tuméfiés et la mélanémie était très marquée.

Danilewsky, pour expliquer l'innocuité habituelle des hématozoaires chez les oiseaux, propose ces deux hypothèses : peut-être y a-t-il chez l'oiseau accommodation transmise par hérédité; peut-être aussi la température du sang de l'oiseau est-elle trop élevée pour que les éléments parasitaires soient mis en liberté?

Dans un récent travail (*Annales de l'Institut Pasteur*, n° de décembre 1890), Danilewsky annonce qu'il a trouvé dans le sang de certains oiseaux, des corps en rosace, analogues à ceux qu'on observe dans le sang palustre; ces corps provenant de la segmentation des parasites endoglobulaires donnent naissance à huit, dix et souvent vingt spores qui deviennent libres. Ces spores, alors même qu'elles ne sont pas séparées, présentent un noyau, elles se colorent facilement par le bleu de méthylène ou par la safranine.

Les spores libres se présentent sous l'aspect de corpuscules ovales, très petits, à contours nets et épais, ayant une grande ressemblance avec les spores des microsporidies.

Les oiseaux dans le sang desquels se rencontrent ces corps en rosace sont souvent malades ; la température s'élève de 1° à 1°,5, l'animal ne mange plus et perd de son poids, parfois il est pris de convulsions, et meurt ; en général la maladie se termine par la guérison au bout de quatre à six jours.

Ces faits fournissent à Danilewsky de nouveaux arguments pour soutenir, que ces parasites du sang des oiseaux sont les mêmes que les parasites du paludisme. Les différences qui existent entre les hématozoaires du sang palustre et ceux du sang des oiseaux pourraient s'expliquer d'après lui par la différence des milieux dans lesquels vivent ces parasites.

A côté des hématozoaires décrits ci-dessus, Danilewsky a trouvé dans le sang de certains oiseaux (hibou) des *leucocytozoaires*, c'est-à-dire des parasites qui au lieu de pénétrer dans les hématies, pénètrent dans les leucocytes et s'y développent. « Une partie de ces germes succombe évidemment dans la lutte contre l'activité phagocytaire des cellules, tandis que l'autre conserve ses aptitudes vitales et par suite son pouvoir de développement ultérieur. Il est très probable que la même lutte a lieu pendant l'infection malarique de l'homme, surtout dans la rate et dans la moelle des os. » (*Annales de l'Institut Pasteur*, 1890, p. 427.)

Les leucocytozoaires du hibou ont été rencontrés surtout dans la moelle des os, ils ne paraissent représenter qu'un des stades de développement du *polimitus avium ;* Danilewsky a souvent observé au printemps l'excapsulation du polimitus et les mouvements énergiques des flagelles.

B. Grassi et Feletti ont retrouvé, en Sicile, dans le sang de plusieurs espèces d'oiseaux, et notamment dans le sang du moineau et du pigeon domestique, les parasites décrits par Danilewsky dans le sang du geai, de la pie, du hibou. Comme le font remarquer Grassi et Feletti (*Communication à l'Académie des sciences naturelles de Catane*, 23 mars 1890), il est intéressant d'avoir constaté la présence de ces hématozoaires chez des espèces aussi communes que le moineau et le pigeon. Les oiseaux dans le sang desquels Grassi et Feletti ont trouvé des hématozoaires provenaient de parties de la Sicile où le paludisme est endémique.

Jusqu'ici, j'ai recherché en vain ces hématozoaires dans le sang des moineaux ou des pigeons que j'ai pu me procurer à Paris.

En dehors du trypanosoma, qui n'a rien à faire avec les parasites du paludisme, Grassi et Feletti ont observé dans le sang des oiseaux :

1° Une forme voisine des corps en croissant du sang palustre ;

2° Une forme d'amibe voisine des corps amiboïdes du sang palustre (mes corps sphériques), auxquels Grassi et Feletti ont proposé de donner le nom d'*hémamibes*.

Ordinairement les amibes occupent les extrémités des hématies et les corps semi-lunaires les parties latérales.

Les corps en croissant des oiseaux possèdent un noyau facile à voir ; arrivés à une certaine phase de leur développement ils prennent la forme sphérique et émettent des flagella.

En février, et dans la première moitié de mars, les moineaux infectés de parasites étaient à Catane dans la proportion de 20 p. 100. Après cette époque, le nombre des oiseaux infectés alla en augmentant, et, à la fin d'avril, *tous*

les oiseaux examinés étaient infectés. La plupart avaient
seulement des corps semi-lunaires ; très peu présentaient
en même temps que les corps semi-lunaires des hémamibes.
Dans de précédentes recherches, Grassi et Feletti avaient
constaté, au contraire, que les amibes existaient toujours
en même temps que les corps en croissant.

En mai et juin eut lieu la ponte. On ne trouva pas de
parasites dans les embryons, ni chez les jeunes encore dépourvus de plumes ; on en trouva quelquefois chez des
jeunes qui étaient encore dans le nid, mais qui déjà étaient
aptes à voler ; bien plus souvent encore chez les jeunes
qui avaient déjà abandonné le nid depuis plusieurs jours.

Grassi et Feletti pensent que la maladie n'est pas héréditaire et qu'elle n'est pas transmise par les parents qui
nourrissent leurs petits.

L'infection se produirait par le milieu ambiant ; elle
commencerait toujours par les corps semi-lunaires, sans
hémamibes. Grassi et Feletti font observer que la coexistence des hémamibes et des corps semi-lunaires ne
prouve pas l'identité de ces parasites ; les corps semi-lunaires existent en effet chez presque tous les oiseaux et il
n'est pas étonnant qu'ils s'associent à d'autres parasites.
Grassi et Feletti ne croient pas que les hémamibes et les
corps semi-lunaires représentent deux formes d'un parasite polymorphe, les raisons qu'ils donnent pour repous-
ser cette opinion ne me paraissent pas convaincantes.

Les corps semi-lunaires se multiplient dans le sang de
l'oiseau. Si l'on observe d'une façon suivie des oiseaux
dont le sang renferme de nombreux corps semi-lunaires
adultes, on constate au bout de huit jours l'existence de
corps semi-lunaires très petits qui grandissent peu à peu
et deviennent adultes ; la multiplication se ferait par divi-

sion. Faisons remarquer en passant que rien d'analogue ne s'observe dans le sang palustre ; les corps semi-lunaires ou en croissant ont toujours, à très peu près, les mêmes dimensions et rien n'indique qu'ils puissent se multiplier par division.

Kruse a observé ces hématozoaires dans le sang de la corneille et du corbeau.

J'ai réussi, pendant l'été de 1889, à retrouver, à Paris, dans le sang du geai, les parasites décrits par Danilewsky. Voici le résumé des observations faites à plusieurs reprises pendant les mois de mai, juin et juillet 1889 sur un de ces oiseaux.

Un grand nombre d'hématies sont altérées et renferment des éléments pigmentés, il y a souvent en même temps cinq ou six hématies altérées dans le champ du microscope (oc. 1 et obj. 9 de Verick).

Les hématies altérées présentent des espaces clairs de dimensions variables qui se distinguent facilement à leur transparence de la substance de l'hématie, laquelle a cependant, une teinte plus pâle que celle des hématies normales.

Les éléments hyalins, paraissant inclus dans les hématies, ont une forme arrondie ou plus souvent allongée suivant le grand axe de l'hématie ; quelques-uns se replient et font presque le tour complet du noyau.

Ces éléments sont, à peu d'exceptions près, pigmentés ; dans les plus petits on ne distingue qu'un grain de pigment, dans les autres le nombre et la disposition des grains de pigment sont très variables.

Les grains de pigment inclus dans les éléments les plus gros sont animés parfois d'un mouvement très vif.

Les hématies qui contiennent les parasites pâlissent de

plus en plus, si bien qu'il arrive un moment où l'on ne distingue plus à côté du parasite que le noyau de l'hématie; enfin le noyau lui-même disparaît et le parasite se trouve libre dans le sang; les parasites devenus libres sont d'ailleurs une rare exception à côté des parasites inclus dans les hématies.

A plusieurs reprises j'ai vu des éléments pigmentés se rompre; il s'en échappait des pseudospirilles mobiles, courts, nombreux, difficiles à observer, et qui m'ont paru être très différents des flagella du sang palustre.

Les éléments sphériques renfermant des grains pigmentés mobiles sont parfois animés d'un mouvement oscillatoire rapide, semblable à celui que présentent les éléments similaires des palustres.

Le geai qui fait le sujet de cette observation n'a jamais présenté de troubles morbides apparents, alors même que les éléments parasitaires étaient en très grand nombre dans le sang; il a guéri spontanément. L'examen du sang, fait à plusieurs reprises du mois d'août 1889 au mois d'avril 1890, ne révélait l'existence d'aucun des éléments parasitaires décrits ci-dessus.

Le 9 avril l'oiseau meurt par accident; l'examen du sang pris dans le cœur permet de constater l'existence de nématoïdes volumineux, mais on ne retrouve aucun parasite endoglobulaire. L'examen de la rate est également négatif.

La planche III (figure B) représente quelques-uns des éléments parasitaires observés chez cet oiseau; le sang desséché a été traité par l'éosine et le bleu de méthylène.

Ces hématozoaires des oiseaux sont évidemment très voisins de ceux du paludisme, mais l'identité des deux espèces n'est pas démontrée. A côté des analogies on relève des différences importantes : les pseudovermicules mobiles et présentant des étranglements ne me paraissent pas assimilables aux corps en croissant du sang palustre. Les *cytozoa* pigmentés ont assurément une grande ressemblance avec les corps sphériques pigmentés du sang palustre qui adhèrent aux hématies, il est à noter cependant que dans le sang des oiseaux les cytozoa sont presque toujours inclus dans les hématies, tandis que les éléments sphériques sont souvent libres dans le sang palustre. Les mouvements amiboïdes de ces éléments sont plus marqués dans le sang palustre que dans le sang des oiseaux. Enfin les pseudospirilles qui s'échappent des cytozoa des oiseaux m'ont paru différer beaucoup des flagella du sang palustre.

Il était intéressant, en raison des analogies qui existent entre les hématozoaires des oiseaux et ceux des palustres, de savoir si on réussirait à inoculer ces derniers parasites à des oiseaux. Au mois de juin 1889 j'ai injecté dans les veines d'un jeune geai, dont le sang était normal, quelques gouttes de sang palustre riche en éléments parasitaires. A la suite de cette opération, je n'ai pas vu se produire d'altérations du sang chez ce geai; l'examen du sang fait à plusieurs reprises, pendant les mois de juillet, d'août et d'octobre, a toujours été négatif. Au mois de décembre 1890 j'ai répété cette expérience; quelques gouttes de sang palustre renfermant des corps en croissant ont été injectées sans résultat dans les veines d'un geai.

Avant de conclure, il faudra multiplier ces recherches et faire des expériences sur différentes espèces d'oiseaux; il est possible que certains hématozoaires des oiseaux des régions palustres soient identiques à ceux du paludisme mais cela n'est pas encore démontré.

En résumé, nous voyons que les parasites du sang pa-

lustre ne sont plus aujourd'hui aussi isolés qu'ils semblaient l'être lorsque j'en donnai la première description ;
ils ont trouvé une famille dont l'importance s'accroît tous
les jours. Peut-être y aurait-il lieu de créer dans la classe
des sporozoaires une division spéciale à côté des coccidies
pour l'hématozoaire du paludisme et pour les hématozoaires analogues qui ont été découverts chez différents
animaux ; je laisse aux naturalistes le soin de trancher la
question.

CHAPITRE IV

L'HÉMATOZOAIRE QUE J'AI DÉCRIT EST L'AGENT PATHOGÈNE DU PALUDISME. — LES ÉLÉMENTS PARASITAIRES DU SANG PALUSTRE REPRÉSENTENT DIFFÉRENTS STADES DE L'ÉVOLUTION D'UN MÊME HÉMATOZOAIRE POLYMORPHE. — RAPPORTS DE CES DIFFÉRENTS STADES AVEC LES TYPES FÉBRILES.

L'hématozoaire que j'ai décrit se trouve chez les palustres d'Europe, d'Asie, d'Afrique ou d'Amérique, avec les mêmes caractères, ce qui établit déjà une grande présomption en faveur de son rôle pathogénique, surtout si on ajoute que ce parasite n'a jamais été rencontré en dehors du paludisme.

Cette dernière proposition ne comporte aucune exception ; la présence d'un seul des éléments parasitaires décrits précédemment est pathognomonique du paludisme et permet de faire le diagnostic aussi sûrement que la présence d'échinocoques, ou de débris d'échinocoques dans un liquide, permet de diagnostiquer un kyste hydatique (1).

J'ai fait très souvent en Algérie l'examen histologique

(1) Aussi l'examen histologique du sang rend-il de grands services dans tous les cas où le diagnostic du paludisme présente des difficultés ; il permet de séparer des maladies qui revêtent des formes cliniques presque identiques, bien qu'elles soient de nature différente, comme

du sang chez des malades anémiés, mais indemnes de paludisme, chez des dysentériques en particulier; jamais, dans ces cas, je n'ai constaté la présence des hématozoaires, ce résultat a été confirmé par tous les observateurs qui ont contrôlé mes recherches.

Avant que la présence des hématozoaires eût été constatée dans le sang palustre, la mélanémie était considérée comme la lésion la plus caractéristique du paludisme; mais on ne s'expliquait pas pourquoi cette lésion se produisait dans le paludisme et non dans d'autres maladies fébriles.

Aujourd'hui nous savons que la mélanémie est la conséquence du développement des hématozoaires, et il paraît logique d'en conclure que les agents de la mélanémie sont aussi ceux du paludisme.

Sous l'influence de la médication quinique les hématozoaires disparaissent, en même temps que la fièvre guérit, preuve importante de la relation de cause à effet qui existe entre ces parasites et les accidents du paludisme. Les corps en croissant résistent mieux à la médication quinique que les autres éléments. Faut-il s'en étonner? On pourrait citer de nombreux faits de même ordre dans l'histoire des parasites, qui sont souvent bien plus difficiles à détruire sous telle forme que sous telle autre. Dans le cas particulier cette résistance de certains éléments fournit même une bonne explication des rechutes qui sont si communes dans la fièvre intermittente.

On a avancé quelquefois que le paludisme n'étant pas une maladie contagieuse, sa nature parasitaire était peu

la fièvre typhoïde et la continue palustre avec état typhoïde, le coup de chaleur et certains accès pernicieux, etc. Dans nos climats on n'observe guère ces formes graves du paludisme, néanmoins la question de la nature palustre de tels ou tels accidents se pose encore assez souvent.

probable. Les maladies produites par des parasites qui vivent à la surface du corps sont facilement transmissibles, il en est de même de celles qui, comme la fièvre typhoïde ou le choléra donnent lieu à l'élimination de produits renfermant les microbes pathogènes ; on comprend qu'il en soit autrement pour les maladies qui sont dues à la présence de parasites dans le sang ou dans les tissus, et dans lesquelles il n'y a pas élimination des éléments parasitaires dans le milieu extérieur.

Les individus atteints de trichinose ou de filariose ne sont pas dangereux pour les personnes qui les approchent, ils ne communiquent pas plus leur maladie que ne font les palustres.

On peut d'ailleurs inoculer le paludisme d'homme à homme. Dès 1881 j'avais pu, d'après la connaissance que j'avais des hématozoaires du paludisme, indiquer les conditions de réussite de cette expérience.

Gehrardt a injecté du sang palustre, un gramme environ, dans le tissu conjonctif de malades atteints d'affections chroniques étrangères au paludisme et il dit avoir réussi deux fois à provoquer la fièvre intermittente (*Zeitsch. f. klin. Med.*, Bd. VII). Ces résultats sont infirmés par d'autres faits dans lesquels les injections de sang dans le tissu conjonctif n'ont donné que des résultats négatifs. Il est probable que dans les deux cas où Gehrardt a réussi à inoculer la fièvre, le sang injecté dans le tissu conjonctif avait pénétré dans de petits vaisseaux (1).

Mariotti et Ciarocchi ont inoculé le paludisme à quatre

(1) Dès 1880, Dochmann avait essayé d'inoculer le paludisme d'homme à homme en se servant de la sérosité des vésicules d'herpès d'un palustre. Les observations de Dochmann ne sont nullement démonstratives. (V.-J. Chassin, *Sur l'inoculation de la fièvre intermittente.* Thèse de Paris, 1885.)

malades en traitement dans les hôpitaux de Rome pour des affections chroniques non palustres (*Lo Sperimentale*, 1884). Ces observateurs ont toujours échoué lorsqu'ils ont pratiqué des injections sous-cutanées de sang palustre; ils ont constaté, au contraire, que les injections intra-veineuses avaient une activité très grande.

Marchiafava et Celli ont réussi également à transmettre le paludisme par injection intra-veineuse du sang palustre, tandis que les injections sous-cutanées ne leur donnaient que des résultats négatifs; ils ont vu les hématozoaires apparaître dans le sang des individus inoculés par injection intra-veineuse, en même temps que se produisaient des accès réguliers et bien caractérisés de fièvre intermittente qui cédaient aux sels de quinine.

Marchiafava et Celli ont opéré de la manière suivante: une seringue de Pravaz servait à faire les injections intra-veineuses; elle était stérilisée chaque fois, après avoir été renfermée dans un tube de verre fermé avec de l'ouate, la seringue n'était retirée de ce tube qu'au moment de s'en servir; l'opérateur se lavait les mains dans une solution de sublimé et on lavait à l'aide de la même solution la peau du pli du coude chez le palustre auquel on prenait du sang et chez le patient auquel on devait faire l'injection. La pointe de la canule était enfoncée dans une des veines du pli du coude chez le palustre, une petite quantité de sang était aspirée, puis injectée immédiatement dans une des veines du pli du coude du sujet qui se prêtait à l'expérience; la quantité du sang ainsi transfusé a été de un gramme au plus.

Je résume les observations I et III. (Marchiafava et Celli, *Nuove ricerche sulla infezione malarica, Annali di Agricoltura*, 1885.)

Obs. I. — Jeune homme de dix-sept ans, affecté de myélite transverse, indemne de paludisme. On pratique d'abord chez ce jeune homme deux injections sous-cutanées avec du sang pris chez un palustre; ces injections ne produisent aucun effet.

Les 21 et 26 août 1884, injections intra-veineuses avec du sang palustre renfermant beaucoup d'éléments parasitaires et notamment des flagella. Le lendemain de la dernière injection, accès de fièvre qui se répète les jours suivants; le patient est atteint d'une fièvre quotidienne bien caractérisée, qui cède au sulfate de quinine, mais qui récidive à plusieurs reprises. La rate s'était tuméfiée chez ce jeune homme, enfin l'examen du sang révélait l'existence des éléments parasitaires caractéristiques du paludisme.

Obs. III. — Homme âgé de trente-deux ans, atteint de sclérose en plaques, indemne de paludisme.

Le 6 septembre, injection sous-cutanée de sang palustre qui n'est suivie d'aucun effet.

Le 13, injection intra-veineuse de 1 gramme de sang pris sur un malade atteint de cachexie palustre avec accès de fièvre irréguliers.

Le 20 (sept jours après l'injection), accès de fièvre qui se répète les jours suivants. Le tracé thermométrique joint à l'observation est bien celui d'une fièvre intermittente quotidienne. En même temps la rate se tuméfiait et l'examen du sang révélait l'apparition des hématozoaires du paludisme. La fièvre céda facilement au sulfate de quinine.

T. Gualdi et E. Antolisei ont communiqué, en 1889, à l'Académie royale de médecine de Rome, deux nouveaux cas de fièvre palustre provoquée expérimentalement chez des individus sains par l'injection intra-veineuse du sang palustre.

Antolisei, Gualdi et Angelini ont publié, en 1889 (*Riforma medica*, septembre et novembre 1889), quatre autres cas de paludisme expérimental. Nous devons nous arrêter un peu à l'examen de ces faits qui sont intéressants, non seulement au point de vue de la transmission du paludisme d'homme à homme, mais aussi parce qu'ils fournissent des données importantes sur la durée de l'incubation du paludisme et pour la discussion de la théorie qui admet l'existence de plusieurs espèces d'hématozoaires du paludisme.

Il importait de savoir si en inoculant du sang de tierce ou de quarte on reproduirait chez l'individu inoculé la tierce ou la quarte, et c'est surtout pour résoudre cette question que Gualdi et Antolisei ont fait les expériences que je vais résumer.

Premier fait. — Injection intra-veineuse à un névrosthénique, qui n'avait jamais eu la fièvre palustre, de trois centimètres cubes de sang pris chez un malade atteint de fièvre quarte, cinq heures avant l'accès. Dix jours après l'injection la température s'élève graduellement à 40°,8 en trois jours, le malade a en somme une fièvre continue; la rate se tuméfie; les jours suivants la fièvre reparaît sans type régulier. Le sang renferme des corps amiboïdes.

Le malade a plusieurs rechutes de fièvre au mois de septembre 1889 (l'injection intra veineuse avait été faite au mois de mai 1889); l'examen du sang permet de constater dans le sang, à côté des corps amiboïdes, des corps semi-lunaires (Gualdi et Antolisei, *Une Quarte expérimentale. Riforma medica*, novembre 1889).

Ainsi, chez ce malade qui a reçu du sang de fièvre quarte, on voit apparaître une fièvre continue d'abord, puis irrégulière, avec des corps amiboïdes, sans corps en croissant et, lors d'une rechute, quatre mois après l'injection, on trouve des corps en croissant.

Deuxième fait. — Malade âgé de quarante-deux ans, atteint d'hémiplégie traumatique; depuis dix ans il n'a pas eu de fièvre; le 17 mai, injection de sang palustre pris chez un individu atteint de fièvre quarte, cinq heures et demie avant l'accès. Douze jours après apparaît une fièvre irrégulière, avec tuméfaction de la rate. L'examen du sang révèle des corps sphériques pigmentés, alors que chez le malade qui avait fourni le sang on trouvait beaucoup de formes en reproduction endogène.

L'incubation a été de dix jours dans un cas, de douze jours dans l'autre.

Dans aucun des deux cas, le type fébrile ne s'est reproduit chez les sujets en expérience.

Troisième fait. — Injection intra-veineuse faite avec le sang d'un malade atteint de fièvre tierce. Le sang est recueilli au début d'un accès et injecté le 17 juillet à un homme âgé de vingt-quatre ans, atteint de tumeur cérébelleuse. Le 27 juillet, accès de fièvre qui se répète le 29 ; le 27, l'examen du sang ne révèle rien d'anormal, pendant le deuxième accès on trouve des corps sphériques pigmentés avec des grains pigmentés mobiles.

Les accès vont en se rapprochant ; accès le 2 et le 3 août ; hypertrophie de la rate.

On coupe la fièvre avec la quinine ; les formes parasitaires disparaissent rapidement du sang.

Quatrième fait. — Malade âgé de cinquante-deux ans, atteint de sclérose diffuse cérébro-spinale. Injection faite le 17 juillet, comme chez le précédent malade, avec du sang du même sujet atteint de fièvre tierce.

Le 27 juillet, accès de fièvre ; apyrexie le 28 et le 29 ; le 30 accès léger (la fièvre aurait donc le type quarte).

Le 2 août, accès de fièvre ; nouveaux accès le 3 et le 4 août (type quotidien)

Le 5 pas de fièvre.

Le 6 dernier accès.

Pas de nouveaux accès; le 14 et le 15 août, injections sous-cutanées de quinine.

L'examen du sang de ce malade a montré, du 2 au 7 août, des corps sphériques avec ou sans pigment, pas de formes segmentées, non plus que dans le premier cas.

Chez ces deux derniers malades, l'incubation a été de dix jours et la fièvre produite a été irrégulière.

Cinquième fait. — Le sang est recueilli le 7 octobre 1889 sur un malade atteint de quarte de première invasion dans le sang duquel les formes en segmentation sont très abondantes.

Deux centimètres cubes de sang pris dans la veine basilique sont injectés dans la même veine chez un sujet atteint de ramollissement cérébral qui n'avait jamais eu les fièvres. Le 19 octobre le malade auquel le sang palustre a été injecté a un accès de fièvre; le sang renferme des corps sphériques avec ou sans pigment.

Le 20 et le 21 octobre apyrexie, les corps sphériques augmentent de nombre et de volume, et le 22, beaucoup de ces éléments sont en voie de segmentation.

Le 22 accès de fièvre; la température monte à 39°,9.

Le 25 nouvel accès.

Dans ce cas on a réussi à reproduire la fièvre quarte avec du sang d'un malade atteint lui-même de quarte et les éléments parasitaires observés dans le sang des deux malades ont présenté une grande ressemblance, mais on peut se demander si en examinant plus tard le malade, lors d'une rechute, on n'aurait pas trouvé comme chez le sujet qui fait l'objet de l'observation première des corps en croissant.

Sixième fait. — Homme de quarante-cinq ans atteint de démence paralytique. Le 25 septembre on lui injecte dans les veines deux centimètres cubes de sang renfermant seulement des corps en croissant.

Le 3 octobre, accès de fièvre léger. Rien d'anormal à l'examen du sang.

Le 4 octobre on donne par erreur 0^{gr},75 de sulfate de quinine; pendant la nuit du 4 au 5, accès de fièvre très fort, le 5 octobre au matin 40°,5. A l'examen du sang : corps amiboïdes.

Nouvel accès le 5 dans la journée; les 6, 7, 8, 9 octobre ascensions thermiques légères.

Pendant la nuit du 9 octobre accès de fièvre assez fort; le 10 deux accès; le 11 et le 12 accès légers; le 13 l'examen du sang montre, outre des corps amiboïdes, un petit nombre de corps semi-lunaires. Apyrexie du 14 au 19.

Le 21 accès léger.

Le 22 octobre on trouve des éléments semi-lunaires et des flagella.

Le 23 dernier accès qui est léger.

Dans ce cas l'incubation a été de treize jours.

La fièvre a été irrégulière, mais son évolution a été troublée par l'administration d'une dose de sulfate de quinine.

Je reviendrai plus loin sur ces faits à propos de la théorie de la pluralité des parasites du paludisme et de la durée d'incubation de la fièvre palustre, pour le moment il me suffit de constater que le paludisme peut être transmis à volonté d'homme à homme par inoculation intra-veineuse et qu'on voit apparaître dans le sang des individus inoculés, les parasites du paludisme en même temps que se déclare la fièvre.

En résumé : 1° Les hématozoaires ont été retrouvés chez les palustres de tous les pays avec les mêmes caractères et il existe une concordance remarquable entre les descriptions déjà nombreuses qui en ont été données.

2° Jamais ces hématozoaires n'ont été rencontrés chez des individus qui n'étaient pas atteints de paludisme.

3° Le développement des hématozoaires se lie intimement à la production de la mélanémie qui est la lésion caractéristique du paludisme.

4° Les sels de quinine font disparaître du sang les hématozoaires en même temps qu'ils guérissent la fièvre palustre.

5° On a réussi à transmettre le paludisme d'homme à homme en injectant dans les veines d'un individu non entaché de paludisme une petite quantité de sang recueilli dans les veines d'un palustre et contenant des hématozoaires.

La conclusion que les hématozoaires sont les agents pathogènes du paludisme me paraît s'imposer.

Au point de vue de la pathologie générale, ce fait inattendu qu'un sporozoaire est l'agent d'une des maladies les plus importantes parmi celles qui figuraient naguère dans le groupe des maladies infectieuses, mérite d'être relevé, comme une nouvelle preuve de la variété des agents pathogènes et du danger auquel on s'exposerait en généralisant trop rapidement et en concluant de la nature de quelques-uns de ces agents à celle des autres.

Le paludisme est-il la seule maladie produite chez l'homme par la présence de parasites appartenant à la classe des sporozoaires? Nous ignorons encore la véritable nature d'un grand nombre d'agents pathogènes ; il est bien probable que quelques-uns de ces agents sont de même nature que ceux du paludisme.

La fièvre jaune, qui est une maladie infectieuse endémique comme le paludisme, pourrait bien avoir comme agent pathogène un parasite analogue à celui du paludisme.

Le goitre, qui est un type d'endémie, pourrait bien aussi avoir pour cause un protozoaire qu'on devrait rechercher avec soin dans la thyroïde hypertrophiée, son lieu d'élection, comme la rate est le lieu d'élection des hématozoaires du paludisme.

Il résulte des recherches de Darier confirmées par celles de Malassez et de Wickham (1) que la maladie de Paget du mamelon est due à des sporozoaires de l'ordre des coccidies ou psorospermies.

Dans les psorospermoses cutanées il faut ranger, à côté de la maladie de Paget, la psorospermose folliculaire végétante et probablement le *molluscum contagiosum* de Bateman.

D'après Sacharoff, le parasite de la fièvre récurrente serait très voisin de l'hématozoaire du paludisme (Communic. à la Société de médecine de Tiflis, 1888). Ce parasite, facile à constater dans le sang après la défervescence, pourrait avoir, en longueur, vingt fois le diamètre d'une hématie ; constitué par une masse protoplasmique amiboïde, renfermant des granulations et presque toujours un noyau, il émet des prolongements qui, devenus libres, affectent la forme spiralée ; ces prolongements ne seraient autres que les éléments décrits par Obermeyer sous le nom de spirilles.

(1) Darier, *Société de biologie*, 13 avril 1889, et *Communication au congrès international de dermatologie de Paris*, 8 août 1889. — L. Wickham, *Anatomie pathologique et nature de la maladie de Paget du mamelon* (Arch. de méd. expérimentale et d'anat. pathol., 1890, p. 46). — Malassez, *Sur les nouvelles psorospermoses chez l'homme* (même recueil, 1890, p. 302). — L. Wickham, *Contrib. à l'étude des psorospermoses cutanées*. Paris, 1890.

Sacharoff constate que ces hématozoaires de la fièvre récurrente ont une grande analogie avec ceux du paludisme, il propose de leur donner le nom d'*hématozoon de la fièvre récurrente.*

Danilewsky admet avec Sacharoff que les spirilles de la fièvre récurrente ont une grande analogie avec les pseudospirilles du sang des oiseaux, et il cite à l'appui de cette opinion ce fait que les spirilles de la fièvre récurrente ne peuvent pas être cultivés dans les milieux artificiels, non plus que les pseudospirilles des oiseaux.

Loesch (*Archives de Virchow*, t. LXV), Grassi, Perroncito, Sonsino, Kartulis (*Même recueil*, 1886, t. CV, p. 521), ont décrit des amibes du gros intestin qui joueraient un rôle important dans l'étiologie de la dysenterie des pays chauds et dans la pathogénie des abcès du foie.

L'hématozoaire du paludisme est-il unique ? S'agit-il d'un seul parasite polymorphe ou bien existe-t-il plusieurs espèces de parasites donnant naissance aux différentes manifestations cliniques du paludisme?

Dès le début de mes recherches je me suis posé cette question. Les manifestations cliniques du paludisme sont très variées et d'autre part les parasites du paludisme se montrent dans le sang sous plusieurs formes ; il était donc naturel de se demander, si à telle variété clinique ne correspondait pas telle forme de parasites. (*Traité des fièvres palustres*, p. 196.)

Pour résoudre ce problème, j'ai multiplié les observations et dès 1884 j'ai publié les résultats fournis par l'analyse de quatre cent trente-deux cas de paludisme.

Je n'ai formulé que les deux règles générales suivantes

au sujet des rapports existant entre le type fébrile et les parasites observés dans le sang :

1° Souvent on ne rencontre dans le sang des malades atteints de fièvres palustres de première invasion (continues ou quotidiennes) que les éléments désignés dans mes premières publications sous le nom de corps n° 2, et dans mes publications ultérieures sous le nom de corps sphériques ; et quelquefois tous les parasites observés dans ces fièvres appartiennent au premier degré de développement de ces éléments (corps sphériques de très petit volume, non pigmentés ou ne renfermant qu'un ou deux grains de pigment).

2° Les corps en croissant s'observent d'ordinaire dans le sang des malades atteints de rechutes de fièvre ou de cachexie palustre.

Encore ces règles comportent-elles des exceptions, c'est ainsi que les corps en croissant ont été rencontrés parfois dans le sang de malades atteints de fièvre de première invasion.

Sur 480 observations analysées au point de vue de l'existence des corps en croissant ces éléments ont été notés 107 fois dans les conditions suivantes (*Traité des fièvres palustres*, p. 196) :

Fièvre intermittente de première invasion....	10 fois.
Fièvre intermittente de récidive.............	50 —
Accès pernicieux...........................	2 —
Cachexie palustre..........................	45 —
Total...................	107 fois.

J'ai étudié également les rapports existant entre les éléments parasitaires du sang et les paroxysmes fébriles et j'ai montré que c'était surtout avant les accès de fièvre et au début de ces accès qu'on trouvait dans le sang, les éléments parasitaires les plus caractéristiques et en plus grand nombre.

J'étais arrivé en 1884 à cette conclusion que les différentes formes sous lesquelles se présentaient les hématozoaires du paludisme appartenaient à un seul et même parasite polymorphe ; j'ai toujours défendu depuis lors cette opinion.

Dans ces dernières années quelques observateurs italiens ont cherché à démontrer que les hématozoaires du paludisme appartenaient à plusieurs espèces et qu'il y avait une relation constante entre telle ou telle espèce de parasite et telle ou telle manifestation clinique du paludisme.

J'ai indiqué dans le chapitre précédent, les caractères différentiels qui ont été assignés par Golgi, P. Canalis et Antolisei aux parasites de la tierce et de la quarte, et on a vu que le principal de ces caractères serait fourni par le mode de segmentation des éléments.

Dans la théorie de Golgi, la fièvre quotidienne serait tantôt une double tierce et tantôt une triple quarte ; par suite on pourrait trouver dans le sang des malades atteints de fièvre quotidienne, tantôt les parasites de la tierce, tantôt ceux de la quarte.

Golgi et Pietro Canalis ont admis plus tard une troisième variété de parasites pour les fièvres irrégulières, caractérisée par les corps en croissant.

Les hématozoaires du paludisme seraient donc de trois espèces :

1° Hématozoaires de la tierce ;

2° Hématozoaires de la quarte ;

3° Hématozoaires des fièvres irrégulières.

Gualdi, Antolisei et Angelini ont publié des recherches

confirmatives de celles de Golgi et de Pietro Canalis ; nous avons résumé déjà ces recherches (ch. II, p. 68).

Terni et Giardina, qui ont étudié spécialement les fièvres palustres irrégulières, pensent, comme les observateurs précités, que ces fièvres sont produites par un hématozoaire qui diffère des hématozoaires de la tierce et de la quarte et qui est caractérisé par les corps en croissant.

Sous ce titre de *fièvres palustres irrégulières*, il faut comprendre : les fièvres subintrantes et continues, les fièvres intermittentes irrégulières à longs intervalles d'apyrexie et la cachexie palustre ; ce qui constitue, il faut l'avouer, un groupe bien peu homogène.

Nous avons vu que Feletti et Grassi admettent l'existence de deux variétés de parasites.

1° Les *Hémamibes* (correspondant à mes corps sphériques) qui seraient les parasites des fièvres régulières ;

2° Les *Laverania* (caractérisés par les corps en croissant) qui seraient les parasites des fièvres irrégulières.

Feletti et Grassi affirment qu'à Catane les fièvres palustres se sont toujours très bien classées, dès le début, dans ces deux catégories des fièvres régulières ou irrégulières et que toujours la même variété de parasites correspondait à la même variété de fièvre. J'ai été quelque peu surpris de cette assertion, à l'appui de laquelle Feletti et Grassi n'ont d'ailleurs cité, jusqu'ici, aucun fait précis.

Quand on a étudié le paludisme dans les pays chauds et qu'on a vu à mainte reprise, ses différentes manifestations se succéder chez un même individu, on a quelque peine à comprendre comment on peut si facilement grouper ces manifestations sous les deux titres de fièvres régulières et de fièvres irrégulières.

La doctrine de la pluralité des hématozoaires du paludisme soulève de nombreuses objections.

L'unité du paludisme au point de vue clinique et anatomo-pathologique est indiscutable. On rencontre plus souvent telles ou telles formes dans telles ou telles conditions ;
les tierces et les quartes, par exemple, sont beaucoup plus
communes dans nos climats que dans les pays chauds,
mais on ne peut pas dire qu'il y ait ici un foyer de tierces,
là un foyer de quartes ou de fièvres irrégulières ; c'est dans
les mêmes foyers endémiques que l'on contracte les fièvres des différents types et ces types varient d'une façon
régulière avec les saisons et les climats.

L'anatomie pathologique montre aussi l'unité du paludisme ; la mélanémie, l'hypersplénie sont des lésions communes à toutes les fièvres palustres.

Enfin le même traitement est applicable à toutes ces
fièvres.

C'est un fait bien connu que la fièvre change souvent de
type chez un même malade. Il est rare, surtout dans les
pays chauds, qu'une fièvre débute avec le type tierce ou le
type quarte ; le plus souvent elle est d'abord continue ou quotidienne et c'est lors d'une rechute qu'elle se transforme en
tierce ou en quarte. Le type de la fièvre peut même se
modifier, lorsque les malades ont quitté les pays palustres,
c'est-à-dire dans des conditions qui excluent l'idée d'une
nouvelle infection. Pour expliquer ces faits dans l'hypothèse
de la pluralité des parasites, il faudrait admettre que les différentes espèces d'hématozoaires coexistent le plus souvent
chez le même malade et qu'elles prédominent tour à tour.

D'après Golgi, la fièvre intermittente quotidienne serait
tantôt une double tierce et tantôt une triple quarte, ce
qui est commode pour la théorie qu'il défend, mais bien

peu vraisemblable. La fièvre quotidienne est, dans les principaux foyers du paludisme, la forme clinique la plus commune et les médecins qui ont exercé dans les pays chauds auront de la peine à admettre qu'elle dérive de la tierce ou de la quarte, c'est-à-dire de types relativement rares dans ces pays.

Les caractères morphologiques assignés aux trois espèces (Golgi, Pietro Canalis, Gualdi et Antolisei), ou aux deux espèces (Grassi et Feletti) d'hématozoaires du paludisme sont insuffisants pour permettre de reconnaître chacune de ces espèces aux différentes phases de son évolution.

Les hématozoaires de la tierce, de la quarte et des fièvres irrégulières se montrent d'abord dans le sang sous l'aspect de petits éléments amiboïdes qui ont le même aspect dans les trois espèces de parasites; la segmentation et la sporulation se font aussi d'une manière à peu près semblable à cela près que dans la quarte, le nombre des spores est, en général, moins grand que dans la tierce. Les corps segmentés font souvent défaut, surtout dans la tierce, comme le reconnaît Antolisei, ce qui enlève beaucoup de son importance à ce caractère.

Les corps en croissant sont, il est vrai, très caractéristiques et s'il était démontré qu'ils se rencontrent toujours dans les fièvres irrégulières et jamais dans les fièvres régulières, on pourrait admettre les deux variétés décrites par Grassi et Feletti. Mais il s'en faut que les rapports existant entre l'apparition des corps en croissant dans le sang et telle ou telle manifestation du paludisme soient aussi simples. Les exceptions à la règle, si règle il y a, sont fort nombreuses.

Les partisans des idées de Golgi sont obligés à mainte

concession. C'est ainsi que Gualdi et Antolisei sont amenés
à dire que le type de la fièvre ne dépend pas seulement
de la variété de parasites, mais aussi des conditions individuelles, si bien que la même variété de parasites peut
produire des types fébriles différents.

Les mêmes observateurs admettent que les hématozoaires des fièvres irrégulières peuvent évoluer, dans certains
cas, *sans passer par la phase des corps en croissant*; or,
comme cette phase est seule caractéristique, on ne voit
pas ce qui permet dans ces cas de distinguer cette variété
d'hématozoaires. En reconnaissant que les hématozoaires
des fièvres irrégulières peuvent passer ou non par la
phase des corps en croissant, on se rapproche beaucoup
de l'interprétation des auteurs qui admettent avec moi
que le parasite est unique, mais que son évolution est
variable.

Si les trois espèces d'hématozoaires étaient bien séparées
et toujours en rapport avec le type fébrile, on devrait toujours, en injectant à un individu indemne de paludisme
du sang provenant d'un malade atteint de fièvre tierce ou
de fièvre quarte, produire la tierce ou la quarte chez l'individu inoculé. Gualdi, Antolisei et Angelini ont essayé
de fournir cette preuve expérimentale de la pluralité des
hématozoaires du paludisme; nous avons vu (p. 118) que
ces observateurs avaient injecté six fois dans les veines
d'individus indemnes de paludisme, du sang provenant de
malades atteints de fièvre palustre, dans le but de constater
si on reproduirait chez les individus inoculés le type de
fièvre du malade qui avait fourni le sang.

Dans un cas seulement, ce résultat (qui devrait être la
règle si la doctrine de la pluralité des hématozoaires du
paludisme était vraie) a été obtenu. Un individu inoculé

avec du sang de fièvre quarte a eu deux accès du type quartè; dans les autres cas, les résultats ont été ou défavorables à la doctrine de Golgi ou du moins peu probants. On voit, par exemple, que l'injection intra-veineuse du sang de quarte a donné lieu dans un cas à une fièvre continue d'abord puis irrégulière, et que, lors d'une rechute, on a constaté l'apparition de corps en croissant. Le sang d'un malade atteint de fièvre quarte produisant une fièvre irrégulière et donnant lieu à l'apparition de corps en croissant, c'est, ce me semble, le renversement complet de la doctrine de Golgi.

Antolisei, pour expliquer ces faits, émet l'hypothèse que chez un même malade les germes des différentes variétés de parasites du paludisme peuvent coexister; les formes appartenant au cycle évolutif de l'hématozoaire qui est en activité, si j'ose ainsi dire, étant seules visibles chez certains malades (*Riforma medica*, avril 1890). Si dans l'expérience précitée, le sang de fièvre quarte a produit une fièvre irrégulière, c'est que le malade atteint de quarte avait dans le sang : 1° les parasites de la quarte; 2° les parasites des fièvres irrégulières à l'état latent.

Chez certains malades atteints de fièvre irrégulière, on trouve des corps en croissant dans le sang pris directement dans la rate, alors que le sang recueilli par piqûre d'un doigt n'en renferme pas (*Riforma medica*, mars 1890); Gualdi et Antolisei donnent ce fait comme une preuve nouvelle de la relation qui existe entre les fièvres irrégulières et les corps en croissant; avant de conclure, il aurait été nécessaire d'examiner de même le sang recueilli par ponction de la rate chez des malades atteints de tierce ou de quarte; peut-être y aurait-on trouvé aussi quelquefois des corps en croissant.

Terni et Giardina reconnaissent que les corps en croissant font défaut dans certains cas de fièvres irrégulières,
et que les parasites des fièvres régulières et des irrégulières
sont parfois mélangés chez le même individu; ils émettent
l'hypothèse que ce mélange est fréquent dans les fièvres
des pays chauds.

« En Algérie, écrivent Terni et Giardina prédominent
peut-être les cas dans lesquels s'associent toutes les variétés d'hématozoaires du paludisme, ce qui serait en
rapport avec la gravité de l'infection et avec la fréquence
des fièvres rémittentes et quotidiennes dans les pays tropicaux. Ces cas qui sont rares à Rome, le sont encore
plus dans l'Italie septentrionale et dans les régions plus au
nord. » (*Rivista d'igiene e sanita pubblica*, 16 mai 1890.)

Les partisans de la pluralité des hématozoaires du paludisme sont obligés comme on voit d'accumuler hypothèse
sur hypothèse pour répondre aux démentis que les faits
donnent sans cesse à leur théorie.

Dans le but de contrôler les assertions des auteurs qui
ont admis l'existence de plusieurs espèces d'hématozoaires
du paludisme, j'ai choisi parmi mes observations déjà
publiées ou inédites celles qui m'ont paru présenter le
plus d'intérêt au point de vue spécial des rapports existant
entre les formes parasitaires et les types fébriles et j'ai
groupé ces faits en cinq séries, ainsi qu'il suit :

1° Fièvres palustres de première invasion : continues,
quotidiennes régulières ou avec accès subintrants ;
2° fièvres intermittentes quotidiennes (rechutes); 3° fièvres
tierces; 4° fièvres quartes ; 5° malades observés à plusieurs
reprises, à des intervalles souvent éloignés et ayant présenté des fièvres de types différents.

1° *Fièvres palustres de première invasion.* — Dans mon

Traité des fièvres palustres, j'ai publié un certain nombre d'observations qui montrent que, dans les fièvres palustres de première invasion, on peut rencontrer dans le sang ou bien les corps sphériques ou bien les corps en croissant. Le tableau suivant résume quelques-uns de ces faits.

FORME CLINIQUE.	RÉSULTAT DE L'EXAMEN DU SANG.
Obs. 23 (1). Fièvre quotidienne de première invasion. (*Traité des fièvres palustres*, p. 255.)	Corps en croissant, corps sphériques, flagella.
Obs. 24. — Fièvre quotidienne de première invasion. (*Op. cit.*, p. 256.)	Corps sphériques, flagella. Pas de corps en croissant.
Obs. 31. — Fièvre continue au début, puis quotidienne ; de première invasion. (*Op. cit.*, p. 266.)	Corps sphériques de très petit volume en grand nombre, souvent trois ou quatre de ces éléments adhèrent à une même hématie. Pas de corps en croissant.
Obs. 32. — Fièvre continue palustre; deux jours d'invasion. (*Op. cit.*, p. 268.)	Petits corps sphériques en grand nombre, libres ou adhérents aux hématies. Pas de corps en croissant.
Obs. 35. — Fièvre continue palustre avec état typhoïde; huit jours d'invasion. (*Op. cit.*, p. 296.)	Premier examen : corps sphériques de moyen ou de petit volume (ces derniers très nombreux). Pas de corps en croissant. Deuxième examen après la chute de la fièvre : corps sphériques, corps en croissant (rares).
Obs. 36. — Fièvre quotidienne de première invasion. Accès graves avec état typhoïde (accidents pernicieux).	Corps sphériques de petit volume en grand nombre. Pas de corps en croissant.

(1) Afin d'éviter la confusion entre les observations de mon *Traité des fièvres palustres* et les observations que je donne dans ce nouvel ouvrage j'ai réservé les chiffres romains pour désigner les observations nouvelles.

FORME CLINIQUE.	RÉSULTAT DE L'EXAMEN DU SANG.
Rechute, fièvre quotidienne régulière. (*Op. cit.*, p. 297.)	Corps sphériques, flagella. Pas de corps en croissant.
Obs. 42. — Fièvre quotidienne de première invasion, accidents pernicieux. (*Op. cit.*, p. 318.)	Corps sphériques de petit volume en grand nombre, libres ou adhérents à des hématies. Pas de corps en croissant.
Obs. 43. — Fièvre quotidienne. Cachexie aiguë. (*Op. cit.*, p. 328.)	Corps en croissant, corps sphériques, flagella.

Les observations nouvelles, qui se trouvent à la fin de ce volume et qui sont relatives aux fièvres palustres de première invasion, se résument, au point de vue spécial qui nous occupe, dans le tableau suivant :

FORME CLINIQUE.	RÉSULTAT DE L'EXAMEN DU SANG.
Obs. I. — Fièvre continue palustre de première invasion.	Corps sphériques. Pas de corps en croissant.
Obs. II. — Fièvre continue palustre de première invasion.	Corps sphériques de très petit volume. Pas de corps en croissant.
Obs. III. — Fièvre continue palustre de première invasion.	Corps sphériques de très petit volume. Pas de corps en croissant.
Obs. IV. — Fièvre continue palustre ou fièvre intermittente quotidienne avec accès subintrants.	Corps sphériques. Pas de corps en croissant.
Obs. V. — Fièvre continue palustre de première invasion.	Corps sphériques de très petit volume. Pas de corps en croissant.
Obs. VI. — Fièvre intermittente quotidienne de première invasion.	Corps sphériques, flagella. Pas de corps en croissant.
Obs. VII. — Fièvre palustre de première invasion.	Corps sphériques, flagella. Pas de corps en croissant.
Obs. VIII. — Fièvre quotidienne de première invasion.	Corps sphériques, flagella. Pas de corps en croissant.

FORME CLINIQUE.	RÉSULTAT DE L'EXAMEN DU SANG.
OBS. IX. — Fièvre quotidienne de première invasion.	Corps en croissant, corps sphériques.
OBS. X. — Fièvre quotidienne de première invasion.	Corps en croissant, corps sphériques.
OBS. XI. — Fièvre palustre de première invasion. Forme continue ou quotidienne avec accès subintrants.	Corps en croissant. Pas de corps sphériques.
OBS. XII. — Fièvre quotidienne de première invasion.	Corps en croissant. Pas de corps sphériques.
OBS. XIII. — Fièvre quotidienne de première invasion.	Corps en croissant. Pas de corps sphériques.

Ces faits démontrent que les auteurs qui ont voulu formuler des règles absolues sur les formes parasitaires qui se rencontrent dans le sang des malades atteints de fièvre palustre de première invasion, et qui ont avancé qu'on n'observait pas dans ces cas de corps en croissant (James), ou bien au contraire que les corps en croissant caractérisaient les fièvres continues palustres et quotidiennes avec accès subintrants (Pietro Canalis), ont tiré trop vite une conclusion générale de faits particuliers.

On observe d'ordinaire dans les fièvres récentes (estivales et automnales), des corps sphériques de très petit volume et souvent en très grand nombre ; mais on peut rencontrer aussi des corps sphériques de moyen volume et des flagella, des corps sphériques avec des corps en croissant et même des corps en croissant seuls (observations XI, XII XIII). Dans mon *Traité des fièvres palustres*, je note que les corps en croissant ont été observés dix fois chez des malades atteints de fièvre de première invasion, deux fois chez des malades atteints d'accidents pernicieux et quatre-vingt-quinze fois chez des malades atteints de cachexie palustre ou de fièvre de récidive. (*Op. cit.*, p. 196.)

2° *Fièvre intermittente quotidienne* (rechutes). — *a.* Observations déjà publiées dans mon *Traité des fièvres palustres.*

FORME CLINIQUE.	RÉSULTAT DE L'EXAMEN DU SANG.
OBS. 14. — Fièvre intermittente quotidienne (rechute). (*Op. cit.*, p. 245.)	Corps en croissant, corps sphériques, flagella.
OBS. 18. — Fièvre intermittente quotidienne (rechute). (*Op. cit.*, p. 249.)	Corps sphériques, flagella. Pas de corps en croissant.
OBS. 21. — Fièvre intermittente quotidienne (rechute). (*Op. cit.*, p. 252.)	Corps sphériques, flagella. Pas de corps en croissant.
OBS. 25. — Fièvre intermittente quotidienne (rechute). (*Op. cit.*, p. 257.)	Corps sphériques, flagella. Pas de corps en croissant.
OBS. 26. — Fièvre intermittente quotidienne (rechute). (*Op. cit.*, p. 258.)	Corps sphériques de moyen ou de petit volume, flagella. Pas de corps en croissant.
OBS. 29. — Fièvre intermittente quotidienne (rechute). (*Op. cit.*, p. 263.)	Corps en croissant (en grand nombre, corps sphériques.
OBS. 40. — Fièvre intermittente quotidienne (rechute) accidents pernicieux. (*Op. cit.*, p. 313.)	Corps sphériques de moyen ou de petit volume. Pas de corps en croissant.
OBS. 44. — Fièvre intermittente quotidienne. Cachexie rapide. (*Op. cit.*, p. 330.)	Corps en croissant, corps sphériques, flagella.
OBS. 45. — Fièvre intermittente quotidienne. Cachexie rapide. (*Op. cit.*, p. 331.)	Corps en croissant, corps sphériques, flagella.
OBS. 46. — Fièvre intermittente quotidienne (rechute). Cachexie. (*Op. cit.*, p. 332.)	Corps en croissant, corps sphériques, flagella.

b. Observations nouvelles :

FORME CLINIQUE.	RÉSULTAT DE L'EXAMEN DU SANG.
Obs. XIV. — Fièvre intermittente quotidienne (rechute).	Corps sphériques. Pas de corps en croissant.
Obs. XV. — Fièvre intermittente quotidienne (rechute).	Corps sphériques, corps segmentés. Pas de corps en croissant.
Obs. XVI. — Fièvre intermittente quotidienne (rechute).	Corps sphériques, corps segmentés. Pas de corps en croissant.
Obs. XVII. — Fièvre intermittente quotidienne (rechute).	Corps sphériques, flagella. Pas de corps en croissant.
Obs. XVIII. — Fièvre intermittente quotidienne (rechute).	Corps sphériques, flagella. Pas de corps en croissant.
Obs. XIX. — Fièvre intermittente quotidienne (rechute).	Corps sphériques, flagella. Pas de corps en croissant.
Obs. XX. — Fièvre intermittente quotidienne (rechute).	Corps sphériques, flagella. Pas de corps en croissant.
Obs. XXI. — Fièvre intermittente quotidienne (rechute).	Corps sphériques, flagella. Pas de corps en croissant.
Obs. XXII. — Fièvre intermittente quotidienne (rechute).	Corps en croissant, corps sphériques, flagella.
Obs. XXIII. — Fièvre intermittente quotidienne. Cachexie rapide.	Corps en croissant, corps sphériques.
Obs. XXIV. — Fièvre intermittente quotidienne (rechute).	Corps en croissant, corps sphériques, flagella.

Dans le sang des palustres qui ont des rechutes de fièvre intermittente quotidienne on peut donc rencontrer : 1° des corps sphériques de petit ou de moyen volume sans flagella, ni corps en croissant ; 2° des corps sphériques et des flagella sans croissants ; 3° des corps en croissant et des corps sphériques avec ou sans flagella ; 4° des corps sphériques et des corps segmentés ; autrement dit, toutes les variétés de formes des hématozoaires.

J'aurais pu multiplier beaucoup, les observations de

quotidiennes dans lesquelles je n'ai noté que des corps sphériques avec ou sans flagella et qui démontrent que les corps en croissant font très souvent défaut dans les fièvres quotidiennes. Golgi et Pietro Canalis admettent, il est vrai, que les quotidiennes sont alors des doubles tierces ou des triples quartes, théorie ingénieuse puisque, grâce à elle, toutes les fièvres quotidiennes, c'est-à-dire la plupart des fièvres observées dans les pays chauds, échapperaient au contrôle. J'ai déjà dit que cette hypothèse me paraissait inadmissible. Le type quotidien est le type fébrile le plus commun dans les pays chauds et lorsqu'une fièvre reparaît à plusieurs reprises, toujours avec ce même type, comme dans l'observation XIV, on ne voit pas du tout sur quoi on se fonde pour dire qu'il s'agit d'une double tierce ou d'une triple quarte. Nous allons voir d'ailleurs que les corps en croissant ont été notés chez des malades atteints de fièvre tierce ou de fièvre quarte bien caractérisée, ce qui achève de ruiner la théorie des deux ou des trois espèces d'hématozoaires.

Fièvre tierce. — *a.* Observations publiées dans mon *Traité des fièvres palustres* :

FORME CLINIQUE.	RÉSULTAT DE L'EXAMEN DU SANG.
Obs. 19. — Fièvre intermittente tierce (rechute). (*Op. cit.*, p. 250.)	Corps sphériques, flagella. Pas de corps en croissant.
Obs. 20. — Fièvre intermittente tierce (rechute). (*Op. cit.*, p. 251.)	Corps sphériques, flagella. Pas de corps en croissant.
Obs. 27. — Fièvre intermittente tierce (rechute). (*Op. cit.*, p. 259.)	Corps en croissant, corps sphériques, flagella.
Obs. 28. — Fièvre intermittente tierce (rechute). (*Op. cit.*, p. 261.)	Corps sphériques, flagella. Pas de corps en croissant.
Obs. 30. — Fièvre intermittente tierce (rechute). (*Op. cit.*, p. 265.)	Corps sphériques de moyen ou de petit volume, flagella. Pas de corps en croissant.

b. Observations nouvelles :

FORME CLINIQUE.	RÉSULTAT DE L'EXAMEN DU SANG.
Obs. XXV. — Fièvre intermittente tierce (rechute).	Corps sphériques, flagella. Pas de corps en croissant.
Obs. XXVI. — Fièvre intermittente tierce (rechute).	Corps sphériques, flagella. Pas de corps en croissant.
Obs. XXVII. — Fièvre intermittente tierce.	Petits corps sphériques, corps en croissant.
Obs. XXVIII. — Fièvre intermittente tierce (rechute).	Corps en croissant. Pas de corps sphériques.
Obs. XXIX. — Fièvre intermittente tierce (rechute).	Corps en croissant, corps sphériques, flagella.
Obs. XXX. — Fièvre intermittente tierce. Sixième rechute (type tierce).	Corps en croissant. Pas de corps sphériques.
Septième rechute (type tierce).	Corps sphériques, flagella. Pas de corps en croissant.
Obs. XXXI. — Fièvre intermittente tierce (rechute).	Corps en croissant, corps sphériques, flagella.
Obs. XXXII. — Fièvre intermittente tierce (rechute).	Corps en croissant, corps sphériques, flagella.

On peut donc rencontrer dans le sang des malades atteints de fièvre intermittente tierce, des corps sphériques avec ou sans flagella ou des corps en croissant. Les corps en croissant ont été trouvés seuls à plusieurs reprises : observation XXVIII et observation XXX. Cette dernière observation est particulièrement intéressante : lors de la sixième rechute de fièvre, du type tierce, je n'ai constaté dans le sang que des corps en croissant ; à la septième rechute, toujours avec le type tierce, le sang contenait des corps sphériques et des flagella sans corps en croissant. Dans la cinquième série de faits nous trouverons encore

des exemples de la coexistence des corps en croissant avec
la fièvre tierce. L'observation XLVI mérite surtout d'être
signalée, nous y reviendrons.

4° *Fièvre quarte*. — Les observations de fièvre quarte
qui se trouvent à la fin de ce volume se résument ainsi
qu'il suit, au point de vue des rapports existant entre la
forme clinique et les parasites :

FORME CLINIQUE.	RÉSULTAT DE L'EXAMEN DU SANG.
Obs. XXXIII. — Fièvre quarte (rechute).	Corps sphériques. Pas de corps en croissant.
Obs. XXXIV. — Fièvre quarte (rechute).	Corps sphériques, corps segmentés. Pas de corps en croissant.
Obs. XXXV. — Fièvre quarte (rechute).	Corps sphériques, corps segmentés. Pas de corps en croissant.
Obs. XXXVI. — Fièvre quarte (rechute).	Corps en croissant, corps sphériques, flagella.
Obs. XXXVII. — Fièvre quarte (rechute).	Corps en croissant.

Ici encore nous constatons que les corps sphériques et
les corps en croissant ont été observés dans le sang, soit
isolés, soit réunis; dans l'observation XXXVII les corps
en croissant ont été constatés à l'exclusion des autres éléments parasitaires. Les corps segmentés ont été notés dans
les observations XXXIV et XXXV.

Je n'ai jamais observé la fièvre quarte que comme fièvre
de rechute et tous les auteurs sont d'accord pour dire que
la fièvre débute rarement avec le type quarte; s'il existait
un parasite spécial de la quarte, il paraît évident qu'il
produirait, dès le début, la fièvre quarte.

5° *Fièvres palustres à type variable; malades observés à*

des intervalles éloignés. — Les observations de cette série peuvent se résumer dans le tableau suivant :

FORME CLINIQUE.	RÉSULTAT DE L'EXAMEN DU SANG.
OBS. XXXVIII. — Fièvre tierce (rechute).	Corps en croissant, corps sphériques, flagella.
Nouvelle rechute de fièvre avec le type quotidien puis tierce.	Corps en croissant, corps sphériques, flagella.
OBS. XXXIX. — Fièvre intermittente quotidienne.	Corps en croissant, corps sphériques, flagella.
Rechute, accidents pernicieux.	Corps sphériques.
OBS. XL. — Fièvre tierce.	Corps sphériques, flagella.
Rechute, accès quotidiens.	Corps en croissant.
OBS. XLI. — Fièvre tierce puis quotidienne.	Corps en croissant, corps sphériques.
OBS. XLII. — Fièvre quotidienne.	Corps en croissant, corps sphériques.
Rechute : type tierce.	Corps sphériques. Pas de corps en croissant.
OBS. XLIII. — Fièvre continue palustre.	Corps sphériques de petit volume. Pas de corps en croissant.
Rechute avec le type tierce, puis avec le type quotidien.	Corps sphériques. Pas de corps en croissant.
OBS. XLIV. — Fièvre quotidienne.	Corps sphériques. Pas de corps en croissant.
Rechute de fièvre.	Corps sphériques, flagella. Pas de corps en croissant.
OBS. XLV. — Fièvre quotidienne (rechute).	Corps en croissant, corps sphériques.
Rechute avec le type tierce.	Corps sphériques. Pas de corps en croissant.
Nouvelle rechute, accès quotidiens.	Corps sphériques. Pas de corps en croissant.
OBS. XLVI. — Fièvre quotidienne (rechute).	Corps sphériques, corps segmentés. Pas de corps en croissant.

FORME CLINIQUE.	RÉSULTAT DE L'EXAMEN DU SANG.
Rechute de fièvre, type tierce.	Corps en croissant. Pas de corps sphériques.
Nouvelle rechute.	Corps sphériques. Pas de corps en croissant.
OBS. XLVII. — Fièvre irrégulière (rechute).	Corps sphériques, corps segmentés. Pas de corps en croissant.

On sait depuis longtemps que le type de la fièvre se modifie souvent chez un même malade ; il était intéressant de savoir si la nature des éléments parasitaires du sang se modifiait en même temps que le type de la fièvre. Quelques-unes des observations de cette cinquième série seraient favorables à cette manière de voir, notamment les observations XL et XLII. Dans ces deux cas des rechutes avec le type tierce s'accompagnent de la présence de corps sphériques dans le sang et des rechutes avec le type quotidien de la présence de corps en croissant. Mais l'observation XLVI montre qu'on peut rencontrer le rapport inverse, ici c'est la fièvre tierce qui est marquée par la présence des corps en croissant et la fièvre quotidienne par celle de corps sphériques.

Dans les observations XXXVIII et XLIII on constate que le type de la fièvre change sans que la nature des éléments parasitaires du sang se modifie.

L'observation XLVII se rapporte à une fièvre irrégulière dont le type n'a jamais pu être fixé. Or, dans ce cas, la présence des éléments en croissant n'a jamais été notée, contrairement à ce qui aurait dû arriver si ces éléments étaient les parasites des fièvres irrégulières.

Tous ces faits tendent à démontrer qu'il n'existe pas de rapport direct et constant entre les formes sous lesquelles les hématozoaires se présentent dans le sang et les mani-

festations cliniques du paludisme; on peut dire seulement
que certaines formes parasitaires s'observent plus souvent
chez certains malades; les corps en croissant, par exemple, dans les fièvres de rechute et chez les cachectiques,
ainsi que je l'ai établi depuis longtemps.

L'existence de plusieurs espèces d'hématozoaires du
paludisme n'est pas mieux établie par les notions zoolo-
giques, d'ailleurs très incomplètes, que nous possédons sur
ces parasites que par l'observation clinique.

Est-il donc si difficile de comprendre qu'un même
sporozoaire puisse prendre des formes différentes? Le
polymorphisme n'est-il pas, au contraire, la règle, dans
l'évolution de ces êtres?

J'ai cité déjà (ch. III) plusieurs exemples de sporozoaires
qui se présentent sous des aspects très différents : *Lithocystis Schneideri*, *Eimeria falciforme*, *Drepanidium ranarum* et il serait facile de multiplier ces exemples.

J'ai examiné, dans le laboratoire de M. Metchnikoff, à
l'Institut Pasteur, des parasites de l'*Apus*, qui sont fixés
sur les branchies mobiles, ces parasites évoluent en donnant lieu tantôt à des corps amiboïdes et tantôt à des
croissants; M. Metchnikoff, en me signalant ces faits,
ajoutait que probablement il en était de même pour les
hématozoaires du paludisme. Le type de la fièvre est
très probablement déterminé bien plus par les conditions
individuelles que par la variété des éléments parasitaires
du sang; nous reviendrons sur ce point dans le chapitre
suivant.

CHAPITRE V

On pouvait espérer que le parasite du paludisme étant
connu sous les différents aspects qu'il prend dans le sang,
il deviendrait facile de le retrouver dans le milieu extérieur.

Dès le début de mes recherches, je me suis efforcé de
retrouver les formes sous lesquelles l'hématozoaire du
paludisme existait dans l'eau ou dans le sol; j'ai fait
l'examen de nombreux échantillons de l'eau ou du sol de
localités de l'Algérie où l'endémie palustre sévit avec intensité et j'ai constaté à plusieurs reprises dans l'eau
stagnante des localités fébrigènes la présence d'organismes
qui rappelaient d'assez près les hématozoaires du paludisme : corps amiboïdes munis d'un ou de plusieurs flagella semblables aux corps sphériques du sang palustre
à cela près que la disposition des flagella était plus régu-

lière dans les protozoaires trouvés dans l'eau. Ces organismes n'étaient pas pigmentés, mais les hématozoaires du paludisme empruntant vraisemblablement leur pigment aux hématies, il ne faut pas s'attendre à les trouver pigmentés dans le milieu extérieur.

Maurel, qui a rencontré ces corps amiboïdes, ou des organismes voisins, dans une infusion végétale ordinaire, a fait ressortir les analogies qui existent entre ces formes et les parasites du sang palustre (Maurel, *Recherches microscopiques sur l'étiologie du paludisme.* Paris, 1887, p. 202-204.)

Grassi et Feletti ont constaté l'existence dans les terrains palustres d'une amibe très petite avec des pseudopodes, sans vacuoles contractiles ; cette amibe qui s'enkyste assez facilement et qui, dans cet état, peut probablement être transportée par l'air atmosphérique, a été retrouvée dans les cavités nasales de jeunes pigeons sains qui avaient été exposés pendant deux nuits dans une localité palustre, à deux mètres du sol. Neuf jours après, ces pigeons présentaient des corps en croissant dans le sang.

Grassi et Feletti rapprochent cette amibe des amibes décrites par Maurel et ils paraissent disposés à croire que c'est sous cette forme que le parasite du paludisme se trouve dans le milieu extérieur.

Les ressemblances morphologiques sont loin d'être complètes et l'assimilation de ces organismes aux hématozoaires du paludisme me paraît très hasardée. Si les hématozoaires du paludisme vivaient dans l'eau et dans le sol sous des formes identiques à celles qu'ils ont dans le sang, on ne voit pas pourquoi il serait si difficile de les cultiver dans le milieu extérieur ; en mettant quelques gouttes du sang d'un palustre dans un peu d'eau ou de terre stérilisée on devrait obtenir une culture des éléments parasitaires; or ces essais de culture n'ont donné jusqu'ici que des résultats négatifs.

Il me paraît probable que l'hématozoaire du paludisme existe dans les milieux palustres à l'état de parasite de quelque animal ou de quelque plante.

D'après James, on trouve dans les plantes inférieures des parasites qui ont une certaine analogie avec les hématozoaires du paludisme; il s'agit d'amibes munis de flagella à une phase de leur développement, pigmentés par la chlorophylle. Le même fait m'a été signalé par M. Certes.

Nous avons vu (ch. III) qu'on rencontrait dans le sang des oiseaux des parasites très voisins de l'hématozoaire du paludisme et il est possible que l'hématozoaire du paludisme lui-même existe dans le sang de certaines espèces animales.

Les moustiques abondent toujours dans les localités palustres et on a constaté que le drainage du sol qui supprime les fièvres, supprime aussi les moustiques (Lamborn, *La destruction des moustiques*, analyse in *Revue scientifique*, 1890, p. 498). Peut-être ces insectes jouent-ils un rôle dans la propagation du paludisme comme dans celle de la filariose.

On a ignoré pendant longtemps le mode de propagation de la filariose. Les filaires, en raison de leur volume et de l'espèce relativement élevée à laquelle elles appartiennent, sont cependant d'une observation plus facile que les hématozoaires du paludisme; on admet aujourd'hui que les filaires de l'homme subissent une phase de leur évolution dans le corps des moustiques. Les moustiques en suçant le sang des malades atteints de filariose absorbent des filaires embryonnaires qui se développent dans le corps de ces insectes. Lorsque les moustiques meurent et tombent dans l'eau, les filaires s'échappent et l'infection a lieu par l'eau potable. Sur 140 femelles de moustiques examinées, Lewis a vu que 20 étaient bourrées de filaires.

Findlay (de la Havane) pense que le moustique est l'agent principal de dissémination de la fièvre jaune, et Hammond partage cette opinion.

Ce fait qu'il est difficile de trouver les formes sous lesquelles les hématozoaires du paludisme se rencontrent dans le milieu extérieur n'a rien de surprenant, étant donné qu'il s'agit de sporozoaires; l'histoire du développement de ces êtres est en effet presque entièrement à faire (Balbiani).

Les parasites du paludisme pénètrent-ils dans l'économie avec l'eau ingérée ou avec l'air inspiré?

On est très porté à croire aujourd'hui que l'air est rarement le véhicule des agents pathogènes, et que c'est l'eau qui doit être incriminée dans la plupart des cas. En ce qui concerne le paludisme, les deux modes d'infection paraissent possibles, mais tandis que l'infection par l'air est généralement admise, si bien que les mots *mal' aria* (mauvais air) sont devenus synonymes de fièvre palustre, l'infection par l'eau est contestée par un certain nombre d'auteurs.

Les individus qui contractent le paludisme ont presque toujours fait usage des eaux des localités palustres en même temps qu'ils en respiraient l'air, aussi est-il difficile, le plus souvent, de décider quel a été le mode d'infection.

Des faits nombreux tendent à démontrer que l'infection peut se faire par l'eau potable :

1° On a constaté à plusieurs reprises que, dans une même localité, des individus vivant dans des conditions identiques, mais faisant usage pour la boisson d'eaux de provenance différente, étaient les uns atteints dans une forte proportion, les autres épargnés par les fièvres palustres (1);

2° Dans certaines localités autrefois insalubres il a suffi de mettre à la disposition des habitants une eau pure à la place de l'eau stagnante qui servait primitivement à la boisson, pour voir les fièvres palustres disparaître;

3° Dans des localités très saines, d'ailleurs, on peut contracter la fièvre quand on boit de l'eau provenant de localités insalubres, et les individus les plus exposés à prendre la fièvre dans ces conditions sont ceux qui font la plus grande consommation d'eau;

4° Les voyageurs qui parcourent des contrées malsaines réussissent souvent à se préserver des fièvres en ne buvant que de l'eau bouillie, alors que les personnes qui ne prennent pas cette précaution sont atteintes dans une forte proportion.

On a objecté que les infusoires et les amibes étaient détruits dans les voies digestives.

L'action protectrice des sucs digestifs *normaux* est indiscutable, mais il arrive souvent que cette action, pour une cause ou pour une autre, s'exerce dans de mauvaises conditions et perd beaucoup de son efficacité. Les propriétés des sucs digestifs expliquent même pourquoi un grand nombre d'individus échappent à la fièvre, tandis

____

(1) Voyez notamment mon *Traité des fièvres palustres*, p. 458-464.

que d'autres, vivant dans des conditions en apparence identiques, sont frappés sévèrement.

Chez les premiers, les sucs digestifs dont la sécrétion était normale ont eu raison des parasites introduits avec l'eau, tandis que chez les autres les altérations des voies digestives et l'activité moins grande des sucs digestifs ont permis aux parasites de pulluler et de pénétrer dans l'économie.

Bouchard et Legendre ont insisté sur la prédisposition aux maladies infectieuses et en particulier à la fièvre typhoïde qui est la conséquence des altérations des voies digestives et notamment de la dilatation de l'estomac. (Bouchard, *Leçons sur les auto-intoxications dans les maladies*, 1887 et *Thérapeutique des maladies infectieuses*, 1889, p. 91.)

Le fait suivant me paraît assez probant au point de vue de l'infection par l'eau : On ne contracte presque jamais la fièvre palustre dans l'intérieur de la ville de Constantine, surtout à la Casbah qui en est la partie la plus élevée. Pendant l'été de 1882, je reçus dans mon service plusieurs ouvriers d'administration employés à la manutention située dans l'intérieur de la Casbah; ces hommes étaient atteints de fièvre palustre pour la première fois, et ils affirmaient que depuis longtemps ils n'étaient pas sortis de Constantine. Employés au four, ils avaient eu beaucoup à souffrir de la chaleur qui, à l'extérieur, atteignait 35° à 40° à l'ombre, et qui dans la chambre attenant au four dépassait 50°; pour lutter contre la chaleur ces ouvriers buvaient six ou sept litres d'eau pure par jour en dehors des repas. On comprend que les sucs digestifs, dilués par cette grande quantité d'eau absorbée en dehors des repas, alors que la sécrétion est presque nulle, aient mal protégé l'économie.

Si nous ne savons pas encore sous quelle forme le parasite du paludisme se rencontre dans le milieu extérieur, ni comment il pénètre dans l'économie, nous connaissons du moins les causes qui favorisent son développement et sa pénétration dans le sang; l'étude de ces causes est très importante, car elle sert de base à la prophylaxie.

Le paludisme est essentiellement une maladie *endémique*; on peut délimiter les zones dans lesquelles il règne, de même que les naturalistes indiquent les régions dans lesquelles on rencontre telle ou telle plante, dans lesquelles s'observe telle ou telle espèce animale.

Le paludisme peut apparaître dans des localités qui depuis des siècles en étaient indemnes; aux îles Maurice et de la Réunion les fièvres palustres, presque inconnues autrefois, ont pris depuis 1867 une grande extension.

Il est heureusement plus fréquent de voir le paludisme reculer; la liste est longue des localités, des contrées entières qui ont été assainies grâce à la culture et au desséchement du sol.

Au xviii° siècle, les fièvres palustres étaient très communes et très graves en Hollande (Pringle). Les immenses travaux accomplis pour protéger les côtes contre l'envahissement de la mer ont réduit considérablement le champ de l'endémie palustre.

Nous savons par les écrits de Morton, de Willis et de Sydenham que les fièvres palustres régnaient autrefois à Londres; un marais fut desséché et sa disparition amena celle des fièvres.

Graves signale les heureux effets du drainage des terres en Irlande, et il montre qu'en beaucoup d'endroits le drainage a mis fin à l'endémie palustre. (*Clinique*, t. Ier, *traduction française*, p. 3.)

A Strasbourg, on observait encore en 1832, non seulement des fièvres intermittentes, mais des fièvres palustres graves, compliquées d'accidents pernicieux; l'endiguement de l'Ill et du Rhin et la disparition des marais ont rendu les fièvres très rares.

Dans la Bresse, la Sologne, les Landes, le Morbihan, l'endémie palustre a perdu beaucoup de son importance.

En Algérie, le paludisme a disparu presque complètement de localités sur lesquelles il sévissait avec une grande force au début de la conquête; partout la mise en culture régulière du sol l'a obligé à reculer.

Les localités humides, incultes, marécageuses fournissent au paludisme un milieu très propice. L'existence de marais proprement dits n'est pas nécessaire, et, d'autre part, tous les marais ne sont pas fébrigènes, même dans les pays chauds. A Taïti, en Australie, à la Nouvelle-Calédonie les fièvres palustres sont très rares, malgré l'existence de marais ayant tous les caractères objectifs des marais fébrigènes, ainsi que Boudin l'a fait justement remarquer. Pommay a signalé l'innocuité des marais des hauts plateaux du Sud-Oranais. (*Revue d'hygiène*, 1884, t. VI, p. 184.)

Si le marais proprement dit n'est pas nécessaire, il faut du moins de la *terre humide* : les fièvres palustres ne prennent pas naissance sur les navires au large; dans les pays tropicaux, lorsque le sol est desséché depuis longtemps, les fièvres disparaissent; la pluie, surtout lorsqu'elle ne dure pas longtemps, rend au sol sa puissance fébrigène; les pluies peu abondantes qui se produisent vers la fin de l'été dans les pays chauds, et qui sont bientôt séchées par le soleil sont connues comme très dangereuses; les pluies abondantes, et qui durent très longtemps, n'ont pas les mêmes inconvénients, surtout si en même temps la température s'abaisse.

L'influence de la chaleur est mise en évidence par la distribution du paludisme à la surface du globe. L'endémie palustre inconnue dans les pays froids, augmente d'intensité à mesure qu'on descend vers les régions équatoriales ; dans les zones tempérées et chaudes, elle ne règne que dans la saison chaude ; elle reparaît chaque année avec la même régularité que telle ou telle espèce végétale ou animale.

A Rome, les premiers cas de fièvre de nouvelle invasion s'observent tous les ans presque à jour fixe, au commencement de juillet. (Mayer, L. Colin, *Traité des fièvres intermittentes*, 1870.)

De même en Algérie; à Constantine, j'ai vu pendant trois ans de suite, les premiers cas de fièvre palustre de nouvelle invasion se produire vers la fin du mois de juin, les derniers, dans le courant de novembre ; de décembre au mois de juin suivant, je n'observais que des fièvres de rechute. De juillet à octobre les cas de fièvre se multiplient avec une rapidité qui explique et justifie l'expression d'*endémo-épidémie*, souvent employée par les auteurs qui ont écrit sur les fièvres d'Algérie.

Ainsi pendant l'hiver le germe du paludisme sommeille comme font les végétaux et les animaux inférieurs ; comme ces derniers, il a sa période hibernale et comme eux, il se réveille au commencement de l'été.

L'influence de l'altitude, qui n'est pas douteuse, s'explique en grande partie par l'abaissement de la température et aussi par ce fait que, sur les hauteurs, les eaux ayant un écoulement facile, le sol se draine naturellement. L'expérience a appris depuis longtemps aux populations des pays palustres, cette influence heureuse de l'altitude; les Arabes et les habitants de la campagne romaine fuient la plaine pour la montagne pendant la saison des fièvres.

L'altitude qui suffit à préserver de la fièvre est peu considérable, aussi cette donnée est-elle extrêmement précieuse pour la prophylaxie du paludisme; j'ai noté plus haut que dans l'intérieur de la ville de Constantine on prenait très rarement la fièvre; à cent mètres au-dessous, à proximité des portes de la ville, le paludisme règne cependant avec une intensité redoutable sur les bords du Rummel; de même à Bone; la ville haute est épargnée, tandis que, dans la ville basse, les atteintes de paludisme ne sont pas rares; il serait facile de multiplier ces exemples. En pays palustre, les habitants des étages supérieurs d'une maison sont moins exposés que ceux du rez-de-chaussée. Les germes du paludisme s'élèvent donc assez difficilement dans l'atmosphère.

Les vents qui passent sur une contrée marécageuse, peuvent entraîner ces germes, mais non à une grande distance.

Sur les côtes les plus infectées de paludisme, les marins sont à l'abri tant qu'ils restent dans leurs vaisseaux; l'air marin est, comme on le sait, très pur. Les poussières atmosphériques sont bien vite noyées dans la grande masse d'eau de la mer.

Conditions individuelles prédisposantes. — L'influence de *l'âge* et du *sexe* est peu marquée; si les hommes adultes payent un tribut plus lourd au paludisme que les femmes, les jeunes gens et les vieillards, cela s'explique par l'influence des professions dont nous dirons plus loin quelques mots.

Les enfants sont souvent atteints de paludisme; d'après

de Brun ils seraient même atteints en Égypte dans une proportion plus élevée que les adultes.

Les hommes appartenant à toutes les *races* sont sujets au paludisme, mais à un degré variable; la race noire, par exemple, présente une résistance bien plus grande que la race caucasique, résistance qui, toutefois, ne va pas jusqu'à l'immunité, comme le croyait Boudin. La cachexie palustre n'est pas rare chez les nègres, notamment au Gabon, à Ceylan et aux Antilles; mais des faits très nombreux montrent que quand des noirs et des blancs sont transportés dans un foyer palustre, les noirs ne payent au paludisme qu'un tribut léger, tandis que les blancs sont atteints dans une proportion élevée et présentent des formes beaucoup plus graves; aussi les nègres sont-ils des auxiliaires très utiles dans les pays palustres.

Pendant la guerre du Mexique les nègres venus du Soudan ont rendu de grands services dans les Terres Chaudes, grâce à l'immunité remarquable dont ils jouissaient non seulement pour les fièvres palustres, mais aussi pour la fièvre jaune (1).

Les Indiens, les créoles ne sont pas épargnés; pendant la guerre du Mexique on avait levé aux Antilles, pour les Terres Chaudes, une compagnie de volontaires créoles qui fondit rapidement sous l'influence des fièvres palustres.

En Algérie j'ai souvent constaté le paludisme chez les indigènes, mais presque toujours sous des formes moins

(1) A consulter sur cette question : Graves, *Clinique médicale*. Trad. française de Jaccoud, 3° édit., t. Ier, p. 483. — Boudin, *Acclimatement des races humaines* (*Rec. de mém. de méd. mil.*, 3° série, t. XII, XIII et XV). — L. Laveran, article ANTAGONISME du *Dictionn. encyclop. des sc. méd.* — Dutroulau, *Traité des maladies des Européens dans les pays chauds*, 2° édit. Paris, 1868, p. 147. — Corre, *De l'influence de la race dans les maladies infectieuses* (*Gaz. hebdom.*, 1869).

graves, moins aiguës que chez les Européens; l'Arabe a évidemment, pour l'agent du paludisme, une tolérance plus grande que l'Européen, une accoutumance personnelle ou héréditaire.

Les *professions* les plus malsaines dans les pays où règne le paludisme sont celles qui mettent l'homme le plus directement et le plus souvent en rapport avec le sol. Les ouvriers employés à dessécher les marais, à curer des ports ou des fossés, les terrassiers, les jardiniers, les agriculteurs, les individus qui travaillent aux moissons fournissent au paludisme le plus grand nombre de ses victimes.

Le paludisme est surtout une maladie des campagnes, de même que la fièvre typhoïde est une maladie des villes. Dans les quartiers centraux de Rome on est à l'abri des fièvres qui sévissent avec intensité dans la campagne et jusqu'aux portes de Rome (L. Colin, *op. cit.*).

Toutes les causes débilitantes : fatigues, excès de toute sorte, anémie résultant de privations ou de maladies antérieures, prédisposent au paludisme.

On a remarqué depuis longtemps que les parasites se développent de préférence sur les organismes affaiblis, dont la vitalité est déjà diminuée, de même que les mousses et les lichens envahissent le tronc des arbres malades. Il semble, a dit Pasteur, que la vie repousse la vie qui veut se greffer sur elle; quand un être s'affaiblit il devient facilement la proie des parasites qui l'assiègent.

Les résultats des expériences faites par Charrin et Roger et par Canalis et Morpurgo pour étudier le rôle de la fatigue et du jeûne dans l'étiologie des maladies infectieuses sont en complet accord avec les données de l'observation.

Les rats surmenés succombent facilement au virus

charbonneux atténué qui n'agit pas sur ces animaux à l'état normal. (Charrin et Roger, *la Fatigue et les Maladies microbiennes*, in *Semaine médicale*, 1890, p. 29.)

Il résulte des recherches publiées récemment par P. Canalis et B. Morpurgo (Rome, 1890) qu'en soumettant des animaux au jeûne, on peut les rendre aptes à contracter une maladie à laquelle ils sont réfractaires à l'état normal ; les pigeons et les poules privés de nourriture perdent leur immunité pour le charbon. Pendant le jeûne, le nombre des leucocytes diminue dans le sang (Canalis et Morpurgo) ce qui fournirait peut-être une explication de la disparition de l'immunité.

Une première atteinte de paludisme ne confère aucune immunité ; au contraire les individus qui ont eu la fièvre palustre sont plus exposés que d'autres à la contracter. On peut dire que les rechutes sont de règle ; il est vrai que ces rechutes n'impliquent pas une nouvelle infection, l'agent du paludisme pouvant rester longtemps à l'état latent.

Le paludisme est inoculable par injection intra-veineuse ainsi que nous l'avons vu, mais il ne se propage pas par voie de contagion d'homme à homme.

« *Paludisme congénital*. — Il existe dans la science un certain nombre d'observations qui tendent à démontrer que le paludisme peut être *congénital* : faits de Sue et de Hawelka (Bouchut), de Playfair et de Duchek (Griesinger), de Bohn et de Bureau. (Leroux, *Revue de médecine*, 1882, p. 569-575.)

« Playfair rapporte l'observation d'une femme qui, pendant sa première grossesse, était atteinte tous les quinze jours d'accès répétés de fièvre intermittente ; l'enfant à la naissance présentait une rate tellement hypertrophiée que son extrémité atteignait l'ombilic ; l'enfant n'eut point de fièvre jusqu'à l'âge de deux ans, mais il était pâle et maladif. Duchek a observé un cas tout à fait semblable ; l'enfant mort peu de temps après la naissance présentait une tumeur splénique pigmentée et du pigment dans le sang de la veine porte. » (Griesinger, *Traité des maladies infectieuses*, 2° *édit.*, trad. franç. 1877, p. 20.)

Il résulte également des observations de Chiarleoni que le germe du paludisme peut atteindre le fœtus et qu'il le tue souvent quand la mère n'est pas soumise à la médication quinique. Les enfants nés à terme de mères qui ont souffert pendant la grossesse d'accès de fièvre palustre, mais qui ont été traitées par la quinine présenteraient au contraire le plus souvent un développement normal et les attributs d'une bonne santé. (*Le Paludisme et la fonction de la génération chez la femme*, in *Ann. univers. di medicina*, avril 1886.)

On croyait naguère que le placenta formait un filtre parfait qui empêchait les microbes de passer de la mère au fœtus et l'existence du paludisme congénital pouvait paraître en opposition avec la nature parasitaire de la maladie. (Leroux, *Revue de médecine*, 1882, p. 661.)

Straus et Chamberland ont montré que les microbes du charbon symptomatique, du choléra des poules et de la septicémie expérimentale, passaient de la mère au fœtus (*Société de biologie*, 11 novembre 1881), et que la bactéridie charbonneuse elle-même n'était pas toujours arrêtée par le placenta (*Société de biologie*, 16 décembre 1882), contrairement à ce que pensait Davaine.

On comprend que les hématozoaires du paludisme qui, à leur première phase de développement, sont à l'état de corpuscules amiboïdes très petits, libres ou intimement accolés aux hématies, puissent eux aussi franchir le placenta. La transmission du paludisme de la mère au fœtus se concilie donc très bien avec les notions que nous possédons aujourd'hui sur la nature parasitaire de la maladie.

Il serait intéressant pour lever les derniers doutes au sujet du paludisme congénital d'examiner le sang du nouveau-né d'une mère atteinte de paludisme et de constater l'existence des hématozoaires.

Guarnieri et Bignami ont recherché deux fois les hématozoaires dans le sang de fœtus de trois mois et six mois provenant de mères cachectiques; dans ces deux cas l'examen a été négatif. Il n'y a rien à conclure de ces deux faits négatifs, de nouvelles recherches sont nécessaires.

Incubation. — Quelques auteurs ont admis que l'invasion du paludisme pouvait être très rapide; on a cité souvent l'exemple de voyageurs atteints tout à coup d'accidents pernicieux, tandis qu'ils traversaient une localité marécageuse. Pour que ces faits fussent probants, il faudrait démontrer : 1° que ces voyageurs n'étaient pas sous l'influence du paludisme depuis quelque temps déjà; 2° que les accidents observés étaient bien dus au paludisme et non à d'autres causes, au coup de chaleur, par exemple. Jusqu'ici cette démonstration n'a pas été faite. Je crois, pour ma part, qu'il existe toujours une période d'incubation, dont la durée minima peut être fixée de six à dix jours.

« J'ai vu, dit Maillot, un grand nombre de militaires ne tomber malades que dix ou douze jours après avoir quitté les postes voisins des marécages. » (*Traité des fièvres*, p. 263.)

J'ai signalé déjà le fait suivant qu'il m'a été donné d'observer : Un corps de troupes arrivant de France débarque à Bone en été et se rend par étapes de Bone à Constantine en traversant des localités notoirement insalubres ; pendant la route aucun cas de paludisme ne se produit ; c'est seulement plusieurs jours après l'arrivée à Constantine, alors que les hommes faisant partie de ce corps de troupes sont logés dans une caserne très saine, que des accidents de paludisme se déclarent chez un grand nombre d'entre eux ; certains malades ne sont frappés qu'un mois ou plus après l'arrivée, tandis que d'autres sont atteints sept à huit jours après avoir traversé les localités marécageuses.

Sorel a rapporté des faits semblables : « Le poste de Takitount, qui est à une altitude de 1051 mètres et qui est situé en dehors de la zone ordinaire du paludisme, reçoit le 8 août 1881 un renfort de dix-huit soldats qui, débarqués à Bougie le 3 août, avaient été mis en route le 6 août. Le 18 août, douze hommes de ce détachement tombent malades et entrent le 19 à l'hôpital de Sétif; le 21 et le 24, deux nouveaux malades du même détachement sont encore envoyés à l'hôpital, et chez tous on constate de la façon la plus nette les symptômes du paludisme. »

Comme le fait remarquer Sorel, il paraît évident que ces hommes avaient contracté les germes du paludisme pendant la route de Bougie à Takitount (un des gîtes d'étape est très malsain), ce qui donne de sept à neuf jours comme durée de l'incubation dans la plupart des cas. (*Archives de médecine militaire*, 1884, t. III, p. 293.)

Dans ces dernières années, on a inoculé un certain nombre de fois le paludisme d'homme à homme, ainsi que nous l'avons vu (chap. iv, p. 116); ces faits de paludisme expérimental sont très intéressants au point de vue de l'incubation du paludisme.

Il résulte des expériences de Mariotti et Ciarocchi, Celli et Marchiafava, Gualdi, Antolisei et Angelini, que lorsqu'on injecte dans le sang d'un homme indemne de paludisme du sang palustre renfermant des hématozoaires, la fièvre apparaît chez l'individu inoculé au bout de dix jours en moyenne; or, dans ces expériences, on se place dans des conditions très favorables à l'infection, puisqu'on introduit les hématozoaires directement dans le sang.

La durée d'incubation indiquée par la méthode expérimentale concorde bien, comme on voit, avec les données de l'observation.

La période d'incubation peut être fort longue; elle mérite plutôt alors le nom de *période de latence*; il n'est pas très rare de rencontrer des personnes qui n'ont jamais eu la fièvre en Algérie, et qui quelque temps après leur rentrée en France présentent des accès bien caractérisés. (Maillot, *op. cit.*, p. 263.)

Dutroulau (*Traité des maladies des Européens dans les pays chauds*, 2° édit., Paris 1868, p. 233) après avoir cité plusieurs exemples d'incubation prolongée du paludisme ajoute : « Je pourrais multiplier beaucoup ces citations qui toutes ont la même signification : une période de latence variable du miasme avant l'explosion de la fièvre. Jusqu'où peut s'étendre cette période? C'est ce qu'il est impossible jusqu'ici de déterminer. »

Les hématozoaires du paludisme peuvent rester latents aussi bien chez des sujets qui n'ont jamais présenté de symptômes de paludisme que chez ceux qui ont eu une ou plusieurs atteintes de fièvre.

Verneuil et de Brun ont montré que cette période de latence pouvait être très longue. De Brun cite l'exemple d'un homme de cinquante et un ans qui eut une rechute de fièvre d'Afrique dix-sept ans après son retour en France, dix-neuf ans après son dernier accès de fièvre ; le milieu dans lequel ce malade vivait ne permettait pas d'admettre une nouvelle infection.

Une cause morbide quelconque, un traumatisme par exemple, peut être la cause occasionelle du retour des accès ; les traumatismes qui portent sur la rate provoquent plus particulièrement la fièvre. (De Brun, *les Causes individuelles ou somatiques de l'impaludisme*, in *la Médecine moderne*, 8 mai 1890.)

Une période de latence aussi longue que celle signalée par de Brun semble *a priori* assez extraordinaire ; pour que le fait signalé par cet auteur fût incontestable, il faudrait que la présence des hématozoaires du paludisme eût été constatée dans le sang au moment de la rechute ; l'apparition d'accès de fièvre plus ou moins réguliers ne suffit pas pour caractériser le paludisme ; on peut observer en effet une *fièvre nerveuse* qui ressemble assez exactement à la fièvre intermittente et que j'ai constatée à plusieurs reprises chez d'anciens palustres. Cette fièvre, qui s'observe chez des personnes anémiées et nerveuses, est peu influencée par les sels de quinine ; elle disparaît au bout de quelques jours sans qu'il soit nécessaire d'intervenir.

Comment les hématozoaires une fois introduits dans le sang donnent-ils lieu aux accidents du paludisme ?

Les accidents du paludisme me semblent pouvoir être attribués pour une grande part : 1° aux altérations du sang produites par les hématozoaires ; 2° aux troubles circulatoires et à l'irritation que la présence de ces parasites détermine dans les tissus et notamment dans les centres nerveux.

Les hématozoaires vivent aux dépens des éléments normaux du sang. Les hématies envahies pâlissent de plus en plus à mesure que les parasites se développent, et leurs contours eux-mêmes finissent par disparaître. On peut dire qu'aucune anémie, celle qui est la suite d'hémorrhagies exceptée, ne s'explique mieux que l'anémie palustre.

Le pigment si abondant dans les petits vaisseaux de tous les organes, chez les sujets morts d'accès pernicieux, montre aussi que les hématozoaires sont de redoutables destructeurs des hématies.

L'anémie est d'ailleurs le symptôme le plus constant du paludisme. Tous les auteurs qui ont décrit les accidents palustres ont insisté sur la rapidité avec laquelle l'anémie se produit. Il suffit de quelques accès graves pour rendre un malade méconnaissable, tant l'anémie est devenue profonde.

Certains malades s'anémient et tombent dans la cachexie sans avoir de fièvre, l'anémie constitue chez eux le symptôme principal et pour ainsi dire unique de l'infection.

Frerichs, qui avait été frappé de l'abondance du pigment dans les capillaires du cerveau des sujets morts de fièvre pernicieuse, a émis le premier l'idée que la thrombose produite par l'accumulation du pigment jouait un rôle dans certains accidents du paludisme.

Cette opinion a été l'objet de vives critiques ; il était en effet difficile de comprendre comment ces thromboses formées de pigment pouvaient se dissiper rapidement et donner lieu parfois à des accidents intermittents. On objectait aussi l'action des sels de quinine qui s'accordait mal avec la théorie de la thrombose pigmentaire.

Le fait que le thrombus est formé non de poussières inertes, comme le pensait Frerichs, mais d'éléments parasitaires, permet de comprendre que l'obstruction puisse se dissiper assez rapidement, ce qui d'ailleurs n'est pas toujours le cas, et que les sels de quinine aient une action souvent efficace.

Les paralysies et l'aphasie transitoires qui s'observent quelquefois pendant les paroxysmes de la fièvre s'expliquent bien par des obstructions temporaires, limitées à certains départements vasculaires du cerveau.

Les hémorrhagies capillaires qui ne sont pas rares, (notamment dans le cerveau), chez les sujets morts d'accès pernicieux, paraissent relever de la même cause.

L'obstruction des vaisseaux capillaires par les hématozoaires n'est pas une hypothèse; c'est un fait facile à constater, surtout lorsqu'on examine les capillaires cérébraux des sujets qui ont succombé à des accès pernicieux à forme délirante ou comateuse.

Bignami a constaté chez certains sujets morts d'accès pernicieux cholériformes, des thromboses parasitaires très étendues des muqueuses intestinale et gastrique.

On conçoit facilement que la présence des hématozoaires provoque des hyperhémies, des congestions viscérales et des inflammations. Lorsque les malades guérissent rapidement, les organes congestionnés reprennent vite leur volume. A la longue, l'irritation produite par la présence des parasites et par les congestions répétées qui en sont la conséquence, se traduit par des phlegmasies chroniques dont le siège d'élection est naturellement dans les viscères qui servent plus spécialement d'habitat aux parasites.

C'est ainsi que la rate présente constamment chez les anciens palustres des altérations inflammatoires : splénite interstitielle, périsplénite. L'hépatite et la néphrite chroniques viennent ensuite par ordre de fréquence ; j'ai noté aussi, quelquefois, la pneumonie chronique.

Les lésions de l'inflammation chronique, une fois constituées dans un viscère, persistent, s'aggravent même après guérison du paludisme. C'est ainsi que la cirrhose du foie ou la néphrite chronique continuent à évoluer chez des malades qui depuis longtemps n'ont plus d'accès de fièvre.

La présence des hématozoaires dans les petits vaisseaux des centres cérébro-spinaux fournit une explication satisfaisante des symptômes nerveux : céphalalgie, rachialgie, délire, convulsions, coma (accès pernicieux).

Le frisson initial des accès est essentiellement un phénomène nerveux ; quant à l'élévation rapide de la température, les notions que nous avons sur la physiologie de la moelle nous permettent aussi de l'attribuer à l'irritation de cet organe.

Dans la filariose on peut observer des accès de fièvre identiques à ceux du paludisme, mais ne répondant pas à un type régulier.

L'intermittence est bien loin de constituer un caractère constant du paludisme, et c'est à tort qu'on a employé souvent l'expression de fièvre intermittente pour désigner cette maladie.

A côté des fièvres intermittentes dont le type est régulier, on observe souvent, surtout dans les pays chauds, où le paludisme règne avec intensité, des continues palustres, des fièvres irrégulières, des cachexies d'emblée, des fièvres intermittentes à type variable, etc.

D'autre part, l'intermittence n'est pas spéciale aux accidents du paludisme ; elle a été notée fréquemment

dans des névralgies qui n'étaient pas d'origine palustre
et même dans la névrite traumatique. (W. Mitchell, *Des
lésions des nerfs et de leurs conséquences*, trad. de Dastre.
Paris, 1874.)

La fièvre hectique des tuberculeux est une fièvre intermittente quotidienne, seulement les paroxysmes se produisent le soir et résistent à l'emploi des sels de quinine,
contrairement à ce qui a lieu dans la fièvre quotidienne
d'origine palustre.

Certaines affections du foie peuvent également provoquer des accidents intermittents. (J. Cyr, *De la pério-
dicité de certains symptômes hépatiques. Arch. gén. de
méd.*, mai 1883).

Verneuil et Mathon ont montré que les traumatismes
de la rate chez les sujets indemnes de paludisme et
vivant loin des foyers palustres pouvaient donner lieu à
des accès de fièvre périodiques. (Verneuil, *Du paludisme
considéré au point de vue chirurgical*, 1883, p. 4. —
Mathon, *De la splénite traumatique. Thèse*, Paris, 1876.)

« Il est certain que les contusions de la rate sont suivies
parfois de fièvre périodique ; mais ce symptôme n'appartient pas plus exclusivement à l'intoxication palustre que
le délire à l'intoxication alcoolique et que la paralysie
du radial à l'empoisonnement saturnin. De plus, le foie et
le rein partagent avec la rate la propriété de susciter un
mouvement fébrile à retours réguliers. Enfin chacun sait
qu'il existe une intermittence spécifique et une intermittence symptomatique d'états morbides très variés. »
(Verneuil, *op. cit.*, p. 5.)

La connaissance de ce fait que les traumatismes de la
rate se traduisent souvent par des accidents intermittents
est très importante ; car chez les palustres, c'est assu-

rément la rate qui de tous les viscères est le plus lésé par la présence des parasites, et il n'y a rien d'exagéré à comparer à un traumatisme l'envahissement de cet organe par des myriades de parasites.

Les observateurs qui comme Councilman et Golgi ont examiné le sang de la rate sur des malades atteints de paludisme, ont constaté une abondance des éléments parasitaires bien plus grande, que dans le sang recueilli à la périphérie; c'est ainsi que Councilman a réussi seize fois sur vingt et une à constater, dans le sang de la rate, les flagella qui sont bien plus rares dans le sang obtenu par la piqûre d'un doigt.

L'anatomie pathologique montre aussi que la rate est l'habitat de prédilection, le repaire, si j'ose ainsi dire, des parasites du paludisme. Que la mort survienne à la suite d'accidents aigus ou bien par le fait de la cachexie, c'est toujours la rate qui présente, chez les palustres, les lésions les plus caractéristiques.

Chez les individus qui succombent rapidement à des accès pernicieux, on trouve la rate ramollie et souvent réduite en bouillie; le ramollissement est tel que la pulpe splénique s'écrase dans la main. L'augmentation de volume est quelquefois peu considérable, mais toujours la rate présente une teinte brunâtre caractéristique, due à l'abondance des éléments parasitaires pigmentés. Lorsqu'on fait l'examen histologique de la pulpe splénique quelques heures après la mort, on retrouve les éléments parasitaires et notamment les corps en croissant, mais ces hématozoaires ne tardent pas à se déformer et on les confond alors facilement avec les leucocytes mélanifères.

Dans la cachexie palustre l'hypersplénie est constante et souvent énorme.

Ce qu'il est difficile d'expliquer, ce n'est pas tant l'intermittence que la régularité de l'intermittence ; l'existence de différents types réguliers de fièvres palustres complique encore le problème.

La première idée qui se présente à l'esprit est que les hématozoaires développés dans la rate et dans la moelle des os se répandent à certains moments dans la circulation générale et donnent lieu alors aux paroxysmes fébriles, ou bien qu'il se produit des générations successives de ces parasites.

La filariose et la fièvre récurrente fournissent des exemples très curieux de parasites qui ne se montrent que d'une manière intermittente dans la grande circulation.

Pendant le jour, les filaires se réfugient dans les vaisseaux profonds ; c'est seulement vers six ou sept heures du soir que ces parasites apparaissent dans les petits vaisseaux sous-cutanés, avec une exactitude militaire, suivant l'expression de Cobbold.

Chez les malades atteints de fièvre à rechute, on n'observe les spirilles dans le sang obtenu par piqûre d'un doigt que pendant les paroxysmes fébriles ; dans les intervalles d'apyrexie les spirilles ne se trouvent plus que dans la rate et ils sont inclus en général dans des cellules de cet organe (Metchnikoff).

C'est un peu avant les paroxysmes fébriles et au début de ces paroxysmes que les hématozoaires se montrent en plus grand nombre dans le sang des capillaires périphériques.

Lorsqu'on trouve ces parasites en abondance chez un malade qui n'a pas eu d'accès depuis quelque temps, on peut annoncer à coup sûr qu'une rechute est imminente.

On est donc fondé à dire qu'il existe un rapport direct

entre les paroxysmes fébriles du paludisme et la pullulation des hématozoaires dans le sang, mais l'apparition et la disparition des parasites dans la grande circulation ne concordent pas assez exactement avec les paroxysmes et les intervalles d'apyrexie pour expliquer l'intermittence.

Il s'en faut de beaucoup que les hématozoaires disparaissent de la grande circulation après chaque accès; il m'est arrivé souvent de les rencontrer en abondance et avec leurs formes les plus caractéristiques dans les intervalles d'apyrexie.

Quelques auteurs ont admis l'existence de parasites différents pour la tierce, pour la quarte et pour les fièvres irrégulières; nous avons vu (chap. iv, p. 128) que cette hypothèse, émise par Golgi, n'était rien moins que démontrée et que l'existence d'un seul parasite polymorphe était bien plus vraisemblable; nous ne reviendrons pas sur cette question.

L'observation démontre que les hématozoaires disparaissent en partie de la circulation générale après les paroxysmes fébriles, et que les leucocytes mélanifères qui résultent de la destruction des hématozoaires, se trouvent alors en assez grand nombre dans le sang. L'absorption des hématozoaires par les phagocytes, qui devient plus active pendant les accès de fièvre, est probablement une des causes de l'intermittence, comme je l'ai avancé dès 1884.

Roux et Chamberland ont proposé, pour expliquer l'intermittence des accidents de la fièvre récurrente, une théorie qui pourrait s'appliquer aux accès palustres. Après avoir fait remarquer que pendant les paroxysmes fébriles on trouve dans le sang des spirilles libres qui disparaissent dans les intervalles d'apyrexie, Roux et Chamberland ajoutent : « Le corps du malade se comporte comme un milieu de culture favorable à certains moments et défavorable dans d'autres. L'explication de l'intermittence ne serait-elle pas en partie dans la présence dans les tissus, à la suite de chaque culture abondante (moment de l'accès), de substances élaborées par le parasite et qui par leur accumulation entravent son développement? Les spirilles gênés dans leur existence sont la proie des phagocytes. La matière antiseptique éliminée ou détruite dans le sang, le milieu de culture est de nouveau propice, les spirilles pullulent et l'accès réapparaît en même temps qu'on trouve des spirilles libres dans le sang. » (Immunité contre la septicémie conférée par des substances solubles. *Annales de l'Institut Pasteur*, 1887, p. 572.)

Dans son très remarquable *Essai d'une théorie de l'infection* (*Congrès de Berlin*, 1890) M. le professeur Bouchard écrit : « Une notion me paraît acquise, c'est que les bactéries agissent sur les animaux par les matières qu'elles sécrètent », et plus loin : « La fièvre des maladies infectieuses est toxique... Elle est provoquée par des diastases comme celle qu'a étudiée Roussy, par des ptomaïnes telles que l'amydaléine de Brieger (1). »

Les lois générales si bien formulées dans ce travail ne visent que les bactéries. Comme j'ai déjà eu l'occasion de le dire, les hématozoaires du paludisme sont trop différents des schizophytes, pour qu'on puisse conclure du mode d'action de ces derniers à celui des premiers.

Les recherches de Brousse, et celles de Roque et

______

(1) Voir aussi à ce sujet : Bouchard, *Actions des produits sécrétés par les microbes pathogènes*. Paris, 1890. — Roussy, Communic. à l'Acad. de méd., 12 février 1889. — Du même, *Recherches expérim. sur la pathogénie de la fièvre* (*Arch. de physiologie*. Paris, 1890, p. 355).

Lemoine tendent à démontrer que la toxicité urinaire est augmentée dans le paludisme à la suite des accès de fièvre.

Brousse est arrivé aux conclusions suivantes :

1° Le coefficient urotoxique calculé à l'aide de la formule de Bouchard, le coefficient moyen étant 0,464, s'élève pendant l'accès et les effets physiologiques observés sont ceux que l'on note habituellement après l'injection des urines : dyspnée, myosis, chute de la température, exophthalmie et de plus convulsions ;

2° Cette toxicité est diminuée pendant la période de convalescence des fièvres intermittentes, très inférieure à celle des urines pendant l'accès et en outre plus faible que celle des urines normales (*Société de méd. et de chir. pratiques de Montpellier*, 14 mai 1890).

Roque et G. Lemoine sont encore plus affirmatifs que Brousse; d'après ces observateurs la toxicité urinaire s'élèverait dans une très forte proportion après les accès de fièvre palustre, et l'altération des reins et du foie augmenterait la gravité des accès en gênant l'élimination des produits toxiques. (*Recherches sur la toxicité urinaire dans l'impaludisme. Revue de médecine*, 1890, p. 926).

Les faits cités par Roque et G. Lemoine sont bien peu nombreux; les conclusions générales qu'ils en tirent ne me paraissent pas suffisamment justifiées.

La toxicité des urines après un accès de fièvre intermittente devrait être comparée non seulement à la toxicité de l'urine normale, mais aussi à la toxicité des urines après des accès de fièvre d'intensité égale aux accès palustres, mais relevant d'autres causes.

Dans les urines de tous les fébricitants, on trouve une augmentation de la toxicité normale et des propriétés toxiques nouvelles, notamment la propriété convulsivante. (Bouchard, *Leçons sur les auto-intoxications*. Paris, 1887, p. 256.)

J'ai fait dans ces derniers temps quelques recherches sur la toxicité des urines émises à la suite d'un accès de fièvre intermittente et je n'ai pas constaté la grande toxicité de ces urines signalée par Roque et Lemoine, je me garderai toutefois d'en rien conclure ; avant de se prononcer sur le degré de la toxicité des urines chez les malades atteints de fièvre palustre il faudra recueillir un grand nombre de faits.

Certains palustres arrivent à la cachexie sans avoir eu d'accès de fièvre, ce qui rend peu vraisemblable la sécrétion par les hématozoaires d'une substance analogue à la pyrétogénine.

Il résulte des recherches de Nuttall et de Buchner que le sang et le sérum du sang ont dans certains cas une action destructive sur les microbes, en dehors de toute influence leucocytaire. Cette action s'épuise assez vite ; elle disparaît quand on chauffe le sang ou le sérum à 55°. (Buchner, *Centralbl. f. Bacter.*, 14 et 28 juin 1889. Anal. in *Arch. de méd. expérimentale*, 1889, p. 872.)

Fodor et Lubarsch ont constaté l'action bactéricide du sang du lapin sur les bacilles du charbon ; pour expliquer que, malgré cette action, le lapin reste très sensible au charbon, ces observateurs admettent que ce sont les organes parenchymateux qui permettent aux bactéridies d'échapper à l'influence nocive du sang ; en d'autres termes, les bactéridies rencontrant dans le sang des vaisseaux, une influence nocive, se réfugieraient dans la rate, le foie et la moelle des os, où elles trouveraient des conditions beaucoup plus favorables à leur développement

Peut-être se passe-t-il quelque chose d'analogue pour les hématozoaires du paludisme dont les lieux d'élection sont également la rate, le foie et la moelle des os; on s'expliquerait ainsi pourquoi ces parasites ne peuvent pas se cultiver dans le sang en dehors de l'organisme.

Le degré d'irritabilité du système nerveux qui varie avec les individus et avec la date de l'infection paraît jouer un rôle important dans la détermination de la forme et du type de la fièvre. S'agit-il d'un individu vigoureux qui a la fièvre palustre pour la première fois, le système nerveux réagit fortement contre un agent morbigène auquel il n'est pas habitué, on observe une fièvre continue ou tout au moins une quotidienne. Le malade est-il anémié, affaibli déjà par plusieurs atteintes de fièvre, le système nerveux étant devenu moins impressionnable, c'est une fièvre à longue intermittence qui se produit.

Le système nerveux s'accoutume à la présence des hématozoaires et réagit de moins en moins; chez les individus qui habitent depuis longtemps les pays palustres ou qui ont eu plusieurs atteintes de paludisme, les accès de fièvre sont en général rares et légers, tandis que chez les nouveaux venus les réactions fébriles se produisent avec une grande fréquence et une grande énergie.

CHAPITRE VI

Lorsque des germes morbides ont réussi à s'introduire
dans le sang, l'organisme humain ne se trouve pas, de ce
fait, absolument désarmé, comme le serait un milieu de
culture inerte dans lequel on aurait ensemencé ces germes;
l'organisme continue à se défendre.

Cette loi de pathologie générale s'applique bien au paludisme. Les malades atteints de fièvre palustre ne péris-
saient pas tous, tant s'en faut, quand on ne connaissait
pas les propriétés du quinquina; aujourd'hui encore les
guérisons dites spontanées, sans l'emploi des sels de
quinine, ne sont pas rares.

Dans cette lutte de l'organisme contre les hématozoaires,
les leucocytes paraissent jouer un rôle important.

On sait depuis longtemps qui si on injecte dans le sang
d'un animal une substance insoluble dans le sérum et
finement pulvérisée, les leucocytes s'emparent rapidement
de cette poussière et se chargent de l'éliminer du sang.

(Ponfick, Hoffmann, Langerhans). En mélangeant de la lymphe de grenouille avec de la poussière de cinabre et en examinant au microscope, on peut voir les leucocytes s'emparer des granulations colorées et les englober, le phénomène devient plus apparent si, à l'aide de la platine chauffante, on élève la température de la préparation.

Il résulte des recherches de Metchnikoff que les leucocytes s'emparent non seulement des poussières inertes et des cadavres des microbes, mais aussi dans un grand nombre de cas, des microbes pathogènes vivants et que cette propriété des leucocytes ou *phagocytose*, joue un rôle très important dans l'évolution des maladies infectieuses et dans le phénomène de l'immunité. Les cellules de la pulpe splénique, les cellules des endothéliums, du tissu conjonctif et de l'épithélium pulmonaire participent à cette tâche. Le nom de *macrophages* a été proposé par Metchnikoff pour désigner ces derniers éléments qui sont en général beaucoup plus grands que les leucocytes ou *microphages* (1).

Metchnikoff estime que les phagocytes sont les principaux agents de guérison dans la fièvre à rechute et dans la fièvre palustre, autrement dit, les principaux agents de destruction des parasites du sang qui sont la cause de ces deux maladies.

Dans la fièvre à rechute, les spirilles d'Obermeyer, qui

____

(1) Consulter à ce sujet : Metchnikoff, *Maladies parasitaires et digestion intra-cellulaire* (*Revue scientifique*, 1886). — Du même, *Sur la lutte des cellules de l'organisme contre l'invasion des microbes* (*Ann. de l'institut Pasteur*, 1887, p. 321). — Du même, *Études sur l'immunité* (*même Recueil*, 1889, p. 289 et 1890, p. 65 et 193). — Gamaléia, *Sur la destruction des microbes dans les organismes fébricitants* (*même Recueil*, 1888, p. 229). — Bouchard, *Thérapeutique des maladies infectieuses*, 1889, p. 92-95. — Du même, *Essai d'une théorie de l'infection* (*Congrès de Berlin*, 1890).

se trouvent en très grand nombre dans le sang au moment des accès disparaissent pendant l'apyrexie; Metchnikoff a pu étudier la maladie chez le singe, auquel on l'inocule facilement.

« Au début de l'accès quand on trouve des spirilles dans chaque goutte de sang tirée des vaisseaux périphériques, la rate en est encore complètement dépourvue.

« Dans un état plus avancé de la maladie, la quantité des spirilles dans la rate est beaucoup inférieure à celle du sang. Cet état de choses change radicalement vers la fin de l'accès, car alors tous les spirilles sont transportés précisément dans la rate. Mais au début de l'apyrexie il n'y a qu'une fort minime quantité de microbes libres; la plupart des spirilles sont englobés par les leucocytes à noyau multiple qui abondent dans la substance de la rate. Souvent tout le contenu du microphage se trouve feutré de spirilles qui forment alors un amas informe de filaments. Jamais je n'ai pu trouver de spirilles dans l'intérieur des macrophages, ni dans les cellules lymphoïdes à noyau unique qui forment les corpuscules de Malpighi.

« Dans une période plus avancée de l'apyrexie il m'était beaucoup plus difficile de retrouver les spirilles, mais j'ai pu constater leur existence dans l'intérieur des microphages de la rate encore trente-deux heures après la crise. »

En somme : « L'accès dure pendant la vie libre des spirilles dans le sang et cesse alors que ces parasites deviennent la proie des phagocytes. » (Metchnikoff, *Annales de l'Institut Pasteur*, 1887, p. 329-330.)

« En étudiant les organes intérieurs dans deux cas mortels de fièvre malarique j'ai pu me convaincre aussi, écrit Metchnikoff (*loc. cit.*, p. 328) d'une action très marquée des phagocytes dans cette maladie. Ce sont surtout les macrophages de la rate et du foie qui englobent des quantités souvent surprenantes de parasites malariques appartenant au groupe voisin des coccidies. »

L'exposé des recherches de Metchnikoff sur le rôle des phagocytes dans la maladie parasitaire des daphnies, dans la septicémie des souris et dans le charbon m'entraînerait trop loin; je me contenterai de dire que ces travaux me paraissent tout à fait probants, quant au rôle important qui a été assigné par Metchnikoff aux phagocytes.

Wyssokowitsch (*Zeitsch. f. Hyg.*, 1886. Analyse par Netter, in *Bulletin méd.*, 1887, n° 12) a expérimenté sur dix-huit variétés de microbes, notamment sur les staphylocoques, les streptocoques, la bactéridie charbonneuse, le bacille de la fièvre typhoïde, le bacille virgule, le pneumocoque, le tétragène. Quelle que soit la nature des microbes injectés dans le sang d'un animal, leur nombre ne tarde pas à diminuer. S'il s'agit de microbes non pathogènes pour l'animal en expérience, on ne les trouve plus dans le sang trois heures après l'injection, si les microbes sont pathogènes, leur nombre, après avoir diminué, augmente beaucoup à mesure que les accidents se produisent.

Les microbes sont déposés dans les capillaires des organes à circulation lente : rate, foie, moelle des os, et ils sont absorbés et lentement digérés par les cellules de l'endothélium.

La résistance des microbes déposés dans la rate ou la moelle des-os peut être longue. Wyssokowitsch a constaté que des spores du *bacillus subtilis* déposées dans la rate étaient encore vivantes au bout de trois mois; fait intéressant au point de vue de l'étude du microbisme latent.

J'ai expliqué, dans mes premières publications, la destruction des parasites pendant les accès fébriles par l'action des leucocytes. « On sait que, sous l'influence de la chaleur artificielle, les leucocytes acquièrent une activité très grande ; les mouvements amiboïdes s'exagèrent, et si l'on met au contact des leucocytes des grains pigmentés, on constate qu'ils s'en emparent et les englobent très rapidement. La chaleur fébrile agit certainement comme la chaleur artificielle dans cette expérience ; chez le fébricitant l'activité des leucocytes s'exagère et les éléments parasitaires deviennent plus facilement leur proie que chez l'individu dont la température est normale. » (*Traité des fièvres palustres*, p. 479.)

Depuis lors Metchnikoff, Golgi, Gamaleia, ont insisté sur le rôle de la chaleur fébrile dans la destruction des microbes.

Golgi, dans son travail sur *le Phagocytisme dans le paludisme*, qui date de 1888, admet, comme je l'admettais dès 1884, que la destruction des éléments parasitaires par les leucocytes joue un rôle important dans le phénomène de l'intermittence et que le processus fébrile augmente l'activité des globules blancs et par suite rend plus rapide la destruction des éléments parasitaires.

Gamaleia, dans une étude sur *la Destruction des microbes dans les organismes fébricitants*, est arrivé à cette conclusion que la période fébrile des maladies infectieuses accompagne la destruction des bactéries ; conclusion qui s'applique bien aux parasites du paludisme.

Au contraire le froid diminue l'activité des phagocytes.

Il résulte des recherches de Wagner que si les poules refroidies deviennent capables de prendre la maladie charbonneuse, comme le démontre la célèbre expérience de Pasteur, cela provient de ce que chez elles les leucocytes perdent une partie de leur activité. Le même effet peut être obtenu en abaissant la température de ces animaux à l'aide de l'antipyrine. (*Ann. de l'Institut Pasteur*, 1890, p. 570.)

D'après Alexander dans la fièvre récurrente le nombre des spirochétes augmente lorsqu'on abaisse la température à l'aide de l'antipyrine (*Bresl. arztl. Zeitsch.*, 1884, n° 11).

L'existence de leucocytes mélanifères souvent nombreux après les accès de fièvre intermittente, surtout après les accès graves, montre déjà que les leucocytes s'emparent des débris des éléments parasitaires et du pigment qu'ils contiennent.

Mais les leucocytes n'emportent pas seulement des cadavres, ils s'emparent aussi des parasites vivants; on peut s'en assurer quelquefois, par l'examen direct du sang; on voit des leucocytes qui, accolés à des éléments parasitaires, sont en train de les absorber.

Golgi, qui a fait une série de ponctions dans la rate aux différents stades des accès de fièvre et aussi pendant l'apyrexie, a constaté, surtout pour la phase initiale des accès, que les formes phagocytiques sont bien plus nombreuses dans la pulpe splénique que dans le sang de la circulation générale.

Danilewsky a constaté que la phagocytose avait un rôle important dans la destruction des hématozoaires des oiseaux. (*Contrib. à l'étude des phagocytes. Ann. de l'Institut Pasteur*, 1890, p. 432.)

L'organisme livré à ses seules ressources peut donc triompher des hématozoaires; il lutte avec d'autant plus d'avantages qu'il est placé dans de meilleures conditions générales; aussi toutes les causes débilitantes entravent la guérison du paludisme, tandis que les médications toniques la favorisent; j'ai observé le même fait chez les animaux dont le sang renfermait des hématozoaires : sous l'influence d'une alimentation abondante on voyait les hématozoaires disparaître, tandis que l'inanition favorisait leur développement.

Les malades anémiés, surmenés, mal nourris, ont des rechutes incessantes de fièvre; les sels de quinine eux-mêmes deviennent pour ainsi dire impuissants à prévenir ces rechutes. Au contraire, sous l'influence seule d'un bon régime et du repos, on voit fréquemment l'état des palustres s'améliorer : l'anémie diminue, les rechutes s'espacent et la guérison peut être obtenue sans l'intervention d'une médication plus active, par le seul fait que l'organisme a été placé dans de bonnes conditions d'hygiène.

Tous les toniques ont, par suite, une action favorable sur la marche de la maladie et, en tête de ces toniques, il convient de placer le vin, le café et l'acide arsénieux. L'arsenic pris à petites doses rend de grands services dans le traitement des fièvres rebelles et de la cachexie palustre; au contraire quand on le donne à forte dose, suivant les préceptes de Boudin et qu'on provoque ainsi des troubles gastriques (diarrhées ou vomissements), on voit souvent des rechutes de fièvre se produire et l'état des malades s'aggraver.

L'hydrothérapie est précieuse, toujours à titre de médication tonique; elle réussit quelquefois, alors que les autres médications ont échoué ; il faut bien savoir toutefois, lorsqu'on a recours à ce traitement, que les premières séances peuvent provoquer une rechute ; il est nécessaire de procéder avec prudence : débuter par des douches courtes et tièdes avant d'arriver aux douches froides, ne pas doucher immédiatement la rate, prescrire quelques doses de quinine en même temps que les douches. On comprend facilement qu'une douche froide, surtout si elle porte sur la région splénique soit suivie d'un accès, les vaisseaux de la rate se contractent et les hématozoaires sont remis en circulation.

Les palustres qui, dans les stations thermales, à Vichy par exemple, prennent les eaux à l'intérieur et sous forme de bains, ont souvent aussi des rechutes au début du traitement, lorsqu'on ne procède pas avec prudence.

Si le changement de climat est extrêmement favorable aux malades qui ont contracté la fièvre dans les pays chauds, c'est encore parce qu'il a une influence reconstituante; la grande chaleur est très débilitante, les sueurs abondantes, les nuits sans sommeil, la dyspepsie qui est presque constante, affaiblissent l'organisme et il n'est pas étonnant qu'une amélioration très rapide se produise dans l'état des malades qui peuvent quitter les pays chauds pour les pays tempérés.

La médication tonique, très efficace dans les formes chroniques du paludisme, est évidemment insuffisante dans les fièvres graves qui peuvent amener rapidement la mort. Nous possédons heureusement un médicament vraiment spécifique, d'une efficacité merveilleuse dans le paludisme : le quinquina.

Il faut avoir observé l'action des sels de quinine sur des malades atteints d'accidents pernicieux, agités par un délire bruyant ou plongés dans le coma, pour se faire une juste idée des services que rend le quinquina dans le traitement du paludisme. Dans les fièvres intermittentes simples il suffit d'une ou deux doses de quinine pour *couper* la fièvre; cette expression de couper la fièvre est ici très juste : on peut s'en rendre compte en examinant le tracé thermométrique d'un malade atteint de fièvre intermittente, qui a eu plusieurs accès et qui a pris ensuite de la quinine, la fièvre tombe brusquement ; la ligne si accidentée par les accès devient tout d'un coup horizontale.

Aucune autre fièvre n'est coupée ainsi par la quinine, qui est bien véritablement le spécifique du paludisme.

Le quinquina était connu et très apprécié en Angleterre, dès 1660, sous le nom d'écorce du Pérou ; mais la poudre de quinquina était d'une administration très difficile, surtout dans les fièvres graves ; l'absorption de la quinine se faisait, en tout cas, avec une lenteur très préjudiciable au traitement de ces fièvres. Pelletier et Caventou ont rendu un immense service à la thérapeutique en isolant la quinine.

Si les propriétés fébrifuges du quinquina sont connues depuis longtemps, on a ignoré jusqu'ici comment agit ce médicament ; les nombreuses expériences faites sur les animaux ou sur l'homme sain pour élucider cette question n'ont fait, on peut le dire, que l'obscurcir davantage. Chercher à démontrer l'action de la quinine dans le paludisme en expérimentant sur l'homme sain ou sur les animaux, c'est à peu près comme si on étudiait le mode d'action de la pommade d'Helmerich dans la gale, en frictionnant avec cette pommade des hommes ou des animaux qui n'ont pas cette maladie. Les expériences sur l'action physiologique de la quinine ne pouvaient pas nous apprendre comment ce médicament guérit le paludisme.

En 1867, Binz publia des expériences qui tendaient à montrer que le paludisme était produit par des bactéries et que le sulfate de quinine guérissait la fièvre palustre en tuant ces bactéries. (Binz, *Arch. de Max Schültze*, 1867.)

Les conclusions de Binz ne résistèrent pas à la critique. Les bactéries décrites par cet observateur n'avaient aucun caractère particulier; d'autre part, Vulpian et Bochefontaine constatèrent que les bactéries étaient très peu sensibles à l'action des sels de quinine. D'après Vulpian, pour détruire des bactéries dans le sang, il faudrait administrer aux fébricitants plus de 30 grammes de chlorhydrate de quinine en une dose. (*Cours d'anat. pathol.*, 1871.)

Il résulte de nombreuses expériences faites par Bochefontaine que les vibrioniens sont difficilement détruits par les sels de quinine (*Arch. de physiol.*, 1873, Ire série, t. V, p. 390); chez les grenouilles rendues bactérihémiques par l'injection de cyclamine sous la peau, le sulfate de quinine ne détruit pas les bactéries qui pullulent dans le sang.

Les sels de quinine ne tuent ni les algues, ni les champignons qui ont été accusés souvent d'être la cause du paludisme. Les palmelles se développent très bien dans une solution de sulfate de quinine. (Wood, *Americ. Journ. of Med. Sc.*, 1868.)

Le *penicilium* peut vivre et prospérer dans une solution concentrée de sulfate de quinine (Bochefontaine). Les bouteilles qui renferment les solutions de sulfate de quinine à 1/20, dont on se sert dans les hôpitaux militaires de l'Algérie, se recouvrent presque toujours de champignons à leur face interne, si on n'a pas soin de les nettoyer fréquemment et avec soin.

Ces objections très justes en ce qui concerne les bactéries de Binz et les palmelles de Salisbury tombent d'elles-mêmes devant la constatation de ce fait que les parasites du paludisme appartiennent, non pas aux schyzophytes, ni aux algues, mais aux protozoaires.

On sait depuis longtemps que les protozoaires sont extrêmement sensibles à l'action du quinquina. Il suffit d'ajouter à une infusion de foin renfermant un grand nombre d'infusoires, une très petite quantité d'un sel de quinine pour tuer ces infusoires en quelques instants. (Bochefontaine, *op. cit.*, p. 404.)

Comme nous savons d'autre part que les hématozoaires disparaissent rapidement chez les malades soumis à la médication quinique, une conclusion s'impose, c'est que la quinine guérit la fièvre en tuant les hématozoaires.

On peut étudier directement l'action de la quinine sur les hématozoaires en mélangeant une goutte de solution de sulfate ou de chlorhydrate de quinine à une goutte de sang palustre ; dans ces conditions on constate que les mouvements des flagella ne s'observent plus et que les hématozoaires prennent leurs formes cadavériques. La disparition des parasites dans le sang des malades soumis à la médication quinique montre bien d'ailleurs que la quinine détruit les hématozoaires.

Objectera-t-on que beaucoup de substances ont des propriétés antiputrides et parasiticides supérieures à celles du quinquina sans être pour cela des antidotes du paludisme?

Si l'on pouvait introduire dans le sang à dose suffisante, des parasiticides comme l'iode ou le mercure, ces médicaments détruiraient sans doute les hématozoaires du paludisme aussi bien et même beaucoup mieux que les sels de quinine, mais ces agents sont des toxiques très puissants pour l'homme lui-même et on ne peut même pas les utiliser pour tuer les parasites qui vivent dans la partie supérieure du tube digestif.

La sensibilité particulière des hématozoaires pour la quinine n'a rien d'ailleurs qui puisse nous surprendre. Certains parasites sont sensibles à l'action de substances qui n'agissent pas sur d'autres. La racine de grenadier et l'essence éthérée de fougère mâle, si précieuses contre le tænia, sont sans action sur les ascarides, tandis que la santonine, efficace contre les ascarides, est sans influence sur le tænia.

Raulin a montré que pour empêcher le développement de l'*Aspergillus niger* dans un liquide, il suffisait que le liquide contînt un seize-cent-millième de nitrate d'argent. Si l'*Aspergillus niger* était un parasite capable de se développer dans le sang de l'homme, il suffirait, pour arrêter sa pullulation dans le sang d'un homme du poids de 60 kilos, d'administrer 40 milligrammes de nitrate d'argent. (Duclaux, *Ferments et maladies*. Paris, 1882, p. 47.)

L'observation suivie du sang des palustres soumis à la médication quinique permet de constater l'influence du traitement ; les éléments parasitaires deviennent immédiatement plus rares ; les corps sphériques et les flagella disparaissent les premiers, les corps en croissant résistent beaucoup mieux.

Cette résistance variable des éléments parasitaires explique la fréquence des rechutes. Si les hématozoaires du paludisme se trouvaient tous dans le sang à un même état, on comprendrait difficilement pourquoi la quinine détruit les uns et non les autres.

Les éléments qui ont résisté aux sels de quinine donnent lieu à une répullulation des parasites, à laquelle il est nécessaire d'opposer des *traitements successifs* sans attendre les rechutes.

Je comparerai cette méthode de traitement à la stérilisation des liquides de culture par le chauffage discontinu à 100°. En chauffant à 100°, on détruit la plupart des microbes renfermés dans le liquide, mais quelques spores résistent; en chauffant de nouveau à 100°, au bout de vingt-quatre heures, on peut tuer les spores qui se sont développées et qui, sous leur nouvelle forme, sont devenues plus sensibles à l'influence de la chaleur. I suffit de chauffer ainsi un liquide de culture trois fois à 100°, à vingt-quatre heures d'intervalle, pour produire une stérilisation complète.

Nous avons vu plus haut que les phagocytes jouent un rôle important dans la destruction des hématozoaires; on peut donc se demander si l'efficacité de la médication quinique ne tient pas en partie à ce que, sous l'influence de la quinine, l'action des phagocytes s'exagère.

Des expériences de Binz tendaient à démontrer que la quinine paralysait les mouvements amiboïdes des leucocytes; Hayem et Bochefontaine ont constaté au contraire que les mouvements amiboïdes des leucocytes n'étaient pas entravés par les sels de quinine.

Il est probable que les phagocytes s'emparent plus facilement des hématozoaires quand ils ont été tués ou engourdis par les sels de quinine, mais que l'activité des phagocytes n'est pas directement influencée par la médication quinique.

Comment faut-il prescrire la quinine dans le paludisme, sous quelle forme et à quelle dose?

D'une façon générale, on peut dire que dans les cas ordinaires, chez les malades atteints de fièvre intermittente, simple, on doit prescrire la quinine à l'intérieur, par la voie stomacale, tandis que dans les formes graves, nécessitant une intervention rapide, on aura recours à la méthode hypodermique; ce dernier mode de traitement doit être adopté également lorsque les malades atteints de fièvres simples supportent mal la quinine administrée par la voie stomacale et qu'ils ont des vomissements.

La méthode endermique qui consistait à faire absorber les sels de quinine par la peau dépouillée de son épiderme et les lavements au sulfate de quinine, qui ont rendu des services, alors qu'on ne possédait pas la méthode hypodermique, n'ont plus leur raison d'être aujourd'hui. Quand on prescrit des lavements au sulfate de quinine, on n'est jamais sûr qu'ils ne seront pas rejetés avant que l'absorption du médicament ait pu se faire, et on ne sait jamais exactement quelle est la dose du médicament qui a été absorbée.

Le chlorhydrate de quinine doit être prescrit de préférence au sulfate de quinine; il contient 81 p. 100 de quinine, tandis que le bisulfate lui-même n'en renferme que 59 p. 100; il est plus stable, plus soluble et plus facile à obtenir à l'état de pureté que le sulfate de quinine. (Dujardin-Beaumetz, *Société de thérapeutique*, 23 mars 1887.)

D'après les recherches de de Beurmann, de Regnauld et de Villéjean les sels de quinine doivent être classés ainsi qu'il suit : 1° d'après leur teneur en alcaloïde; 2° d'après leur solubilité (*Bulletin gén. de thérapeutique*, 1888, t. CXIV) :

SELS DE QUININE CLASSÉS D'APRÈS LEUR TENEUR EN ALCALOIDE

	Quinine.
100 parties de chlorhydrate basique de quinine renferment.. .	81,71
— de chlorhydrate neutre — —	81,61
— de lactate basique — —	78,26
— de bromhydrate basique — —	76,60
— de sulfate basique — —	74,31
— de sulfovinate basique — —	72,16
— de lactate neutre — —	62,30
— de bromhydrate neutre — —	60,67
— de sulfate neutre — —	59,12
— de sulfovinate neutre — —	56,25

Sels de quinine classés par ordre de solubilité d'après J. Regnauld et E. Villejean.

			Eau.
1 partie de chlorhydrate neutre de quinine est soluble dans.			0,66
— de sulfovinate neutre	—	—	0,70
— de lactate neutre	—	—	2,00
— de sulfovinate neutre	—	—	3,30
— de bromhydrate neutre	—	—	6,33
— de sulfate neutre	—	—	9,00
— de lactate basique	—	—	10,29
— de chlorhydrate basique	—	—	21,40
— de bromhydrate basique	—	—	45,02
— de sulfate basique	—	—	581,00

Le salicylate de quinine, trop vanté par Antonesco (*Thèse*, Paris, 1877), est très peu soluble (une partie se dissout dans 1430 parties d'eau à 20°); de plus 100 parties de salicylate ne renferment que 70,12 pour 100 de quinine.

Le chlorhydrate de quinine coûte un peu plus cher que le sulfate de quinine, mais on le prescrit à plus faible dose.

Le chlorhydrate de quinine est, en raison de sa solubilité, le meilleur sel de quinine que l'on puisse employer pour les injections hypodermiques. Le chlorhydrate basique de quinine ne se dissout que dans 21 fois son poids d'eau (1), mais le chlorhydrate neutre est beaucoup plus soluble; une partie de chlorhydrate basique de quinine se dissout dans 21,40 parties d'eau; une partie de chlorhydrate neutre dans 0,66 d'eau.

(1) On considère aujourd'hui la quinine comme un alcali diacide; le sel neutre est le corps qui résulte de la combinaison d'une molécule de quinine avec deux molécules d'un acide monobasique. C'est par application de cette règle que l'ancien chlorhydrate acide des auteurs est devenu le chlorhydrate neutre, bien que sa réaction au papier de tournesol soit fortement acide. (De Beurmann et Villejean, *op. cit.*, p. 205.)

De Beurmann et Villejean recommandent, pour les injections hypodermiques, la solution suivante :

Bichlorhydrate de quinine.   5 grammes.
Eau distillée............   Q. S. pour faire 10 cent. cubes.

Un centimètre cube de cette solution représente exactement cinquante centigrammes de bichlorhydrate.

A défaut de bichlorhydrate solide, on peut utiliser le chlorhydrate basique du commerce en procédant de la manière suivante :

Étendre avec de l'eau distillée une certaine quantité d'acide chlorhydrique pur, jusqu'à ce que la liqueur donne au pèse-urine une densité de 1,045 à + 15 degrés. Introduire dans une petite éprouvette graduée 5 grammes de chlorhydrate basique de quinine; ajouter 5 centimètres cubes de la solution acide précédente; compléter avec de l'eau distillée pour faire 10 centimètres cubes, et filtrer.

La solution de bichlorhydrate de quinine est limpide, de consistance presque sirupeuse, elle prend au bout de quelque temps une teinte brunâtre, sans s'altérer d'ailleurs. (De Beurmann et Villejean, *op. cit.* et *Tribune médicale,* 18 septembre 1890.)

La solution de bichlorhydrate de quinine, bien que très acide au tournesol, n'est pas caustique; je n'ai pas observé d'eschares, ni de gangrènes chez les malades traités à l'aide de cette solution, mais des douleurs très vives au moment de l'injection, douleurs qui persistaient parfois pendant plusieurs heures.

J'ai employé également la formule suivante, qui est donnée dans le *Formulaire des hôpitaux militaires* :

Monochlorhydrate de quinine.............   1 gramme.
Alcool à 60°.......................   3 grammes.
Eau distillée......................   6   —

On ajoute au besoin quelques gouttes d'acide chlorhydrique pour obtenir une dissolution complète.

A la température de $+$ 15°, un centimètre cube de
cette solution renferme à très peu près un décigramme
de sel.

Les injections faites avec cette solution sont moins
douloureuses qu'avec la solution au bichlorhydrate; on est
obligé, il est vrai, d'injecter une plus grande quantité de
liquide; s'il est nécessaire d'administrer un gramme de
chlorhydrate de quinine, on injecte, avec la seringue
de Pravaz ordinaire, deux centimètres cubes de la solution
par chaque piqûre, en remplissant deux fois la seringue
et on fait cinq piqûres; dans ces conditions l'absorption
du sel de quinine est facile et rapide.

Kobner a préconisé la formule suivante (*Bulletin gén.
de thérap.*, 1890, p. 506).

    Chlorhydrate de quinine............. 0gr,50 à 1 gramme.
    Glycérine pure..................... } āā 2 grammes.
    - Eau distillée.... .... }

Préparez sans acide et injectez la solution tiède.

Pour éviter la confusion possible du chlorhydrate de
quinine avec le chlorhydrate de morphine, confusion qui
pourrait entraîner de très graves accidents, Vigier et
Delpech ont proposé avec raison d'écrire en premier, sur
les ordonnances et les étiquettes, le nom de l'alcaloïde
comme il suit :

        MORPHINE (chlorhydrate).
        QUININE (chlorhydrate).

au lieu de :

        Chlorhydrate de morphine.
        Chlorhydrate de quinine.

Ce serait là, en effet, une précaution très utile.

La formule suivante, donnée par Vinson, est très bonne pour les injections hypodermiques et très utile, attendu qu'on n'a pas toujours du chlorhydrate de quinine à sa disposition :

Sulfate de quinine...................... 1 gramme.
Eau distillée........................... 10 grammes.
Acide tartrique......................... 50 centigr.

Le sulfovinate de quinine neutre est presque aussi soluble dans l'eau que le chlorhydrate neutre (une partie de sulfovinate neutre se dissout à la température ordinaire dans 0,70 d'eau), mais les solutions de sulfovinate de quinine ont un grave inconvénient, elles se décomposent assez rapidement, et les injections hypodermiques, faites avec les solutions altérées, donnent lieu à des accidents locaux : douleurs vives, abcès, plaques gangréneuses. (Marty, *Société de pharmacie de Paris*, 1887 ; *Bulletin méd.*, 1887, n° 12.)

J'ai employé le sulfovinate de quinine en injections sous-cutanées comparativement avec le chlorhydrate de quinine, et j'ai constaté que les accidents locaux étaient bien plus fréquents avec le premier de ces sels qu'avec le second.

Le lactate de quinine a été préconisé par P. Vigier. (*Gaz. hebdom.*, 1885, p. 83.)

Le lactate de quinine cristallisé, tel qu'on le trouve dans le commerce, n'a pas une solubilité suffisante pour les injections hypodermiques.

Le bromhydrate de quinine ne se dissout que dans 60 parties d'eau, mais on peut obtenir une solution à 1/10 de ce sel en substituant à l'eau pure, l'eau distillée additionnée d'alcool, d'après la formule suivante :

Bromhydrate de quinine..................... 1 gramme.
Alcool.. 1^{gr},50
Eau... 7^{gr},50

La solution de bromhydrate de quinine donne lieu assez souvent à des accidents locaux.

Quand on fait des injections hypodermiques avec un sel de quinine, il faut avoir grand soin de pousser la pointe de l'aiguille de la seringue de Pravaz au milieu du tissu conjonctif sous-cutané ; les injections faites dans l'épaisseur du derme donnant lieu, presque à coup sûr, à de accidents locaux.

La solution doit être très claire et ne tenir en suspension ni cristaux, ni spores.

Les injections seront faites aux membres et non au tronc, en prévision des accidents locaux qui peuvent se produire et qu'on observe surtout chez les cachectiques.

L'injection est suivie en général d'une douleur assez vive ; un petit noyau d'induration se forme au niveau de la piqûre ; le plus souvent ce noyau se résorbe, mais quelquefois on voit se produire un abcès ou une eschare sèche de la grandeur d'une pièce de cinquante centimes ou de un franc, qui se détache lentement. On a observé parfois des eschares plus étendues ou même des phlegmons diffus, mais ces graves accidents sont tout à fait exceptionnels et ce n'est pas l'injection elle-même qu'il faut en accuser, mais la manière dont elle a été faite.

Baccelli a préconisé dans ces derniers temps les injections intra-veineuses des sels de quinine (*Gazzetta degli ospitali*, n° 12, février 1890). Baccelli injecte dans une veine du pli du coude 40 à 60 centigrammes de chlor-

hydrate de quinine, en se servant de la solution suivante :

Chlorhydrate de quinine................ 1 gramme.
Chlorure de sodium.................... 75 centigr.
Eau distillée......................... 10 grammes.

Vingt-quatre heures après l'injection, presque tous les
éléments parasitaires ont disparu du sang.

faut employe r, pour préparer la solution de Baccelli,
du chlorhydrate de quinine neutre qui donne une solution
acide ; en mélangeant du sang à une goutte de cette solution il est facile de s'assurer que le sang se coagule et que
les hématies sont profondément altérées, elles pâlissent
d'abord, puis se désagrègent.

La méthode hypodermique nous permet d'introduire
presque aussi rapidement que par injections intra-veineuses, et sans aucun danger, les sels de quinine dans la
circulation générale ; on ne voit donc pas pourquoi on lui
préférerait les injections intra-veineuses, qui sont plus
difficiles à pratiquer et qui peuvent donner lieu à des accidents locaux ou généraux très graves.

Les injections intra-veineuses ne me paraissent indiquées
que dans les accès pernicieux les plus graves, lorsqu'on
peut craindre que la méthode hypodermique elle-même
ne permette pas d'introduire assez rapidement les sels de
quinine dans le sang, dans les accès pernicieux cholériformes par exemple.

Les sels de quinine sont-ils toxiques et à quelle dose
peuvent-ils donner lieu à des accidents ?

On a émis à ce sujet beaucoup d'idées erronées et encore
aujourd'hui on charge, dans le public, le sulfate de qui-

nine de beaucoup de méfaits dont le paludisme est seul coupable ; la plupart des cachectiques palustres attribuent, par exemple, à l'abus du sulfate de quinine, l'hypertrophie de la rate qui se rencontre cependant à un degré bien plus marqué chez les malades qui n'ont jamais fait usage de quinine que chez les individus qui ont usé et abusé de ce médicament.

Certaines personnes ont une sensibilité particulière pour les sels de quinine qui, même à faible dose, produisent chez elles des accidents assez inquiétants ; mais ces faits sont exceptionnels et, pour ma part, je n'en ai jamais vu d'exemple.

Trousseau et Pidoux ont vu, à l'hôpital de Tours, une jeune religieuse rester folle un jour pour avoir pris, en une dose, 1^{gr},25 de sulfate de quinine.

Les mêmes auteurs citent le fait suivant : un malade atteint d'asthme, après avoir absorbé en une seule fois 3 grammes de sulfate de quinine, est pris de bourdonnements d'oreilles, d'étourdissements, de vertiges et d'horribles vomissements. Sept heures après l'ingestion du médicament, il était aveugle et sourd et il délirait. Ces accidents disparurent spontanément. (Trousseau et Pidoux, *Traité de thérapeutique*, 8ᵉ édit., t. II, p. 487.)

Rizu rapporte qu'une de ses malades, chaque fois qu'elle absorbait du sulfate de quinine, même à très faible dose, éprouvait une congestion de la face, puis un véritable accès d'orthopnée et de l'urticaire. (*Bulletin de la Société des médecins et naturalistes de Jassy*, 1887.)

Floyer a cité un fait analogue : un homme vigoureux ne pouvait pas prendre de sulfate de quinine, même à très faible dose (0^{gr},15), sans avoir une violente dyspnée et de l'urticaire. (*British. Med. Journ.*, 1886).

Kobner a vu se produire des accidents graves chez un enfant, à la suite d'une injection hypodermique de 30 centigrammes de sulfate de quinine : éruption scarlatiniforme, coliques, écoulement sanguinolent par l'anus.

Des doses six fois plus faibles de sulfate de quinine, prises à l'intérieur, donnèrent lieu aux mêmes accidents chez cet enfant. (*Bulletin gén. de thérapeutique*, 1890, p. 506.)

Piskiris (d'Athènes) a publié deux cas d'hémorrhagie gastro-intestinale chez des malades atteints d'anémie paludéenne, à la suite de l'administration du sulfate de quinine. (*Galenos*, Athènes, 1890.)

Le sulfate de quinine donne lieu quelquefois à l'hémoglobinurie ou hémosphérinurie ; les urines deviennent rougeâtres ou noirâtres, elles renferment de l'albumine et de l'hémoglobine, mais on n'y trouve pas de globules sanguins. Cet accident a été bien étudié et décrit par des médecins grecs, et en particulier par Karamitzas et par Pampoukis. (Pampoukis, *Étude sur les fièvres palustres de la Grèce*, Paris, 1888.)

Karamitzas cite l'exemple d'un étudiant qui était atteint d'hémoglobinurie dès qu'il prenait du sulfate de quinine même à faible dose ($0^{gr},30$).

Pampoukis et Chomatianos ont publié plusieurs observations semblables.

Le sulfate de cinchonine ne donnerait pas lieu, d'après Pampoukis, à l'hémoglobinurie et devrait être substitué au sulfate de quinine chez les malades sujets à cet accident.

D'après Tomaselli la quinine pourrait produire non seulement l'hémoglobinurie, mais aussi une fièvre ictéro-hématurique facile à confondre avecla fièvre ictéro-hématurique des pays chauds. (*Congrès de la Société italienne de médecine interne*. Rome, 1888.)

Spyridon Canellis (d'Athènes) et Pasquale Muscato ont publié de nouveaux exemples d'hémoglobinurie quinique. (Analyse du travail de Spyridon Canellis in *Archives de médecine navale*, 1888, p. 476 ; Pasquale Muscato, *Sur l'hémoglobinurie paroxystique par la quinine*, Gazz. degli ospitali, 1890, n°s 17-19.)

Je n'ai pas eu, pour ma part, l'occasion d'observer l'hémoglobinurie quinique, et je ne m'explique pas pourquoi cet accident qui paraît assez commun en Grèce est si rare en Algérie.

Lépine a étudié *in vitro* l'action de la quinine sur le sang du chien, du mouton, du porc; chez ces animaux la quinine détruit beaucoup de globules.

Chez l'animal vivant la conséquence de la destruction globulaire est le passage de l'hémoglobine et de la methémoglobine dans le plasma. Chez les sujets sains il est rare d'observer l'élimination par les reins (hémoglobinurie). Il est possible que la quinine détruise plus facilement les hématies altérées des palustres.

Manassein aurait constaté, sous l'influence de la quinine, une augmentation de diamètre des hématies de 5 à 8 pour 100 chez différents animaux. (Lépine, *Arch. de méd. expér.*, 1890, p. 563.)

A quelle dose les sels de quinine peuvent-ils devenir toxiques et entraîner la mort ?

Maillot, dans les fièvres pernicieuses, et Monneret, dans des névralgies rebelles, ont prescrit jusqu'à huit ou neuf grammes par jour de sulfate de quinine.

Guersent rapporte qu'une dame qui avait absorbé en quelques jours 41 grammes de sulfate de quinine, perdit

momentanément la vue, l'ouïe et la parole ; elle se refroidit
comme un cadavre, mais tous les accidents se dissipèrent
rapidement.

Il n'existe à ma connaissance, écrit Briquet, de fait avéré
d'intoxication suivie de mort, que celui d'un médecin
aliéné qui, pour se guérir d'une petite fièvre, s'administra
lui-même l'énorme dose de 220 ammes de sulfate de
quinine en dix à douze jours et qui finit par succomber à
la prostration dans laquelle il était tombé. (Briquet, *Traité
thérapeutique du quinquina*, p. 585.)

Giacomini, cité par Briquet, donne l'observation d'un
homme qui, par erreur, avala en une seule fois 12 grammes
de sulfate de quinine ; il y eut des phénomènes d'hyposthénisation du cœur et du système nerveux, mais ces
symptômes furent combattus avec succès à l'aide des
excitants.

Les faits suivants démontrent que cette dose de douze
grammes de sulfate de quinine peut entraîner la mort chez
l'adulte.

Deux soldats, voulant se purger, se trompèrent de bou-
teille et, au lieu de prendre du sulfate de soude, absor-
bèrent une solution de quinine, soit 12 grammes environ
de sel pour chacun d'eux. Une demi-heure après l'absorption du médicament, ces deux hommes furent pris de
crampes d'estomac et de vomissements, pâleur de la face,
dilatation des pupilles, respiration courte, refroidissement,
pouls petit, irrégulier, ralenti, parfois insensible. Bourdonnements d'oreilles. Tendance à la syncope.

Chez l'un de ces malades, les accidents allèrent en
s'amendant, l'autre succomba dans une syncope. (Baills,
Deux cas d'empoisonnement par le sulfate de quinine in *Archives de médecine militaire*, 1885, t. VI, p. 320.)

Ces deux faits montrent bien que le sulfate de quinine est surtout un poison du cœur ; ce sont les accidents cardiaques qui ont dominé la scène dans les deux cas et qui ont déterminé la mort dans l'un d'eux (1).

En somme, à part quelques sujets chez lesquels la quinine détermine des accidents plus inquiétants en apparence que véritablement dangereux, on peut dire que l'emploi des sels de quinine, aux doses qui sont habituellement nécessaires pour guérir le paludisme, ne présente aucun danger. En Algérie, et dans les accès les plus graves, je n'ai jamais dépassé la dose de 3 grammes de sulfate ou de chlorhydrate de quinine par jour ; dans les formes ordinaires, des doses de 1^{gr}, $0^{gr},80$ et même $0^{gr},60$ de chlorhydrate de quinine s ont suffisantes.

Bien que la quinine produise rarement des accidents, le médecin ne doit pas perdre de vue la possibilité de ces accidents : ivresse quinique, vomissements, hyposthénisation du système nerveux ; s'il confondait ces symptômes avec ceux du paludisme, il serait conduit à augmenter encore la dose des sels de quinine et par suite les accidents d'intoxication.

Il faut notamment se montrer très prudent lorsqu'on administre la quinine pour la première fois à des personnes nerveuses ; il est indiqué de ne pas commencer par de fortes doses, à moins que la gravité des accidents ne l'exige.

On se contente souvent de couper la fièvre avec deux ou trois doses de quinine et on attend une rechute de fièvre pour reprendre le traitement. Je crois que cette méthode est mauvaise et qu'il faut s'efforcer, à l'aide de traitements successifs, de prévenir la rechute, sans quoi on ne réussit

---

(1) Voir aussi : Rosenbusch, *Un cas d'empoisonnement aigu par la quinine avec un exanthème scarlatiniforme* (*Wien. mediz. Presse*, 13 avril 1890).

qu'à supprimer quelques accès; les parasites arrêtés un instant dans leur développement repullulent bientôt et tout est à recommencer.

Sydenham avait déjà compris la nécessité des traitements successifs par le quinquina dans la fièvre intermittente.

« Le quinquina, nonobstant son efficacité, ne peut pas détruire entièrement la maladie... Le meilleur moyen de prévenir la rechute est de réitérer le fébrifuge même après la cessation de la fièvre. » (Sydenham, in *Encyclopédie des sciences médicales*, p. 155.) Et plus bas : « De peur que la fièvre ne revienne, je ne manque jamais précisément le huitième jour depuis la dernière prise de quinquina, d'en donner au malade la même quantité qu'auparavant. Si l'on veut se mettre tout à fait à l'abri d'une rechute, il faut reprendre trois ou quatre fois le traitement. »

La pratique démontre qu'il suffit de deux ou trois doses de quinine pour couper une fièvre intermittente ordinaire, mais que la fièvre reparaît souvent au bout de sept ou huit jours. Après avoir coupé une première fois la fièvre, il faut donc, six ou sept jours après le dernier accès, reprendre le traitement.

On pourrait sans doute administrer la quinine sans interruption pendant quinze jours ou trois semaines, mais cela présenterait de nombreux inconvénients ; la quinine donne lieu, surtout chez certains malades, à des troubles nerveux désagréables : bourdonnements d'oreilles, surdité; de plus, le traitement deviendrait très dispendieux, considération qui a son importance pour beaucoup de malades et dont les médecins des hôpitaux doivent tenir compte.

Il n'est pas démontré d'ailleurs qu'un traitement continu par la quinine ait une efficacité plus grande que le traitement discontinu que je préconise.

J'ai constaté souvent qu'on obtenait de meilleurs résultats en donnant quelques doses assez fortes des sels de quinine qu'en prescrivant ces sels pendant longtemps, mais avec de faibles doses journalières.

Il est évident que si on prescrit un gramme de chlorhydrate de quinine en une dose, le sang se trouve à un moment donné beaucoup plus chargé de quinine et par suite beaucoup plus toxique pour les hématozoaires que si pendant quatre jours on prescrivait $0^{gr},30$ de chlorhydrate de quinine.

Le type de la fièvre ne me paraît pas devoir modifier sensiblement la formule du traitement. Après s'être assuré, notamment par l'examen du sang, que la fièvre est bien due au paludisme, on prescrira par exemple chez l'homme adulte :

Les 1er, 2e et 3e jours, $0^{gr},80$ à 1 gramme par jour de chlorhydrate de quinine.

Les 4e, 5e, 6e et 7e jours, pas de quinine.

Les 8e, 9e et 10e jours, $0^{gr},60$ à $0^{gr},80$ de chlorhydrate de quinine.

Du 11e au 14e jour, pas de quinine.

Les 15e et 16e jours, $0^{gr},60$ à $0^{gr},80$ de chlorhydrate de quinine.

Du 17e au 20e jour, pas de quinine.

Les 21e et 22e jours, $0^{gr},60$ à $0^{gr},80$ de chlorhydrate de quinine.

Si la fièvre reparaît pendant le cours du traitement, il faut nécessairement prolonger ce traitement.

Je n'ai pas la prétention, bien entendu, de donner une formule applicable dans tous les cas de paludisme. La formule précédente devra être très souvent modifiée notamment dans les fièvres graves des pays chauds.

On a beaucoup discuté la question de savoir à quel moment de la fièvre intermittente il fallait faire prendre la quinine ; la plupart des auteurs admettent qu'il faut la faire prendre pendant l'apyrexie.

La quinine est mieux supportée à ce moment que pendant les accès de fièvre ; elle provoque moins souvent les vomissements, et l'absorption du médicament est probablement plus facile ; d'autre part, on ne peut pas songer à empêcher l'évolution d'un accès de fièvre de durée normale lorsque cet accès est commencé.

Il faut bien savoir toutefois que dans les fièvres graves, dans les continues, il ne faut pas attendre les intermissions, ni même les rémissions, pour administrer la quinine.

Il fut un temps où l'emploi de la quinine était considéré comme dangereux chez les malades qui avaient des fièvres continues et limité strictement aux fièvres intermittentes. Sous l'influence de cette doctrine, la mortalité par le paludisme était énorme dans les pays chauds. Maillot a eu le grand mérite de montrer que cette doctrine était erronée et que la quinine devait être administrée dans les continues palustres comme dans les fièvres intermittentes ; la réforme thérapeutique dont notre illustre maître a ainsi donné le signal a eu les plus heureux effets et les idées de Maillot sur la continue palustre et son traitement sont aujourd'hui universellement admises.

Dans les cas graves, on fera des injections hypodermiques (1^{gr},50 à 2 grammes par jour en deux fois), sans se préoccuper de la température. Dès que la fièvre aura cédé, on reprendra le traitement des fièvres simples indiqué plus haut.

Le chlorhydrate de quinine sera prescrit à l'intérieur en solution, ou sous forme de cachets. Dans les hôpitaux militaires de l'Algérie, les malades avalent pendant la visite, devant le médecin, la solution de quinine qui leur est prescrite et qui est distribuée aussitôt par un infirmier. C'est là une manière de faire excellente; lorsqu'on prescrit des cachets à prendre dans la journée, il arrive trop souvent que le médicament n'est pas pris, et, en cherchant un peu, on retrouve au bout de quelques jours les paquets de quinine dans quelque coin.

Dans les fièvres palustres graves accompagnées d'accidents pernicieux, la première indication, la plus importante de beaucoup, est de faire prendre de la quinine, mais il y a lieu souvent, après avoir rempli cette indication, de prescrire quelques adjuvants au traitement spécifique.

Aux malades atteints de fièvre algide on fera des frictions sèches ou excitantes à l'aide du liniment volatil camphré, on prescrira des boissons chaudes excitantes, le thé alcoolisé par exemple, les stimulants diffusibles : l'éther, l'acétate d'ammoniaque sous forme de potion, ou, mieux encore, on pratiquera des injections hypodermiques d'éther (2 à 4 grammes d'éther sulfurique). Ces injections hypodermiques d'éther rendent aussi de grands services chez les malades atteints d'accidents cholériformes.

Dans les cas de fièvre continue avec état typhoïde et hyperthermie, les bains froids sont parfois indiqués.

Dans les accès comateux, lorsqu'il s'agit de sujets vigoureux, sanguins, et que l'on constate les signes d'une forte congestion encéphalique, on peut appliquer des sangsues aux apophyses mastoïdes dans le but de prévenir les phlegmasies consécutives. Les applications froides sur la tête, les révulsifs aux extrémités, les purgatifs drastiques sont également utiles.

Tous les auteurs sont aujourd'hui d'accord pour condamner l'emploi des saignées générales dans le traitement du paludisme.

L'hydrate de chloral (3 à 4 grammes dans une potion gommeuse) m'a rendu de grands services pour combattre le délire dans les accès pernicieux délirants et chez les palustres alcooliques.

Lorsqu'il existe des vomissements, les boissons gazeuses, le vin de Champagne, la glace, sont indiqués ; une injection hypodermique de chlorhydrate de morphine (un centigramme), pratiquée à l'épigastre, réussit souvent à calmer les vomissements ; on prescrira l'opium à l'intérieur s'il existe une diarrhée abondante.

Dans la fièvre bilieuse, l'ipéca et le calomel rendent de grands services, mais ici encore la première indication est de faire prendre de la quinine.

Autrefois avant d'administrer la quinine il était de règle de prescrire des laxatifs et des vomitifs ; Maillot s'est élevé avec beaucoup de raison contre cette pratique ; en admettant que les purgatifs et les vomitifs ne soient pas nuisibles par eux-mêmes, ils ont le grave inconvénient de retarder l'administration de la quinine (Maillot, *op. cit.* p. 361), et on peut être surpris par l'invasion d'un accès pernicieux.

Aucun des nombreux médicaments qui ont été préconisés jusqu'ici comme *succédanés* de la quinine ne mérite ce titre ; aucun d'eux ne possède une efficacité comparable à celle de la quinine dans le traitement du paludisme.

L'acide arsénieux agit surtout comme tonique et à ce

titre il peut rendre des services dans le traitement de la cachexie, mais la méthode de Boudin est inefficace et même dangereuse dans le traitement des accidents aigus du paludisme.

Le sulfate de cinchonine coûte moins cher que le sulfate de quinine, mais il est beaucoup moins actif; il faudrait donc l'employer à dose plus forte que le sulfate de quinine, or sa puissance toxique est égale à celle des sels de quinine.

Le sulfate de cinchonidine est plus toxique que le sulfate de quinine; il y a danger à dépasser deux grammes et pour obtenir des effets thérapeutiques il faudrait prescrire ce sel à une dose double du sulfate de quinine. (Marty, *Contrib. à l'étude du sulfate de cinchonidine. Bull. gén. de thérap.*, 1884, p. 355. — E. Le Juge de Segrais, *Étude sur la cinchonidine et ses sels comme succédanés de la quinine. Arch. gén. de méd.*, 1886, t. II, p. 420.)

De Brun a tenté récemment de reviser le procès de la cinchonidine; d'après lui le sulfate de cinchonidine joint à l'avantage d'être moins coûteux que le sulfate de quinine, celui d'être en général mieux supporté par les malades; de Brun prescrit 1 à 2 grammes de sulfate de cinchonidine par doses de 0^{gr}, 50 à 1 gramme, ces doses peuvent suffire dans les cas légers, mais elles seraient évidemment insuffisantes dans des formes graves.

L'analgésine ou antipyrine ne guérit pas la fièvre palustre, elle diminue seulement l'intensité de quelques symptômes : céphalalgie, fièvre; à ce titre elle peut rendre des services dans le traitement des fièvres continues palustres. (Antony, *Arch. de méd. milit.*, 1887, t. X, p. 21.)

Ce n'est là qu'un traitement palliatif; tout en prescrivant l'analgésine, on soumettra le malade à la médication quinique, dans laquelle seulement on doit avoir confiance, surtout s'il s'agit de fièvres des pays chauds, et si les accidents pernicieux sont à redouter.

L'eucalyptus a été vanté par quelques observateurs dans le traitement du paludisme : alcoolature ou vin d'eucalyptus. Les propriétés fébrifuges de ces préparations ont été contestées ; en tous cas, elles ne sont nullement comparables à celles de la quinine.

PROPHYLAXIE. — La prophylaxie du paludisme comprend :

1° L'étude des mesures individuelles à prendre pour se préserver du paludisme lorsqu'on est obligé de séjourner dans un pays où le paludisme est endémique ;

2° L'étude des mesures à prendre pour assainir des localités où le paludisme est endémique.

La prophylaxie reposera sur des données plus précises et pourra être simplifiée très probablement quand nous saurons exactement sous quelle forme les parasites du paludisme se trouvent dans le milieu extérieur.

Dès aujourd'hui, on peut formuler des règles qui, basées sur l'expérience, sont d'une utilité et d'une efficacité incontestables.

Dans la plupart des pays palustres, il y a une saison salubre et une saison insalubre ou période endémo-épidémique ; en Algérie par exemple, et en Italie, on ne contracte presque jamais la fièvre pendant les mois de décembre, janvier, février, mars, avril, mai ; pendant ces six mois on peut vivre sans se préoccuper du paludisme. Le voyageur qui dispose de son temps doit mettre à profit cette époque pour parcourir les contrées palustres ; c'est aussi cette période de l'année qu'il convient de choisir pour envoyer des troupes dans ces contrées.

Les travaux de défrichement, de terrassement, de curage des fossés ou des étangs, de desséchement des marais, ne seront pas faits pendant la saison endémo-épidémique ; ceux de ces travaux qu'il n'est pas possible de différer, seront, dans les pays chauds, confiés, autant que possible, à des indigènes ou à des nègres qui jouissent d'une immunité remarquable pour le paludisme.

Le premier conseil à donner à une personne appelée, à séjourner dans un pays palustre est de choisir avec soin son habitation et de mettre à profit l'influence si heureuse et si remarquable de l'altitude. (Voir chap. v, p. 153).

L'emplacement des habitations doit être fixé toujours sur les hauteurs ; jamais dans les bas-fonds, ni dans une plaine humide et mal drainée.

L'altitude qui suffit à préserver du paludisme est d'ailleurs peu considérable.

Dans une même ville, on trouve souvent des quartiers très sains à côté de quartiers notoirement insalubres ; les parties les plus élevées d'une ville, les rues les plus centrales, les plus habitées, donnent le maximum de préservation : on évitera au contraire les habitations qui sont placées dans les parties basses, sur les bords fangeux des cours d'eau et celles qui sont isolées dans la campagne, surtout s'il existe à proximité des marais ou des terres irriguées.

Dans tous les pays chauds et insalubres on a été conduit, comme aux Indes, à créer sur les hauteurs, des *sanatoria* dans lesquels on passe la saison des fièvres.

Le voyageur et le soldat qui sont obligés de traverser des localités palustres pendant la saison endémo-épidémique, et parfois d'y séjourner, doivent choisir avec soin leurs campements qui seront établis, non sur le bord des rivières, ni dans les bas-fonds, mais autant que possible sur les hauteurs.

On évitera de parcourir, pendant la saison endémo-épidémique, les principaux foyers du paludisme et surtout d'y séjourner la nuit. Les ouvriers, les moissonneurs, obligés de travailler dans les localités insalubres, devront regagner le soir des centres d'habitation sur les hauteurs; les marins trouveront dans leurs vaisseaux un abri excellent.

L'eau de boisson doit être, dans les localités palustres, et surtout pendant la saison endémo-épidémique, l'objet d'une scrupuleuse attention. Si on n'a pas la certitude que l'eau provient de sources situées dans des localités indemnes de paludisme, il ne faudra faire usage pour la boisson que d'eau filtrée avec soin ou mieux encore d'eau bouillie.

Nous avons vu que toutes les causes débilitantes favorisaient l'éclosion du paludisme.

On évitera, surtout pendant la saison endémo-épidémique, les grandes fatigues, les excès de toute sorte; on fera usage d'une alimentation tonique. Les boissons alcooliques, dangereuses dans les pays chauds quand on en abuse, sont utiles, à dose modérée, pour combattre les effets débilitants de la chaleur; on en peut dire autant des épices et des condiments dont l'usage est rendu nécessaire par l'atonie des voies digestives mais qui, pris en excès, peuvent devenir nuisibles.

Le café, en raison de ses propriétés toniques, constitue une boisson excellente dans les pays chauds, aussi les Orientaux en font-ils une très grande consommation; les infusions de café et de thé ont en outre l'avantage d'obliger à faire bouillir l'eau de boisson et à la stériliser par conséquent.

Les personnes qui ont eu déjà une ou plusieurs atteintes de fièvre doivent redoubler de précautions pour éviter une rechute de fièvre, toujours à craindre, surtout si l'anémie persiste. Elles feront sagement de prendre du vin de quinquina ou de l'acide arsénieux, ou encore de se soumettre à un traitement hydrothérapique, et, au moindre malaise, de recourir au sulfate de quinine.

Il n'est pas toujours possible d'observer ces prescriptions; beaucoup de personnes sont obligées de parcourir des régions très insalubres pendant la saison des fièvres ou d'y séjourner.

L'utilité d'un traitement préventif du paludisme s'impose toutes les fois qu'on se trouve dans des localités où le paludisme règne avec tant de force qu'on a peu de chances de rester indemne, et qu'on doit redouter, au contraire, ses atteintes les plus insidieuses et les plus graves.

Puisque les sels de quinine guérissent le paludisme et détruisent les parasites qui ont pullulé dans le sang, on pouvait espérer que le quinquina et les sels de quinine administrés d'une façon préventive empêcheraient ces parasites de se multiplier dans le sang.

Des faits nombreux démontrent, en effet, que le quinquina et les sels de quinine, qui guérissent le paludisme, peuvent aussi le prévenir.

Dans la marine anglaise, on emploie souvent le vin de quinquina et le sulfate de quinine à titre préventif. Chaque fois qu'on envoie des hommes à terre, dans les régions tropicales, on leur fait prendre, le matin, au moment où ils quittent le navire, et le soir, quand ils reviennent, du vin de quinquina.

LAVERAN.   14

Pour démontrer les effets salutaires de cette pratique, Bryson cite les faits suivants :

« Vingt matelots et un officier devaient être envoyés à Sierra-Leone pour y travailler pendant la journée ; aux matelots, on administra l'écorce de quinquina, l'officier refusa d'en prendre ; ce fut la seule personne qui eut la fièvre. Plus tard, on détacha deux chaloupes de l'*Hydra* pour explorer la rivière Sherbo ; elles restèrent absentes pendant une quinzaine ; chaque jour les hommes prirent du quinquina dans du vin, conformément aux instructions qu'ils avaient reçues. Pas un seul homme ne fut atteint de la fièvre, quoique la région explorée passât pour une des plus insalubres de la côte. L'équipage d'une troisième chaloupe séjourna pendant deux jours seulement dans la même région et à la même époque ; les hommes n'avaient pas pris de quinquina, tous furent attaqués, excepté l'officier qui commandait la chaloupe. » (Van Buren, *Rapport à la commission sanitaire des États-Unis*, in *Essais d'hygiène et de thérapeutique militaires*, par Evans. Paris, 1865.)

Sur la proposition de Bryson, le sulfate de quinine a été substitué au quinquina en poudre dans les stations de la côte d'Afrique. On verse une forte solution alcoolique de sulfate de quinine dans plusieurs fûts de vin, de manière que 30 grammes de vin renferment environ $0^{gr},25$ de sulfate de quinine ; les rapports des médecins de la marine royale anglaise sont en général favorables à cette manière de faire.

La quinine et la cinchonine ont été employées à titre prophylactique pendant la guerre de Sécession, lorsque les troupes étaient appelées à occuper des postes très insalubres.

Les rapports des médecins militaires américains sont presque tous favorables à cette médication (1).

Chamberlain, Wilson, David Merrit, Maylert et Bache, Swift, Thompson constatent les bons effets de la quinine pour prévenir les fièvres palustres.

Warren donne à 200 hommes de son régiment pendant la saison des fièvres 0^{gr},30 de sulfate de quinine par jour, ces 200 hommes ne fournissent que 4 cas de paludisme. Le reste du régiment (400 hommes environ) qui n'est pas soumis à la médication préventive a plus de 300 cas de paludisme.

Samuel Logan fait prendre à un certain nombre d'hommes de son régiment, en campagne dans la Caroline du Sud, pendant l'été de 1863, 0^{gr},25 de quinine par jour et il note les résultats suivants : les hommes qui ne prennent pas de quinine sont atteints dans la proportion de 58 p. 100 ; ceux qui en prennent d'une façon irrégulière, dans la proportion de 39 p. 100 ; ceux qui en prennent d'une façon régulière, dans la proportion de 19 p. 100.

Jilek (de Pola) cite le fait suivant :

« Sept cent trente-six soldats sont logés dans une même caserne, dans une localité insalubre ; 500 prennent chaque jour 0^{gr},10 de sulfate de quinine, ils sont atteints dans la proportion de 18 p. 100, tandis que ceux qui n'ont pas pris de quinine, le sont dans la proportion de 28 p. 100. »

Hertz (d'Amsterdam) a observé des faits analogues.

« Sur la côte ouest d'Afrique, les officiers de la *Pénélope* font une excursion dans une rivière marécageuse ;

---

(1) *The Medic. and Surg. History of the War of Rebellion*, 1888, t. I, p. 111-166. — Longuet, *La prophylaxie de la fièvre intermittente par la quinine* (*Semaine médicale*, 1891, p. 5).

tous avaient eu la précaution de prendre du sulfate de quinine, à l'exception d'un seul qui, huit jours après, fut atteint d'un violent accès de fièvre intermittente bilieuse. » (Gestin, cité par Fonssagrives, *Hygiène navale*, p. 224.)

Thorel a pu parcourir les localités les plus insalubres du Mékong, grâce au sulfate de quinine pris à la dose de $0^{gr},60$ à $0^{gr},80$ par semaine; ceux de ses compagnons qui s'étaient astreints à la même précaution, échappèrent comme lui aux fièvres palustres. (Thorel, *Thèse*. Paris, 1870.)

Bizardel a cité de nouveaux exemples de l'efficacité de la quinine comme prophylactique du paludisme. Avec les faibles doses de quinine qui sont conseillées par Bizardel, on ne peut pas songer à prévenir entièrement l'infection palustre, mais c'est déjà beaucoup si on empêche le paludisme de se manifester sous ses formes les plus graves.

Bizardel signale à plusieurs reprises ce fait que, même dans les régions les plus malsaines, les individus qui prenaient de la quinine à dose préventive n'ont pas présenté d'accidents pernicieux; or, ce sont surtout ces accidents qui sont à redouter pour des hommes qui sont isolés et qui ne peuvent pas recevoir immédiatement les secours d'un médecin. (Bizardel, *De la quinine comme prophylactique du paludisme. Thèse*, Paris, 1888.)

Grœser, qui a expérimenté le traitement préventif du paludisme par la quinine à Batavia, c'est-à-dire dans une des régions les plus insalubres du globe, conclut en faveur de cette méthode; les atteintes de fièvre sont beaucoup moins fréquentes et beaucoup moins graves chez les marins qui, en abordant ce port dangereux, se soumettent à la médication quinique préventive, que chez ceux qui négligent cette mesure prophylactique. (Grœser, *Berlin.*

Klin. Woch., 1888, 42, p. 845 et 1889, 53, p. 1065.)

L'usage de la quinine, comme prophylactique de la fièvre palustre, a été également recommandé par Nicolas. (*Chantiers et terrassements en pays paludéens*. Paris, 1888.)

L'arsenic a été employé en Italie à titre de médication préventive du paludisme ; des essais ont été faits à plusieurs reprises sur des ouvriers et des employés des chemins de fer et dans l'armée.

Tommasi Crudeli dit avoir obtenu de cette médication des résultats favorables. (*Rapport présenté au ministre de l'agriculture*. Rome, 18 mars 1883.)

En 1883 et 1884, des expériences intéressantes ont été faites en Vénétie sur les hommes de la 2ᵉ compagnie de discipline, qui avaient consenti à s'y soumettre. L'arsenic était pris sous forme de gélatine arsénicale ; la dose d'acide arsénieux était portée progressivement de un à huit milligrammes et continuée à cette dose, à moins d'accidents gastro-intestinaux, auquel cas la médication était suspendue. En 1883 et 1884, cent soldats n'ayant jamais eu les fièvres et placés dans les mêmes conditions de milieu ont pris part à l'expérience. Cinquante soldats soumis au traitement préventif par l'acide arsénieux ont donné quatorze cas de fièvre palustre, tandis que les cinquante autres, qui n'avaient pas été soumis au traitement, en fournissaient dix-neuf.

La différence entre ces chiffres est trop faible et les causes d'erreur sont trop nombreuses (il est impossible d'admettre que les conditions aient été strictement les mêmes chez tous les hommes en expérience), pour qu'il soit possible de tirer de ces recherches une conclusion favorable à la médication préventive par l'acide arsénieux. (*Journal italien de médecine militaire*, 1886, 1.)

Assainissement des localités. — Nous avons vu (chap. v,
p. 151) que le paludisme avait disparu presque complètement d'un grand nombre de localités autrefois très
insalubres ; les exemples de cette heureuse transformation
abondent, non seulement en Europe, mais aussi dans des
pays où l'endémie palustre est beaucoup plus sévère, en
Algérie, par exemple.

Parmi les mesures d'assainissement les plus efficaces, il
faut citer : le desséchement des marais, le drainage et la
culture du sol.

En desséchant le sol, en le drainant par des procédés
mécaniques ou au moyen des végétaux, on modifie évidemment le milieu dans lequel se développent les parasites du paludisme et on le rend moins favorable à la
pullulation de ces êtres (1).

Les desséchements des marais ne doivent se faire
qu'avec méthode et en s'entourant de grandes précautions, surtout dans les pays chauds ; on profitera de la
saison pendant laquelle l'endémie palustre ne règne pas
ou règne avec le moins d'intensité ; on se gardera de
mettre à découvert pendant la saison des chaleurs une
grande surface de marais ; le marais est en effet beaucoup
plus dangereux quand il commence à se dessécher que
lorsqu'il est complètement recouvert par l'eau. L'exemple
de Lancisi faisant inonder les fossés du fort Saint-Ange,
pour arrêter les ravages du paludisme, est célèbre ; en
Hollande le même moyen a été employé plus d'une fois
avec succès.

(1) Graves, *Clinique médicale, trad. de Jaccoud,* 3ᵉ édit., t. I, p. 109. —
L. Colin, *Traité des fièvres intermittentes,* 1870. — Laveran, *Traité des fièvres
palustres,* p. 521. — Thevard, *De l'influence des transformations agricoles
de la Sologne sur la diminution des fièvres intermittentes.* Thèse, Paris, 1886.

Les ouvriers qui travaillent au desséchement ne passeront pas la nuit au milieu des marais, et ils seront soumis à la médication préventive par la quinine pendant la saison des fièvres.

La culture régulière assainit toujours le sol, mais certaines espèces végétales sont particulièrement favorables à cet assainissement.

Les plantations d'eucalyptus, qui ont été faites, depuis une vingtaine d'années, dans un grand nombre de pays palustres, ont rendu déjà de grands services, notamment en Corse, en Algérie et en Italie (1).

Dès 1861, Ramel considérait l'eucalyptus comme capable de combattre le paludisme; c'est à lui que revient le mérite d'avoir importé l'eucalyptus globulus dans nos pays.

Torelli a signalé le fait suivant, qui montre bien l'heureuse influence exercée par les plantations d'eucalyptus :

Il existe près de Rome, hors la porte d'Ostie, dans le lieu dit des *Trois-Fontaines*, un couvent qui, en 1868, était abandonné depuis longtemps à cause de son insalubrité et qui portait le nom significatif de *Tomba*. En 1868, le pape Pie IX donna ce couvent aux trappistes qui en prirent possession, mais dans des conditions déplorables. Dans les premières années, ce séjour était si malsain que les religieux ne pouvaient pas y coucher; ils rentraient le soir à Rome et ne retournaient aux Trois-Fontaines qu'après le lever du soleil.

(1) Ramel, *Revue maritime et commerciale*, 1861. — Regulus Carlotti. *Du mauvais air en Corse*. Ajaccio, 1869. — Ortal, *De l'eucalyptus globulus*. Thèse, Paris, 1874. — Gimbert (de Cannes) *Gaz. hebdom.*, 1875, p. 340. — Torelli, *Rapport au Sénat italien sur l'amélioration des régions où règne la malaria*, 1880. — Channing, *Étiologie et prophylaxie de la malaria*, *Gazette médicale de l'Algérie*, 30 avril 1884. — Dujardin-Beaumetz, article EUCALYPTUS, in *Diction. de thérapeutique*.

Les premières plantations d'eucalyptus furent faites en 1869. En 1876, l'amélioration était telle que les trappistes pouvaient habiter le couvent pendant la nuit sans être atteints de fièvre. En 1877, le nombre des eucalyptus dépassait 2500. Un espace de 400 hectares fut cédé alors aux trappistes à charge d'y planter 100 000 eucalyptus en dix ans. En 1879, les plantations eurent beaucoup à souffrir du froid, mais, les années suivantes, les trappistes plantèrent 25 000 eucalyptus par an; à la fin de 1881, il y avait déjà 55 000 eucalyptus aux Trois-Fontaines et les fièvres palustres devenaient de plus en plus rares.

L'assainissement de la Ferme des Trois-Fontaines a été contesté par Tommasi Crudeli, mais les assertions de cet observateur sont contredites par celles de Torelli et de Baccelli et par celles des religieux qui occupent le couvent des Trois-Fontaines et qui sont de très bons juges dans la question. (*Bulletin de la Société nationale d'acclimatation*, janvier 1885.)

Michon a cité deux exemples très intéressants et très probants d'assainissement de localités palustres par les plantations d'eucalyptus. (*Bulletin de la Société nationale d'acclimatation*, janvier 1885.)

Une grande propriété située sur la côte orientale de la Corse, près d'Aleria et du pénitencier de Casabianca était inhabitable à cause des fièvres, le garde même refusait d'y rester pendant l'été. Le propriétaire fit planter devant la maison du garde un petit bois de 200 à 300 eucalyptus et 400 à 500 eucalyptus le long d'un ruisseau. Ces plantations ont prospéré et le garde peut aujourd'hui habiter cette propriété, avec sa famille, été comme hiver; les ouvriers qui descendent de la montagne pour travailler aux vignes dans cette même propriété, jadis si insalubre, ne contractent pas la fièvre.

Il existe sur la côte orientale de la Corse une petite localité du nom de Solenzara, dans laquelle on avait installé une aciérie. Au début de l'installation de l'usine toute la population de Solenzara avait l'habitude d'émigrer pendant quatre mois, de juillet à octobre, ce qui montre combien l'endémie palustre était redoutable. Un des actionnaires fit planter soixante ares en eucalyptus, depuis lors la fièvre a disparu de Solenzara ; toute la population a une mine de prospérité et personne ne songe plus à émigrer pendant l'été.

Dans certaines localités extrêmement favorables au développement du paludisme, les plantations n'ont pas réussi complètement à faire disparaître les fièvres.

Rivière qui a contesté les propriétés fébrifuges des plantations d'eucalyptus en se fondant principalement sur la persistance des fièvres à Aïn Mokra et aux mines du Mokta (sur le lac Fetzara, dans la province de Constantine) a fourni lui-même l'explication de cet insuccès, relatif d'ailleurs, car les plantations d'eucalyptus ont produit même à Aïn Mokra une amélioration dans l'état sanitaire. « Nous avons planté les berges du Fetzara, écrit Rivière, mais la plantation a dû se tenir à une certaine distance de la limite maxima des eaux qui arrivent par crues subites causées par le déversement torrentiel des Oued-Zid et El-Aout dans l'immense cuvette. Les eaux recouvrent alors plus de 14 000 hectares et se déplacent par certains vents, mais les écoulements naturels et la perte produite par de rapides évaporations font que par ces alternatives de crues successives et de retraits assez brusques de la nappe liquide, d'immenses surfaces miasmogènes sont ainsi mises

à découvert, produisant, sous l'effet d'une insolation absolument directe et de l'élévation du degré thermique, des
éléments morbigènes contre lesquels la végétation loin-
taine des rives reste sans effet. » (*Bulletin de la Société
nationale d'acclimatation*, janvier 1885.)

Rivière estime que, dans ces conditions, il serait avan-
tageux de planter d'abord des bambous, de manière à cir-
conscrire et à réduire progressivement la cuvette centrale.

L'exemple d'Aïn Mokra ne peut pas être invoqué contre
l'eucalyptus, il est trop évident qu'on ne devait pas s'attendre à assainir complètement cette région en plantant
des eucalyptus sur les bords de l'immense surface marécageuse dont parle Rivière.

L'*Eucalyptus globulus* est le plus connu des eucalyptus,
c'est celui qui a été introduit le premier en Europe; il
domine encore dans les vieilles plantations; dans les plantations nouvelles l'*E. globulus* a été remplacé presque
partout en Algérie par l'*E. rostrata*. L'*E. globulus* craint
le froid et la grande chaleur; il lui faut de bonnes terres
ni sèches, ni trop humides, il périt rapidement dans les
sols constamment marécageux. L'*E. rostrata* résiste
mieux. (Rivière, *Op. cit.*)

L'eucalyptus agit-il simplement comme les autres végétaux en drainant et en desséchant le sol? S'il assainit
le sol plus rapidement que ne font les autres arbres,
est-ce uniquement parce que sa croissance est plus
rapide, ou bien faut-il admettre qu'il a des vertus
spéciales et qu'il jouit de la propriété de détruire les
parasites du paludisme? Cette dernière hypothèse n'a
rien d'invraisemblable; les eucalyptus dégagent en effet
des vapeurs aromatiques douées de propriétés antiseptiques; de plus, les feuilles et les branches qui couvrent

le sol contiennent une forte proportion d'eucalyptol qui
peut s'opposer au développement des germes du paludisme.

D'Abbadie a signalé l'influence des soufrières sur le
paludisme ; il résulte des faits cités par cet observateur
que les émanations sulfureuses qui se produisent, au
voisinage des soufrières ont des effets très favorables dans
les pays palustres. (*Communication à l'Académie des
sciences*, 18 septembre 1882.) Cette action de l'acide sul-
fureux est facile à comprendre ; il ne semble pas malheureusement que l'on puisse l'utiliser pour l'assainissement
des localités.

En parlant de la prophylaxie individuelle, nous avons
dit qu'il était nécessaire, dans les pays palustres, de sur-
veiller de très près l'eau de boisson qui paraît pouvoir
servir de véhicule aux germes du paludisme ; aux mesures
générales d'assainissement d'une localité, il faut donc
ajouter la nécessité d'approvisionner cette localité avec
de l'eau de bonne qualité.

OBSERVATIONS

ᴏʙsᴇʀᴠᴀᴛɪᴏɴ I. — *Fièvre continue palustre de première invasion.*
— *Hématozoaires du paludisme : Corps sphériques.* — Ven..., âgé
de vingt-quatre ans, soldat au 5ᵉ escadron du train, entre à l'hôpital militaire de Constantine le 8 août 1881. Ven... est en Algérie depuis dix-huit mois, il est caserné au Bardo ; se dit malade
pour la première fois.

Il y a quatre jours Ven... a éprouvé un frisson assez fort qui
ne s'est pas répété depuis ; en même temps il ressentait une céphalalgie très vive, du malaise général ; la fièvre aurait persisté
depuis ce moment sans rémission bien marquée ; sensation de
chaleur très forte, soif vive, anorexie. Avant l'entrée à l'hôpital
le malade n'a pris qu'un vomitif.

Le 8 août au soir, au moment de l'entrée, la température est
de 40 degrés. (Diète, limonade.)

9 *août*. — Fièvre vive, continue : 40° le matin, 41°,5 à quatre
heures du soir. Céphalalgie, malaise général, pas de stupeur, pas
de prostration marquée. Soif ardente, langue humide, un peu saburrale, ventre souple, indolore, pas de diarrhée. La matité
splénique mesure 7 centimètres de haut sur 7 de large. (Diète,
limonade ; sulfate de quinine 0ᵍʳ,80 matin et soir.)

Examen du sang fait le 9 août au matin : corps sphériques de
petit ou de moyen volume, libres ou adhérents à des hématies.

10 *août*. — La fièvre persiste : 40°,1 le matin ; 39°,3 le soir.
(Sulfate de quinine 0ᵍʳ,80 matin et soir.)

11 *août*. — La fièvre est tombée : 36°,8 le matin, le soir l'apyrexie persiste ; l'état général est beaucoup meilleur, la céphalalgie
et le malaise général ont disparu. (Sulfate de quinine 0ᵍʳ,80 le
matin, 0ᵍʳ,60 le soir.)

12 *août*. — L'apyrexie persiste. Le malade n'accuse plus que

de la faiblesse, il commence à se lever. (Une demi-portion ; sulfate de quinine 0ᵍ,60 ; vin de quinquina.)

Le sulfate de quinine est continué à la dose de 0ᵍʳ,60 jusqu'au 18 août ; pas de rechute de fièvre.

L'appétit revient, le malade mange une portion, puis deux portions. Vin de quinquina. Café.

Examen du sang fait le 2 septembre : je ne trouve plus trace des éléments parasitaires.

Le malade, qui se trouve assez fort pour reprendre son service, sort le 3 septembre 1881.

Obs. II. — *Fièvre continue palustre de première invasion.* — *Hématozoaires du paludisme : Corps sphériques de très petit volume.* — Rud..., vingt-deux ans, soldat au 5ᵉ escadron du train, entre à l'hôpital de Constantine le 18 septembre 1881.

Rud..., est arrivé en Algérie le 10 décembre 1880 ; il s'est bien porté jusqu'ici ; est caserné au Bardo.

Le 16 septembre, à quatre heures du soir : céphalalgie, malaise général, sensation de chaleur, soif vive, pas de frisson.

Le 17 la fièvre persiste. Le malade n'a pas pris de sulfate de quinine avant d'entrer à l'hôpital.

18 septembre. — La fièvre persiste ; à une heure et demie du soir, la température axillaire est de 40°. Céphalalgie, malaise général, anorexie, soif vive. La zone de matité splénique mesure 9 centimètres de haut sur 12 de large.

19 septembre. — 38° le matin, 39° le soir.

20 septembre. — 39°,8 le matin. Le malade n'a pas pris de sulfate de quinine depuis l'entrée à l'hôpital.

Examen du sang fait le 20 septembre à neuf heures du matin : corps sphériques de très petit volume, non pigmentés pour la plupart et adhérents aux hématies qui ont l'aspect d'hématies piquées ou trouées. Leucocytes mélanifères.

Sulfate de quinine 1ᵍʳ,60 en deux fois.

21 septembre. — 36°4, le matin, l'apyrexie persiste le soir.

Sulfate de quinine 0ᵍʳ,80 matin et soir.

22 septembre. — Encore un accès de fièvre, mais très léger ; la température ne monte qu'à 38°,6. Sulfate de quinine 0ᵍʳ,80 matin et soir.

Pas de rechute de fièvre ; le sulfate de quinine est continué à a dose de 0ᵍʳ,60 jusqu'au 29 septembre.

Le malade quitte l'hôpital le 11 octobre.

Obs. III. — *Fièvre continue palustre de première invasion.* — *Hématozoaires du paludisme : Corps sphériques de très petit volume.* — Fo..., vingt-deux ans, soldat au 3ᵉ escadron du train, entre à l'hôpital de Constantine le 27 septembre 1881. Fo... est en Algérie depuis cinq mois. Le 25 septembre au matin, frisson, céphalalgie, vomissements bilieux. Le 26 les vomissements se sont reproduits, malaise général, céphalalgie, faiblesse, vertiges dans la station debout, soif vive. Le malade n'a pas pris de quinine avant d'entrer à l'hôpital.

27 *septembre*. — Fièvre très forte : 40°,2 le matin, 40° le soir. Stupeur sans délire. Teinte subictérique de la peau et des sclérotiques. La matité splénique mesure 9 centimètres de haut sur 9 de large.

28 *septembre*. — 38°,4 le matin, 40°,6 le soir, état typhoïde très marqué sans symptômes abdominaux. Examen du sang fait à deux heures du soir : corps sphériques très petits, ne mesurant parfois qu'un micromillimètre de diamètre, adhérents aux hématies, non pigmentés ou ne renfermant qu'un ou deux grains de pigment. Leucocytes mélanifères. Pas de corps en croissant.

Sulfate de quinine 0ᵍʳ,80, le 28 au soir.

29 *septembre*. — 39°,2 le matin, 39°,3 le soir ; état typhoïde. Sulfate de quinine 0ᵍʳ,80 matin et soir.

30 *septembre*. — Apyrexie. L'état général est plus satisfaisant. Sulfate de quinine 0ᵍʳ,80, matin et soir.

Le 1ᵉʳ octobre la température monte encore à 39°,2 le soir, mais à partir du 2 octobre, la défervescence est complète et l'état général s'améliore assez rapidement ; la teinte ictérique disparaît, les forces et l'appétit reviennent.

Le sulfate de quinine est continué jusqu'au 9 octobre.

Le malade quitte l'hôpital le 27 octobre.

Obs. IV. — *Fièvre continue palustre de première invasion.* — *Hématozoaires du paludisme : Corps sphériques.* — Quin..., âgé de vingt-deux ans, soldat au 11ᵉ escadron du train, entre à l'hôpital militaire de Constantine le 11 octobre 1881.

Quin... est en Algérie depuis neuf mois ; il se dit malade pour la première fois ; depuis un mois il n'a pas quitté le Bardo. Le 7 octobre, c'est-à-dire quatre jours avant l'entrée à l'hôpital, le malade a été pris de céphalalgie, courbature, malaise général, chaleur sans frisson. Soif ardente, anorexie, diarrhée légère. Le malade dit ne pas avoir pris de sulfate de quinine avant d'entrer à l'hôpital; il n'a été à la visite que le 11 octobre et il entre d'urgence.

11 *octobre*. — Je vois le malade à quatre heures du soir; la fièvre est très vive : 40°. Céphalalgie très forte, malaise général. Langue humide, saburrale, soif ardente, anorexie; un peu de diarrhée, pas de douleur dans la fosse iliaque droite; pas de taches rosées; la matité splénique mesure 12 centimètres de haut sur 11 de large. (Diète, limonade.)

12 *octobre*. — La fièvre persiste, à six heures du matin, la température est encore de 38°,3; à quatre heures du soir le thermomètre placé dans l'aisselle marque 41°,2. (Diète, limonade; sulfate de quinine 0^{gr},80 matin et soir.)

Examen du sang fait le 12 octobre à huit heures et demie du matin : corps sphériques de moyen ou de petit volume, libres ou accolés à des hématies. Pas de corps en croissant.

13 *octobre*. — Le matin la fièvre est tombée, 37°,3; le soir il se produit encore un léger mouvement fébrile; à 4 heures du soir, la température est de 38°,8. (Potages; sulfate de quinine 0^{gr},80 matin et soir).

14 *octobre*. — 37°,7 le matin, 36°,9 le soir. État général très satisfaisant, un peu d'appétit. (Une demi-portion ; sulfate de quinine 0^{gr},80 matin et soir.)

Le sulfate de quinine est continué à la dose de 0^{gr},60 jusqu'au 22 octobre. Pas de rechute.

Le malade sort le 28 octobre.

Obs. V. — *Fièvre continue palustre de première invasion.* — *Hématozoaires du paludisme : Corps sphériques de très petit volume.* — Mor..., vingt-quatre ans, soldat à la 8° compagnie de remonte, entre à l'hôpital de Constantine le 7 août 1882. Mor... est en Algérie depuis neuf mois, il est employé au jardin de la compagnie. Depuis le 1er août, malaise général, céphalalgie; le 4 août le malaise général et la céphalalgie ont augmenté et ont obligé le malade à s'aliter. Depuis lors, la fièvre paraît avoir persisté sans rémission complète; il n'y a pas eu de frisson. Céphalalgie, soif vive, anorexie complète. Le malade a pris, avant d'entrer à l'hôpital, 0^{gr},80 de sulfate de quinine.

7 *août*. — Fièvre vive : 39°,9 à midi; même température à quatre heures du soir. État typhoïde sans symptômes abdominaux; céphalalgie très forte, prostration. La zone de matité splénique mesure 12 centimètres de haut sur 13 de large.

Examen du sang fait le 7 août à deux heures du soir : corps sphériques très petits, en grand nombre, adhérents aux hématies ; beaucoup de ces corps ne sont pas pigmentés, les autres ne renferment qu'un ou deux grains de pigment; on trouve souvent deux ou trois de ces corps sur une même hématie. Leucocytes mélanifères.

Sulfate de quinine 1 gramme le 7 au soir.

8 *août*. — La fièvre persiste, mais elle est moins forte : 38°,4 le matin, 38°,8 le soir.

Sulfate de quinine 0^{gr},80 matin et soir.

9 *août*. — 36°,8 le matin ; le soir la température s'élève encore à 39°. Sulfate de quinine 0^{gr},80.

10 *août*. — Apyrexie qui persiste les jours suivants. Le sulfate de quinine est continué jusqu'au 18 août et repris du 24 au 30.

Le malade sort le 4 septembre 1882.

Obs. VI. — *Fièvre intermittente quotidienne de première invasion.* — *Hématozoaires du paludisme : Corps sphériques, flagella.* — Yv..., vingt-trois ans, soldat au 3e zouaves, entre à l'hôpital de Constantine le 4 août 1881.

Yv... est en Algérie depuis deux ans.

Première atteinte de fièvre le 28 juillet dernier : céphalalgie, malaise général, soif vive, chaleur.

Le 3 août, pour la première fois, Yv... a eu un accès de fièvre bien caractérisé avec frisson initial, chaleur et sueurs.

4 *août*. — Nouvel accès de fièvre, à dix heures du matin frisson, la température axillaire est à ce moment de 41°,3 ; à quatre heures du soir 40°. Examen du sang fait à deux heures et demie : corps sphériques libres ou adhérents à des hématies, beaucoup de ces éléments sont très petits. Pas de corps en croissant.

La matité splénique mesure 11 centimètres de haut sur 14 de large.

5 *août*. — 36°,8 le matin. A midi frisson. A une heure la température axillaire est de 40°,4 ; à quatre heures du soir elle est encore de 40°,2.

Examen du sang fait le 5 août à neuf heures du matin (avant le début de l'accès) : corps sphériques nombreux, libres ou adhérents à des hématies, corps sphériques renfermant des grains pigmentés mobiles, flagella.

Sulfate de quinine 1^{gr},60 en deux fois.

6 *août*. — Apyrexie matin et soir. Anémie très marquée, faiblesse générale. Sulfate de quinine 1^{gr},40.

Les jours suivants l'apyrexie persiste, le sulfate de quinine est continué à la dose de 0^{gr},60 jusqu'au 14 août.

Examen du sang fait le 17 août : je ne trouve plus trace des éléments parasitaires. Le malade quitte l'hôpital le 5 septembre.

Obs. VII. — *Fièvre palustre de première invasion.* — *Hématozoaires du paludisme : Corps sphériques, flagella.* — Cour..., vingt-deux ans, soldat au 47ᵉ de ligne, entre à l'hôpital de Constantine le 8 août 1881. Cour... est en Algérie depuis trois semaines, il se dit malade depuis trois jours : frissons au début, vomissements, céphalalgie qui persiste, malaise général, soif vive, anorexie ; le malade n'a pas pris de quinine avant d'entrer à l'hôpital.

Le 8 août à onze heures du matin la température axillaire est de 39°8 ; apyrexie le soir. La matité splénique mesure 12 centimètres de haut sur 11 de large. Examen du sang fait le 8 août à trois heures du soir, à la fin de l'accès de fièvre : corps sphériques libres ou adhérents aux hématies, quelques-uns de ces éléments renferment des grains pigmentés mobiles ou montrent à leur périphérie des flagella animés de mouvements très rapides. Leucocytes mélanifères. Sulfate de quinine 0^{gr},80 le 8 au soir.

9 *août*. — Apyrexie. Le malade n'accuse plus que de la faiblesse, anémie très marquée. Sulfate de quinine 1^{gr},40.

Le sulfate de quinine est continué à la dose de 0^{gr},60 par jour jusqu'au 16 août. Il n'y a pas de rechute.

Le malade sort le 26 août 1881.

Obs. VIII. — *Fièvre intermittente quotidienne de première invasion.* — *Hématozoaires du paludisme : Corps sphériques, flagella.* — Sain..., vingt-trois ans, soldat au 3ᵉ chasseurs d'Afrique, entre à l'hôpital de Constantine le 20 septembre 1881.

Sain... est en Algérie depuis vingt-trois mois ; pas de maladies antérieures graves ; il a été pris de fièvre pour la première fois le 6 septembre courant en rentrant d'accompagner un convoi à l'Oued Athménia. Du 6 au 20 septembre le malade a été soigné à la visite du corps.

20 *septembre*. — Fièvre très vive : à une heure de l'après-midi 40°,8 ; à quatre heures du soir 39°,4. Céphalalgie. Soif ardente. Pas de symptômes abdominaux. La matité splénique mesure 11 centi-

mètres de haut sur 14 de large. Sueurs abondantes le 20 au soir. (Diète, limonade.)

21 *septembre*. — La fièvre est tombée : le matin 36°,3. Le malaise et la céphalalgie ont disparu (sulfate de quinine 0^{gr},80 matin et soir). Nouvel accès dans la journée; à quatre heures du soir la température est de 40 degrés.

Examen du sang fait le 21 au matin (avant de faire prendre le sulfate de quinine) : corps sphériques libres ou accolés à des hématies, corps sphériques renfermant des grains pigmentés mobiles ou munis de flagella, flagella libres, corps sphériques de très petit volume ne renfermant parfois qu'un ou deux grains pigmentés, libres ou adhérents à des hématies.

22 *septembre*. — 37° le matin, le soir l'apyrexie persiste. (Sulfate de quinine 0^{gr},80 matin et soir.)

23 *septembre*. — L'apyrexie persiste. Anémie profonde, teinte terreuse de la face, muqueuses décolorées. Faiblesse générale. Langue humide; pas de diarrhée ni de constipation. Un peu d'appétit. (Une portion; sulfate de quinine 0^{gr},80; vin de quinquina.)

24 *septembre*. — L'apyrexie persiste. Le sulfate de quinine est continué à la dose de 0^{gr},60 par jour jusqu'au 30 septembre. Vin de quinquina, café. Pas de rechute. Sortant le 3 octobre 1881.

Obs. IX. — *Fièvre intermittente quotidienne de première invasion. — Hématozoaires du paludisme : Corps en croissant corps sphériques.* — Coi..., vingt-trois ans, soldat au 3e zouaves, entre à l'hôpital de Constantine le 20 juillet 1882.

Coi... est en Algérie depuis huit mois, il a été atteint de fièvre pour la première fois il y a six jours; fièvre intermittente quotidienne bien caractérisée, accès avec frisson initial revenant vers dix heures du matin. Le malade a pris trois doses de sulfate de quinine avant d'entrer à l'hôpital.

20 *juillet*. — A quatre heures du soir : 39°,2. Céphalalgie très forte, malaise général, faiblesse, diarrhée, point douloureux dans la région de la rate. La zone de matité splénique mesure 12 centimètres de haut sur 15 de large. Sulfate de quinine 0^{gr},80.

21 *juillet*. — Apyrexie. Sulfate de quinine 0^{r},80 matin et soir. Examen du sang fait à deux heures du soir : corps en croissant, corps sphériques de moyen volume; quelques-uns de ces éléments renferment des grains de pigment mobiles; corps sphériques de

très petit volume, libres ou adhérents aux hématies. Leucocytes mélanifères.

22 *juillet*. — L'apyrexie persiste. Anémie très marquée, le malade a des vertiges dès qu'il essaye de se lever, bourdonnements d'oreilles. Le sulfate de quinine est continué à la dose de 0^{gr},80 puis de 0^{gr},60 jusqu'au 28 juillet et repris du 6 au 10 août.

Pas de rechute de fièvre. Le malade sort le 11 août 1882.

Obs. X. — *Fièvre intermittente quotidienne de première invasion. — Hématozoaires du paludisme : Corps en croissant, corps sphériques.* — Del..., vingt-quatre ans, soldat à la 8e compagnie de remonte, entre à l'hôpital de Constantine le 7 juillet 1882.

Del... est arrivé en Algérie au mois de janvier 1882; il s'était bien porté jusque-là. Première atteinte de fièvre le 1er juillet à neuf heures du matin; accès régulier avec frisson initial. Nouveaux accès les jours suivants. Le malade a pris une dose de sulfate de quinine avant d'entrer à l'hôpital.

7 *juillet*. — A quatre heures du soir la température axillaire est de 38°,8 (fin de l'accès).

8 *juillet*. — Nouvel accès. La température axillaire monte à 40°. La zone de matité splénique mesure 14 centimètres de haut sur 15 de large.

Apyrexie le 9 et le 10, ce qui paraît devoir être attribué à la dose de sulfate de quinine prise avant l'entrée à l'hôpital.

11 *juillet*. —Accès de fièvre; à trois heures et demie du soir 39°,5; à six heures et demie 39°,8.

12 *juillet*. — Apyrexie. Sulfate de quinine 0^{gr},80 matin et soir.

Examen du sang fait le 12 au matin : corps en croissant nombreux, il y en a parfois trois ou quatre dans le champ du microscope, corps sphériques de moyen volume, rares.

13 *juillet*. — Nouvel accès de fièvre à une heure et demie du soir 39°,6; à six heures 37°,4.

Le sulfate de quinine est continué à la dose de 0^{gr},80 puis de 0^{gr},60 jusqu'au 20 juillet. Pas de rechute de fièvre.

Le malade sort le 28 juillet.

Obs. XI. — *Fièvre palustre de première invasion. — Forme continue ou fièvre intermittente avec accès subintrants. — Hématozoaires du paludisme : Corps en croissant.* — N..., soldat au 3e zouaves, vingt-quatre ans, entre à l'hôpital militaire de Constantine le 24 juillet 1881.

N... est en Algérie depuis trois ans; il se dit malade pour la première fois ; le 20 juillet dernier, il a ressenti de la céphalalgie, du malaise général, une chaleur vive sans frissons, sans accès réguliers; au dire du malade la fièvre aurait persisté sans rémission notable jusqu'à l'entrée à l'hôpital. Au moment où les accidents se sont produits le malade était détaché à Aïn-el-Bey, c'est-à-dire dans une localité notoirement insalubre. Avant d'entrer à l'hôpital, N... a pris un ipéca stibié, pas de sulfate de quinine. Depuis le 23 juillet le malade a rendu à plusieurs reprises et sans avoir pris de tænifuge, de longs fragments de tænia.

24 juillet — Fièvre très vive : 40°,6 le matin, 40°,4 le soir. Malaise général, céphalalgie très forte, pas de stupeur. Soif vive, anorexie, pas de diarrhée, ventre souple, indolore. La rate est notablement augmentée de volume. (Diète, limonade.)

25 juillet. — La fièvre persiste 38°,6 le matin ; 41°,3 le soir. Céphalalgie, anorexie, soif vive. (Diète, limonade; sulfate de quinine 0^{gr},80.)

26 juillet. — 39°,1 le matin; 37°,1 le soir. (Sulfate de quinine 0^{gr},80 le matin, 0^{gr},60 le soir.)

27 juillet. — 37° le matin. Le soir l'apyrexie persiste. (Une demi-portion ; sulfate de quinine 0^{gr},60).

28 juillet. — Apyrexie le matin. Le malade prend 0^{gr},60 de sulfate de quinine; malgré cela il a un accès dans la journée; à quatre heures du soir la température axillaire est de 39°,7. (Sulfate de quinine 0^{gr},80 le 28 au soir.)

29 juillet. — 37° le matin, l'apyrexie persiste. Examen du sang fait le 29 juillet : corps en croissant, leucocytes mélanifères. (Sulfate de quinine 0^{gr},80 matin et soir.)

30 juillet. — L'apyrexie persiste. L'appétit et les forces reviennent. (Une portion ; sulfate de quinine 0^{gr},60; vin de quinquina.)

Le sulfate de quinine est continué jusqu'au 5 août à la dose de 0^{gr},60. Vin de quinquina. Café.

Pendant tout le mois d'août l'apyrexie persiste, l'anémie se dissipe peu à peu.

Examen du sang fait le 31 août: je ne trouve plus aucun élément parasitaire.

Sortant le 1er septembre 1881.

Obs. XII. — *Fièvre intermittente quotidienne de première invasion.*
— *Hématozoaires du paludismes : Corps en croissant.* — P..., vingt et
un ans, soldat au 3ᵉ zouaves, entre à l'hôpital de Constantine le
25 juillet 1882. P... est en Algérie depuis huit mois ; se dit
malade pour la première fois depuis son arrivée en Algérie ; le
22 juillet, P... a été pris à six heures du matin de frisson avec
malaise général, céphalalgie, vomissements bilieux ; chaleur
après le frisson, soif vive ; la fièvre a persisté le 23 et le 24. Le
malade a pris le 24, à Aïn-el-Bey où il se trouvait, dix pilules de
sulfate de quinine et il a été évacué sur Constantine.

25 *juillet.* — Accès de fièvre : 38°,4 à neuf heures et demie du
matin, 39°,8 à midi, 37°,9 à quatre heures du soir. Anémie très marquée, faiblesse générale. Sulfate de quinine 0ᵍʳ,80 le 25 au soir.

26 *juillet.* — Nouvel accès de fièvre qui commence à cinq heures
du matin. A six heures du matin 39°,8 ; à midi 40°, à quatre heures
du soir 38°,4. Examen du sang fait le 26 juillet, à huit heures du
matin : corps en croissant, leucocytes mélanifères assez nombreux.

Sulfate de quinine 1ᵍʳ,60 en deux fois.

27 *juillet.* — Apyrexie, faiblesse générale très marquée, le
malade peut difficilement se tenir debout.

Les jours suivants, l'apyrexie persiste, les forces et l'appétit
reviennent. Le sulfate de quinine est continué jusqu'au 4 août
(0ᵍʳ,80 puis 0ᵍʳ,60).

Le 18 août accès léger, on reprend le sulfate de quinine qui est
continué jusqu'au 27 août.

Pas de nouvelle rechute. Le malade quitte l'hôpital le 29 août
avec un congé de convalescence.

Obs. XIII. — *Fièvre intermittente quotidienne de première invasion.* — *Hématozoaires du paludisme : Corps en croissant.* —
Vand..., vingt-neuf ans, soldat au 3ᵉ bataillon d'Afrique, entre à
l'hôpital de Constantine le 16 août 1882.

Première atteinte de fièvre le 11 août ; accès quotidiens du
11 au 15 ; les accès sont bien caractérisés, ils reviennent chaque
jour vers huit heures du matin. Le malade a pris deux doses de
sulfate de quinine avant d'entrer à l'hôpital.

16 *août.* — Apyrexie, anémie, faiblesse générale, anorexie. La
matité splénique mesure 11 centimètres de haut sur 13 de large.
Je ne prescris que du vin de quinquina.

L'apyrexie persiste jusqu'au 20 août.

20 août. — Accès de fièvre ; 39°,3 à huit heures du matin ; 41° à onze heures et demie ; 40°,8 à quatre heures du soir.

Examen du sang fait le 20 août, à huit heures et demie du matin : corps en croissant.

Nouvel examen du sang fait le 20 août, à deux heures du soir : corps en croissant, corps ovalaires qui dérivent des corps en croissant, leucocytes mélanifères.

Le sulfate de quinine est prescrit à partir du 20 au soir jusqu'au 28 août.

Le 22 août le malade a encore un accès léger. Le malade quitte l'hôpital le 1er septembre avec un congé de convalescence.

OBS. XIV. — *Fièvre intermittente quotidienne (rechute). — Hématozoaires du paludisme : Corps sphériques.* — Du..., vingt-deux ans, soldat au 2e régiment d'artillerie, entre à l'hôpital de Constantine le 20 mai 1882.

Du... est en Algérie depuis le 10 avril 1881.

Première atteinte de fièvre à Bone au mois de juillet 1881, fièvre intermittente qnotidienne bien caractérisée qui a été traitée par le sulfate de quinine.

Rechute de fièvre le 28 avril 1882; fièvre intermittente quotidienne. Sulfate de quinine. Nouvelle rechute le 19 mai. Accès le 19 et le 20 mai.

20 mai. — A deux heures du soir la température axillaire est de 40° ; à quatre heures du soir : 38°,2. Examen du sang fait le 20 mai à deux heures et demie du soir : corps sphériques de moyen ou de petit volume en assez grand nombre, libres ou adhérents à des hématies, leucocytes mélanifères.

21 mai. — Nouvel accès de fièvre ; à sept heures du matin frisson, la température axillaire est à ce moment de 39°,4; à quatre heures du soir : 38°,8, sueurs.

Examen du sang fait le 21 mai à huit heures et demie du matin, mêmes résultats que l'examen fait le 20 mai.

Sulfate de quinine, 0gr,80 le 21 au soir.

22 mai. — Apyrexie, anémie très marquée, faiblesse générale, anorexie. La zone de matité splénique mesure 14 centimètres de haut, sur 13 de large. Sulfate de quinine 0gr,80 matin et soir.

Les jours suivants l'apyrexie persiste. Le sulfate de quinine est prescrit à la dose de 0gr,60 jusqu'au 26 mai. L'examen du sang fait le 2 juin ne révèle plus l'existence d'aucun élément parasitaire.

Rechute de fièvre le 9 juin ; frisson à midi, à une heure la température axillaire est de 40°,9:

Examen du sang fait le 9 juin à deux heures : corps sphériques de petit ou de moyen volume, libres ou adhérents à des hématies. De même que dans les examens précédents on ne trouve aucun corps en croissant.

Le 9 juin, à cinq heures et demie du soir, la température axillaire est de 38°,2.

10 *juin.* — 37° le matin ; à midi nouvel accès ; à une heure 40°,9; à quatre heures 38°,2. Examen du sang fait le 10 juin, à deux heures du soir : mêmes résultats que dans les examens précédents : corps sphériques de petit ou de moyen volume, libres ou adhérents à des hématies.

Le sulfate de quinine est prescrit à partir du 10 au soir jusqu'au 19 juin, 0gr,80 d'abord, puis 0gr,60. Pas de nouveaux accès de fièvre.

Obs. XV. — *Fièvre intermittente quotidienne (rechute).* — *Hématozoaires du paludisme : Corps sphériques, corps segmentés.* — C..., âgé de trente-deux ans, soldat du 8° escadron du train, entre à l'hôpital de Constantine le 18 août 1881.

C.... est en Algérie depuis le 11 décembre 1880, caserné au Bardo. Première atteinte de fièvre intermittente le 20 juillet dernier. Fièvre intermittente quotidienne du 20 au 30 juillet ; le malade a été traité par le sulfate de quinine à son corps.

Rechute le 15 août ; accès réguliers le 15, le 16 et le 17, revenant vers dix heures du matin. Avant d'entrer à l'hôpital le malade a pris plusieurs doses de sulfate de quinine.

18 *août.* — Fièvre vive : 41° à midi, 40°,4 à quatre heures du soir. Céphalalgie très forte. La matité splénique mesure 7 centimètres de haut, sur 12 de large. Examen du sang fait le 18 août à deux heures du soir : corps amiboïdes renfermant souvent des grains pigmentés mobiles, ces corps sphériques de différents volumes sont libres ou adhérents aux hématies, corps du volume d'une hématie montrant au centre un amas de pigment et, tout autour, des corpuscules arrondis, brillants (corps segmentés).

Le sulfate de quinine est prescrit à partir du 18 au soir jusqu'au 26 août ; pas de nouveaux accès de fièvre.

3 *septembre*. — Anémie encore très prononcée; l'examen du sang, fait le 3 septembre, ne révèle plus l'existence d'aucun élément parasitaire.

Le malade sort le 10 septembre 1881.

Obs. XVI. — *Fièvre intermittente quotidienne (rechute).* — *Hématozoaires du paludisme : Corps sphériques, corps segmentés.* — Rob..., vingt-quatre ans, soldat au 3° escadron du train, entre à l'hôpital de Constantine le 15 novembre 1881.

Rob... est en Algérie depuis deux ans ; première atteinte de fièvre au mois d'août 1881 ; depuis cette époque le malade a eu plusieurs rechutes de fièvre et il a pris à chaque rechute plusieurs doses de sulfate de quinine. Depuis le 3 novembre, accès quotidiens, réguliers, avec frisson initial vers quatre heures du matin. Le malade a pris plusieurs doses de sulfate de quinine avant d'entrer à l'hôpital.

15 *novembre*. — Accès de fièvre 39°,7 à quatre heures du soir. Anémie très marquée, faiblesse générale. La matité splénique mesure 12 centimètres de haut sur 14 de large.

16 *novembre*. — 37°,9 le matin. Examen du sang fait le 16 novembre au matin : corps sphériques en grand nombre, libres ou adhérents à des hématies, les uns sont très petits, non pigmentés et donnent aux hématies auxquelles ils adhèrent l'aspect d'hématies qui seraient trouées, les autres, de moyen volume, renferment des grains pigmentés mobiles ; corps segmentés d'une façon régulière avec un amas de pigment au centre ; leucocytes mélanifères.

Un nouvel examen du sang fait le 16 novembre, à une heure et demie du soir, au moment où débute l'accès de fièvre donne les mêmes résultats que l'examen fait le matin.

Le 16, à trois heures du soir, frisson ; à quatre heures la température axillaire est de 39°,8.

17 *novembre*. — 37° le matin ; dans la journée le malade a encore un accès de fièvre ; à quatre heures du soir 39°,3. Sulfate de quinine, 0^{gr},80 matin et soir. Les jours suivants l'apyrexie persiste ; le sulfate de quinine est continué à la dose de 0^{gr},80 puis de 0^{gr},60 jusqu'au 27 novembre.

Pas de rechute. Le malade sort le 8 décembre 1881.

Obs. XVII. — *Fièvre intermittente quotidienne (rechute).* — *Hématozoaires du paludisme : Corps sphériques, flagella.* — Vieu..., vingt-

cinq ans, soldat au 3ᵉ escadron du train, entre à l'hôpital de
Constantine le 18 mars 1881.

Première atteinte de fièvre au mois d'août 1879 ; rechutes au
mois d'août 1880 (fièvre quotidienne) et au mois de février 1881.
Le 18 mars, le malade entre à l'hôpital de Constantine dans un
autre service que le mien ; il a plusieurs accès et prend quelques
doses de quinine ; le 17 avril il est évacué sur mon service.

17 avril. — Apyrexie, anémie très prononcée, teinte terreuse,
amaigrissement, faiblesse générale, anorexie. La matité splénique mesure 11 centimètres de haut sur 10 de large.

Examen du sang fait le 17 avril au matin : corps sphériques,
flagella.

Le 18 avril, accès de fièvre régulier, bien caractérisé, qui se
reproduit le 19.

Le sulfate de quinine est prescrit pendant trois jours. L'apyrexie persiste jusqu'au 23 avril.

Examen du sang fait le 22 avril : corps sphériques.

Le 23 avril à onze heures du matin, accès de fièvre ; à trois
heures du soir 40°,7.

23 avril. — Nouvel accès dans la journée ; à trois heures et
demie la température axillaire est de 39°.

Examen du sang fait le 24 avril au matin (avant le début de
l'accès de fièvre) : corps sphériques en assez grand nombre montrant les uns des grains pigmentés mobiles, les autres des flagella,
on trouve aussi des flagella libres.

Sulfate de quinine 0ᵍʳ,80.

Le sulfate de quinine est continué les jours suivants, l'apyrexie
persiste.

Obs. XVIII. — *Fièvre intermittente quotidienne (rechute).* — *Hématozoaires du paludisme : Corps sphériques, flagella.* — Al..., ser-
gent au 3ᵉ tirailleurs, âgé de vingt-cinq ans, entre à l'hôpital
militaire de Constantine le 28 mai 1881.

Al... est en Algérie depuis le 17 décembre 1877 ; il a pris la
fièvre intermittente pour la première fois au mois de septembre 1880 aux environs de Jemmapes, et il a été traité pendant
trois semaines à l'hôpital de Philippeville pour fièvre intermittente quotidienne. Depuis cette époque le malade est resté faible,
anémié et il est sujet aux palpitations de cœur.

Le 19 mai, Al... a éprouvé de la céphalalgie, du malaise général, des douleurs vagues dans les membres; néanmoins il a continué à faire son service. Le 24 mai, le malade qui était à la cible, s'est trouvé plus faible que les jours précédents et il a eu beaucoup de peine à rentrer à la caserne. Le 25, le malaise général et la fièvre avaient disparu en grande partie, mais le 26, Al... a eu un fort accès de fièvre avec frisson initial; pendant la nuit du 27 au 28, nouvel accès, fièvre très forte, il y a même eu, paraît-il du délire.

Le 27 au matin, le malade a pris 0^{gr},80 de sulfate de quinine.

28 *mai*. — Fièvre légère (38°,2 le matin, 38°,3 le soir). Le malade se plaint d'une céphalalgie très vive; prostration, faiblesse générale. Anémie très prononcée. Langue blanche, saburrale. Ventre souple, indolore, pas de diarrhée. La matité splénique mesure 15 centimètres de haut sur 14 de large.

Examen du sang fait le 28 mai au matin : corps sphériques renfermant des grains pigmentés mobiles ou munis de flagella. (Bouillon, limonade; sulfate de quinine 1^{gr},20.)

29 *mai*. — 36°,6 le matin. Le soir l'apyrexie persiste. L'état général est plus satisfaisant. (Une demi-portion; sulfate de quinine 0^{gr},60)

30 *mai*. — L'apyrexie persiste. Anémie profonde, teinte terreuse de la face. Faiblesse générale. (Une portion; sulfate de quinine 0^{gr},60; vin de quinquina.)

Examen du sang fait le 30 mai : je ne trouve plus aucun élément parasitaire.

Le sulfate de quinine est continué jusqu'au 8 juin, à la dose de 0^{gr},60 par jour, il n'y a pas de rechute. Vin de quinquina. Café noir.

Du 13 au 18 juin, je rends encore le sulfate de quinine. Pas de rechute. Le malade, qui a obtenu un congé de convalescence, sort le 18 juin.

OBS. XIX. — *Fièvre intermittente quotidienne (rechute)*. — *Hématozoaires du paludisme : Corps sphériques, flagella.* — Mach..., âgé de vingt-trois ans, soldat à la 21° section d'ouvriers d'administration, entre à l'hôpital militaire de Constantine le 3 juillet 1881.

Mach... est arrivé en Algérie le 9 novembre 1879, il a pris la fièvre intermittente pour la première fois au mois d'octobre 1880 à Biskra; le malade a eu plusieurs rechutes de fièvre; deux entrées à l'hôpital de Biskra. La fièvre a reparu il y a un mois à Biskra avec le type quotidien; enfin, pendant le voyage de Biskra à Constantine, il y a eu une dernière rechute. Depuis huit jours, accès quotidiens revenant vers deux heures du matin. Dernier accès le 3 juillet, jour de l'entrée dans mon service. Depuis une quinzaine de jours, le malade n'a pas pris de sulfate de quinine.

3 juillet. — L'accès est terminé au moment de l'entrée à l'hôpital. Anémie très prononcée, la peau de la face a la teinte terreuse, les muqueuses sont décolorées. Faiblesse générale. Douleur dans la région splénique. La matité splénique mesure 8 centimètres de haut sur 8 de large. (Sulfate de quinine 0^{gr},80 le 3 au soir.)

Examen du sang fait le 3 juillet à quatre heures du soir (l'accès terminé) : corps sphériques en grand nombre, immobiles ou munis de flagella, flagella libres, corps sphériques de petit volume.

4 juillet. — Apyrexie. (Sulfate de quinine 0^{gr},80.)

5 juillet. — L'apyrexie persiste. Les forces et l'appétit reviennent. (Une portion; sulfate de quinine 0^{gr},60 ; vin de quinquina.)

Le sulfate de quinine est continué à la dose de 0^{gr},60 jusqu'au 12 juillet. Pas de rechute de fièvre.

Examen du sang fait le 13 juillet : je ne trouve plus aucun élément parasitaire.

Le malade est envoyé en congé de convalescence.

Obs. XX. — *Fièvre intermittente quotidienne (rechute).* — *Hématozoaires du paludisme : Corps sphériques, flagella.* — Gra..., âgé de vingt-trois ans, soldat au 3ᵉ tirailleurs algériens, entre à l'hôpital militaire de Constantine, le 1ᵉʳ novembre 1881.

Gra... est en Algérie depuis le mois de novembre 1879; pendant l'été de 1880, il est entré à deux reprises à l'hôpital de Biskra pour dysenterie, il n'avait pas les fièvres à ce moment. La première atteinte de fièvre palustre a eu lieu le 10 septembre 1881, le malade se trouvait alors détaché dans les forêts; il est entré à l'hôpital de Milah le 17 septembre pour fièvre intermittente, il en est sorti le 28 octobre. Le 30 octobre rechute de fièvre et de dysenterie.

1ᵉʳ novembre. — Fièvre assez vive au moment de l'entrée à l'hôpital; 39°,6 à quatre heures du soir.

2 novembre. — Apyrexie le matin; vers cinq heures du soir le malade a un nouvel accès de fièvre; à six heures du soir la température axillaire est de 39°,9. Anémie, faiblesse générale. Dysenterie bien caractérisée, selles petites, fréquentes, muqueuses et sanguinolentes accompagnées de coliques vives et de ténesme. La matité splénique mesure 8 centimètres de haut sur 9 de large. (Sulfate de quinine 1^{gr},60; eau de Sedlitz deux verres le matin; calomel 1^{gr},50 le soir.)

3 *novembre*. — 38°,6 le matin; 37°,3 le soir. Les coliques sont moins fortes, les selles sont plus abondantes mais elles renferment encore du sang. (Sulfate de quinine 0^{gr},80; eau de Sedlitz un verre le matin; calomel 1 gramme le soir.)

4 *novembre*. — Apyrexie. Les selles sont diarrhéiques, ne renferment plus de sang, les coliques et le ténesme ont disparu. (Potages; sulfate de quinine 0^{gr},60; quatre pilules de Segond.)

Les jours suivants, l'état du malade continue à s'améliorer, l'apyrexie persiste, les selles redeviennent normales. Le sulfate de quinine est continué à la dose de 0^{gr},60 jusqu'au 12 novembre.

Le 5 décembre, l'état du malade est très satisfaisant, la dysenterie a disparu complètement, lorsque la fièvre reparaît. Accès le 5 vers midi; à une heure de l'après-midi : 40°,3. Examen du sang fait le 5 décembre à deux heures et demie du soir, c'est-à-dire pendant l'accès : corps sphériques libres ou adhérents à des hématies, corps sphériques de petit volume, en grand nombre, libres ou adhérents à des hématies.

Le 5 décembre, à quatre heures du soir, la température est de 38°,8.

6 *décembre*. — 36°,5 le matin; 37° le soir. (Sulfate de quinine 0^{gr},80 matin et soir.)

Examen du sang fait le 6 décembre, à huit heures et demie du matin : corps sphériques en grand nombre, la plupart de ces corps renferment des grains pigmentés mobiles et sont munis de flagella animés de mouvements très vifs; leucocytes mélanifères (rares).

7 *décembre*. — 38°,4 le matin. Apyrexie le soir, il y a eu encore un accès léger ce matin. (Potages; sulfate de quinine 0^{gr}80.)

8 *décembre*. — Apyrexie matin et soir. Anémie profonde, faiblesse générale. La matité splénique mesure 9 centimètres de haut sur 12 de large. La dysenterie n'a pas reparu. Un peu d'appétit. (Une portion; sulfate de quinine 0^{gr},60; vin de quinquina; café.)

Le sulfate de quinine est continué à la dose de 0^{gr},60 par jour jusqu'au 16 décembre. Pas de rechute de fièvre. Le malade sort le 20 décembre avec un congé de convalescence.

Obs. XXI. — *Fièvre intermittente quotidienne (rechute).* — *Hématozoaires du paludisme: Corps sphériques, flagella.* — Eng..., âgé de vingt-trois ans, soldat au 47° de ligne, entre à l'hôpital militaire de Constantine le 9 janvier 1882.

Eng... a débarqué à Bone au mois de juillet 1881; il est venu par étapes de Bone à Saint-Charles en traversant des localités très insalubres. Dans les derniers jours du mois de juillet, Eng... a éprouvé les premiers accès de fièvre; fièvre intermittente quotidienne bien caractérisée. Depuis ce moment, rechutes incessantes, le malade n'est pas resté plus de huit jours sans fièvre, il est entré successivement à l'ambulance d'Akbou, puis à l'hôpital de Bougie, enfin à l'hôpital d'Aïn-Beida. Le dernier accès a eu lieu le 9 janvier au matin : avant l'entrée à l'hôpital, accès régulier avec frisson initial. Le malade dit ne pas avoir pris de sulfate de quinine depuis une quinzaine de jours.

10 *janvier.* — Apyrexie matin et soir. Anémie, faiblesse générale. La matité splénique mesure 11 centimètres de haut sur 14 de large. Bronchite légère.

11 *janvier.* — Le malade dit avoir eu dans la soirée un accès qui n'est pas constaté.

12 *janvier.* — Apyrexie. (Une portion; vin de quinquina.)

Examen du sang fait le 13 janvier à neuf heures du matin : corps sphériques libres ou adhérents à des hématies, leucocytes mélanifères.

26 *janvier.* — Le malade n'a pris, en fait de médicaments, que du vin de quinquina, néanmoins il n'y a pas eu de rechute de fièvre.

Examen du sang fait le 26 janvier : corps sphériques de moyen ou de petit volume, libres ou adhérents à des hématies; corps sphériques munis de flagella.

Une rechute de fièvre paraît imminente.

28 *janvier.* — Le malade est pris de frisson à midi ; à deux heures, le thermomètre marque 38°,9 dans l'aisselle.

Examen du sang fait le 28 janvier pendant l'accès : corps sphériques renfermant des grains pigmentés mobiles ou munis de flagella.

29 *janvier.* — Apyrexie le matin. Nouvel accès de fièvre dans

la journée ; à deux heures du soir, la température axillaire est de 39°,6. (Sulfate de quinine 0^{gr},80 matin et soir.)

30 *janvier*. — Apyrexie matin et soir. (Une portion ; sulfate de quinine 0^{gr},80 matin et soir.)

31 *janvier*. — L'apyrexie persiste. (Une portion ; sulfate de quinine 0^{gr},80 ; vin de quinquina ; café.)

Le sulfate de quinine est continué à la dose de 0^{gr},60 jusqu'au 8 février. Pas de rechute de fièvre. Sortant le 18 février.

Obs. XXII. — *Fièvre intermittente quotidienne (rechute). — Hématozoaires du paludisme : Corps en croissant, corps sphériques, flagella* (1). — D..., âgé de vingt-quatre ans, soldat au 8° escadron du train, en Algérie depuis le 5 décembre 1879, entre à l'hôpital militaire de Constantine le 4 novembre 1880.

Le malade est caserné au Bardo, c'est-à-dire dans un endroit notoirement insalubre, sur les bords du Rummel ; le 10 octobre dernier il a été pris pour la première fois de fièvre. Entré à l'hôpital de Constantine le 12 octobre, il a pris plusieurs doses de sulfate de quinine, la fièvre a cédé facilement et le malade est sorti le 24 octobre. Rechute de fièvre le 26 ; accès quotidiens revenant vers dix heures du matin.

Le 4 novembre, je constate que le malade est amaigri, profondément anémié, la peau a la teinte terreuse caractéristique de la cachexie palustre ; à quatre heures du soir la température axillaire est de 39°,5. Langue blanche, humide, soif vive.

La matité splénique mesure 12 centimètres de haut sur 11 de large. (Sulfate de quinine 0^{gr},80.)

5 *novembre*. — La température est de 38°,5 le matin, et de 38°,6 le soir.

Examen du sang fait le 5 novembre au matin. Corps en croissant nombreux.

Je prescris : sulfate de quinine 0^{gr},60.

6 *novembre*. — Apyrexie 36°,8 le matin ; 37°,2 le soir.

Examen du sang fait le 6 novembre : corps en croissant toujours nombreux, corps sphériques munis de flagella mobiles dont je constate l'existence pour la première fois.

Le 6 novembre le malade prend encore 0^{gr},60 de sulfate de quinine.

(1) Observation XIII de mon *Traité des fièvres palustres*, c'est dans le sang de ce malade que j'ai constaté pour la première fois l'existence des flagella.

7 novembre. — Apyrexie. Examen du sang : corps en croissant toujours nombreux; je constate de nouveau l'existence des éléments sphériques munis de flagella.

Le malade prend encore le 7 novembre 0^{gr},60 de sulfate de quinine matin et soir, les jours suivants le sulfate de quinine est supprimé. L'apyrexie persiste.

Examen du sang fait le 9 novembre : corps en croissant nombreux, corps sphériques avec des flagella. M. le médecin principal Aron et MM. Petit et Troussaint, médecins aides-majors constatent l'existence des flagella qui sont animés de mouvements très vifs.

Du 10 au 25 novembre l'apyrexie persiste. L'anémie est toujours très prononcée.

Examen du sang fait le 17 novembre : corps en croissant toujours nombreux; corps sphériques également nombreux, flagella,

Je constate que les flagella se terminent par un petit renflement à leur extrémité libre.

Examen du sang fait le 25 novembre : corps en croissant, corps sphériques moins nombreux mais plus gros que lors des précédents examens; les granulations de pigment sont animées d'un mouvement très vif à l'intérieur de quelques-uns de ces éléments. Je constate pour la première fois que les flagella, d'abord adhérents aux éléments sphériques, se détachent au bout d'un temps variable et deviennent libres dans le sérum, les flagella libres continuent à se mouvoir au milieu des hématies auxquelles ils impriment des mouvements très variés.

Le 26 novembre, accès de fièvre à dix heures et demie du matin. (Sulfate de quinine 0^{gr},80.)

Du 27 au 30 novembre le malade prend chaque jour 1^{gr},60 de sulfate de quinine en deux fois et du 1er au 8 décembre 0^{gr},80 de sulfate de quinine chaque jour, soit 12^{gr},80 de sulfate de quinine en douze jours. La fièvre ne reparaît pas.

Examen du sang fait le 10 décembre : je ne trouve plus aucun élément parasitaire.

Le 12 décembre, le malade quitte l'hôpital avec un congé de convalescence.

Il est à noter que, dans ce cas, les flagella ont résisté plusieurs jours à l'administration du sulfate de quinine, contrairement à ce qui arrive en général et il a fallu de très fortes doses de quinine pour les faire disparaître. Il s'agissait donc d'un cas exceptionnellement favorable à l'observation de ces éléments.

Obs. XXIII. — *Fièvre intermittente quotidienne.* — *Cachexie palustre aiguë.* — *Hématozoaires du paludisme : Corps sphériques, corps en croissant.* — Bu..., âgé de vingt-cinq ans, soldat au 3ᵉ escadron du train, entre à l'hôpital de Constantine le 22 août 1881.

Bu... est en Algérie depuis dix-huit mois; en dernier lieu, il était employé à Aïn-el-Bey. Depuis cinq semaines, malaise général, faiblesse, douleurs dans les membres ; depuis quinze jours, œdème des membres inférieurs d'abord puis de la face. Le malade dit qu'il n'a pas eu d'accès de fièvre; mais le 22, le 23 et le 24 je constate tous les soirs une fièvre vive dont le malade n'a pas conscience (il n'y a pas de frisson au début des accès), et il me paraît bien certain que cette fièvre intermittente quotidienne existe depuis quelque temps. Le malade n'a pas pris de sulfate de quinine avant d'entrer à l'hôpital.

22 août. — A quatre heures du soir 39°,8.

23 août. — 37°,8 le matin, 40° à quatre heures du soir.

Anémie profonde, teinte terreuse de la peau ; la face est bouffie, un peu d'œdème des membres inférieurs; pas d'albumine dans les urines. La matité splénique mesure 10 centimètres de haut sur 12 de large. Pas de diarrhée. Laryngite légère.

Examen du sang fait le 23 août, à neuf heures et demie du matin : corps en croissant; petits corps sphériques non pigmentés ou renfermant quelques grains de pigment, adhérents à des hématies, leucocytes mélanifères.

Nouvel examen du sang fait le 23 août, à quatre heures du soir (pendant l'accès) : mêmes résultats que dans l'examen fait le matin.

24 août. — 38°,3 le matin; 40°,6 le soir. (Sulfate de quinine 0ᵍʳ,80 matin et soir.)

25 août. — Apyrexie qui persiste les jours suivants. Le sulfate de quinine est continué à la dose de 0ᵍʳ,80 puis de 0ᵍʳ,60 jusqu'au 3 septembre. Les forces et l'appétit reviennent; l'œdème de la face et des membres inférieurs disparaît. L'examen du sang, fait le 11 septembre, ne révèle plus l'existence d'aucun élément parasitaire.

Le malade quitte l'hôpital le 18 septembre, avec un congé de convalescence.

Obs. XXIV. — *Fièvre intermittente quotidienne (rechute).* — *Hématozoaires du paludisme : Corps en croissant, corps sphériques, flagella.* — D..., âgé de vingt-quatre ans, soldat au 1ᵉʳ régiment étranger, entre à l'hôpital du Val-de-Grâce, le 23 octobre 1888.

Pas de maladie antérieure grave. D... est entré au service militaire au mois de novembre 1883 ; il a été pris de fièvre intermittente au Tonkin au mois d'avril 1887. Le 15 août 1888, D... a été débarqué à Alger ; il a été soigné à l'hôpital du Dey jusqu'au 1er septembre, il est alors rentré en France avec un congé de convalescence de deux mois. La fièvre intermittente a reparu peu de temps après le retour en France, D... a dû entrer à l'hôpital Saint-Martin, où on a coupé sa fièvre à l'aide de plusieurs doses de sulfate de quinine ; une nouvelle rechute de fièvre l'amène au Val-de-Grâce le 23 octobre. Accès le 23 octobre et le 24. La température prise le 24 au matin est de 39°,8 ; le pouls bat 100 fois par minute.

24 *octobre*. — Apyrexie le matin. Le malade est très anémié, la peau présente la teinte terreuse caractéristique de la cachexie palustre. Les muqueuses sont décolorées. La rate est fortement hypertrophiée, la matité splénique mesure 12 centimètres de haut sur 14 de large.

Examen du sang, fait le 24 au matin : corps en croissant assez nombreux, pas de corps amiboïdes, ni de flagella.

Le 24 au soir le malade a un peu de fièvre.

25 *octobre*. — Malaise général, fièvre ce matin Douleur à la nuque.

Examen du sang fait le 25 au matin : corps en croissant, corps sphériques pigmentés, immobiles ou munis de flagella, flagella libres.

J'ensemence avec du sang de ce malade des tubes renfermant du bouillon de culture et de la gélose. Le sang a été recueilli avec toutes les précautions nécessaires pour éviter l'introduction de germes étrangers. Les tubes sont placés dans l'étuve à 37 degrés.

Le 25, dans la journée, le malade prend 0gr,60 de chlorhydrate de quinine.

26 *octobre*. — Le malade a encore un très léger accès dans la journée ; 38° à quatre heures du soir. (Chlorhydrate de quinine 60 centigrammes.)

27 *octobre*. — Apyrexie. Je suspends l'administration du chlorhydrate de quinine.

Examen du sang fait le 27 octobre : corps en croissant, corps amiboïdes munis ou non de flagella.

Le bouillon, ensemencé avec du sang, est resté limpide et il ne s'est formé aucune colonie sur la gélose. L'examen de ces milieux de culture a été également négatif les jours suivants. Les essais de culture sur pomme de terre n'ont pas mieux réussi.

30 *octobre*. — Il n'y a pas eu de nouveaux accès.

Examen du sang : corps en croissant assez nombreux ; corps amiboïdes munis ou non de flagella, ces derniers sont très rares.

2 *novembre*. — Le malade accuse du malaise général et des nausées, ce qui permet de penser qu'une rechute est imminente.

Examen du sang fait le 2 novembre, au matin, en présence de M. le professeur Bouchard : corps en croissant, corps amiboïdes munis ou non de flagella. Les flagella sont plus nombreux que lors de l'examen du 30 octobre.

3 *novembre*. — Rechute de fièvre. Frisson violent à deux heures de l'après-midi, à trois heures la température axillaire est de 39°,8.

4 *novembre*. — Apyrexie.

Examen du sang fait le 4 au matin en présence de M. le professeur Straus et de M. le Dr Hanot : corps en croissant, corps amiboïdes munis ou non de flagella ; la nature parasitaire de ces éléments ne paraît pas contestable à MM. Straus et Hanot.

5 *novembre*. — Vomissements, accès de fièvre. (Chlorhydrate de q uinine 0,60.)

6 *novembre*. — Apyrexie. Examen du sang : Corps en croissant, corps sphériques immobiles : un seul de ces éléments présente des flagella dont les mouvements s'arrêtent rapidement. (Chlorhydrate de quinine 0^{gr},60.)

9 *novembre*. — Pas de nouveaux accès.

Examen du sang : Corps en croissant assez nombreux, quelques corps amiboïdes.

12 *novembre*. — Le malade a eu un léger accès pendant la nuit, malaise général, sueurs, la température est encore un peu au-dessus de la normale le matin. (Chlorhydrate de quinine 0^{gr},60.)

Examen du sang : Corps en croissant, corps amiboïdes immobiles ou munis de flagella.

13 *novembre*. — Apyrexie. (Chlorhydrate de quinine 0^{gr},60.)

21 *novembre*. — L'apyrexie persiste. Le sang ne renferme plus que des corps en croissant très rares ; sur deux préparations du sang examinées avec le plus grand soin je ne trouve que deux de ces éléments, pas de corps amiboïdes, ni de flagella.

Je prescris encore deux doses de chlorhydrate de quinine. Le malade quitte l'hôpital le 24 novembre. L'anémie est beaucoup moins forte qu'à l'entrée et les forces sont revenues en partie. La rate a diminué sensiblement de volume.

Obs. XXV. — *Fièvre intermittente tierce (rechute).* — *Hématozoaires du paludisme : Corps sphériques, flagella.* — Car..., âgé de vingt ans, soldat au 3ᵉ zouaves, entre à l'hôpital militaire de Constantine le 5 décembre 1882.

Car..., qui est engagé volontaire, est au service militaire et en Algérie depuis un an; il dit avoir eu la fièvre typhoïde dans son enfance, depuis il n'a pas eu de maladie grave. Il a pris la fièvre intermittente pour la première fois au mois de juillet 1882 à Aïn-el-Bey, il est rentré à Constantine le 29 juillet, malade depuis quatre jours.

Fièvre intermittente quotidienne. Car... a été traité à l'infirmerie pendant une vingtaine de jours.

Rechute de fièvre dans les premiers jours du mois de septembre, quinze jours de traitement à l'infirmerie.

Nouvelle rechute au commencement de novembre, troisième entrée à l'infirmerie; douze jours de traitement.

Le 19 novembre le malade a repris son service et il l'a fait jusqu'au 2 décembre.

Le 2 décembre, rechute de fièvre, accès vers cinq heures du matin avec frisson initial; nouvel accès le 4 décembre à la même heure.

5 *décembre.* — Apyrexie. Anémie profonde, amaigrissement, faiblesse générale, vertiges. La langue est un peu blanche, anorexie, pas de diarrhée. La matité splénique mesure 11 centimètres de haut sur 12 de large. (Une demi-portion; sulfate de quinine 1 gramme le 5 au soir).

Examen du sang fait le 5 décembre, à huit heures et demie du matin : Corps sphériques de moyen ou de petit volume, en assez grand nombre, libres ou adhérents à des hématies; corps sphériques renfermant des grains pigmentés mobiles et munis de flagella, flagella libres, leucocytes mélanifères.

6 *décembre.* — Le malade prend encore 1 gramme de sulfate de quinine à six heures du matin; malgré cela il a un accès de fièvre; à sept heures et demie du matin la température axillaire est de 40°; il n'y a pas eu de frisson initial; céphalalgie, soif vive; à quatre heures du soir 37°,4.

Examen du sang fait le 6 décembre au matin, pendant l'accès : corps sphériques de moyen ou de petit volume, libres ou adhérents à des hématies, corps sphériques renfermant des grains pigmentés mobiles, leucocytes mélanifères.

7 décembre. — 37°,3 le matin, le soir l'apyrexie persiste. (Une demi-portion; sulfate de quinine 0ᵍʳ,80 matin et soir; vin de quinquina.)

Examen du sang fait le 7 décembre : corps sphériques en très petit nombre, leucocytes mélanifères.

8 décembre. — L'apyrexie persiste. (Une portion; sulfate de quinine 0ᵍʳ,80; vin de quinquina; café.)

Le sulfate de quinine est continué à la dose de 0ᵍʳ,60 jusqu'au 14 décembre. Pas de rechute de fièvre.

Le malade sort le 21 décembre avec un congé de convalescence.

Obs. XXVI. — *Fièvre intermittente tierce (rechute).* — *Hémato-zoaires du paludisme : Corps sphériques, flagella.* — Sim..., âgé de vingt-trois ans, soldat à la 2ᵉ compagnie de discipline, entre à l'hôpital militaire de Constantine le 27 avril 1881 par évacuation de l'hôpital de Soukharas.

Sim... a pris la fièvre intermittente pour la première fois le 20 juillet 1880, il est entré à l'hôpital de Soukharas pour fièvre intermittente tierce, il a été ensuite envoyé en congé de convalescence en France. Le malade est rentré en Algérie le 4 février dernier et le 5 février il a eu une rechute de fièvre. Le malade a pris à plusieurs reprises du sulfate de quinine, la fièvre disparaît pendant une huitaine de jours, puis elle donne lieu à de nouveaux accès. Depuis un mois le malade ne prend que du vin de quinquina; depuis huit jours accès réguliers revenant tous les deux jours, vers sept heures du matin, dernier accès le 27 avril. Le malade a eu en outre dans les derniers jours un point splénique très douloureux; plusieurs vésicatoires ont été appliqués sur l'hypochondre gauche.

28 avril. — Apyrexie. Anémie profonde, la peau a une teinte terreuse bien marquée à la face, muqueuses décolorées; grande faiblesse, vertiges dans la station debout; douleurs vives du côté de la rate; la matité splénique mesure 10 centimètres de haut sur 14 de large. Langue belle, un peu d'appétit; pas de diarrhée. (Une demi-portion; vin de quinquina.)

Examen du sang fait le 28 avril, à neuf heures du matin : corps sphériques renfermant des grains pigmentés mobiles ou munis de flagella.

29 avril. — A six heures du matin, accès de fièvre; à sept heures du matin 39°,7. (Diète ; limonade ; sulfate de quinine 0gr,60 le 29 au soir.)

30 *avril.* — Apyrexie. (Sulfate de quinine 0gr,60.)

1er et 2 *mai.* — L'apyrexie persiste. Le malade se trouve beaucoup mieux. Un peu d'appétit. (Une portion ; sulfate de quinine 0gr,60 ; vin de quinquina.)

3 au 8 *mai.* — L'apyrexie persiste. Les forces reviennent. Examen du sang fait le 6 mai : rien d'anormal.

9 *mai.* — Rechute de fièvre. Frisson à une heure de l'aprèsmidi ; à trois heures la température axillaire est de 40°,3.

10 *mai.* — Apyrexie. Examen du sang fait le 10 au matin : Corps sphériques de moyen volume munis de flagella, corps sphériques de petit volume. (Sulfate de quinine 1gr,20.)

11 *mai.* — Accès de fièvre ; à sept heures du matin, frisson ; à huit heures du matin, 41°,1 ; à trois heures et demie du soir la température axillaire est encore de 40 degrés. (Sulfate de quinine 0gr,60 le 11 au soir.)

12 *mai.* — 36°,5 le matin. Le soir l'apyrexie persiste. (Sulfate de quinine 1gr,20.)

13 *mai.* — 35°,6 le matin. Le pouls est ralenti. Point splénique très douloureux. Le soir, l'apyrexie persiste. (Sulfate de quinine 0gr,60 ; vésicatoire sur la région splénique.)

14 au 24 *mai.* — Pas de rechute. Le sulfate de quinine est continué à la dose de 0gr,60 par jour. Une portion. Vin de quinquina.

21 au 31 *mai.* — Pas de rechute de fièvre. Les forces reviennent. Examen du sang fait le 31 mai : rien d'anormal.

A partir du 1er juin, je rends du sulfate de quinine jusqu'au 6 juin (60 centigrammes par jour) afin de prévenir une rechute. Le 3 juin la matité splénique ne mesure plus que 7 centimètres de haut, sur 8 de large.

Sortant le 11 juin 1881.

OBS. XXVII. — *Fièvre intermittente tierce.* — *Hématozoaires du paludisme : Corps en croissant, corps sphériques de petit volume.* — Mont..., vingt-trois ans, caporal au 3e zouaves, entre à l'hôpital de Constantine le 11 octobre 1881.

Mont... a pris la fièvre pour la première fois le 4 septembre dernier : accès réguliers, quotidiens au début, puis du type tierce. Dernier accès le 9 octobre ; pas d'accès le 10.

11 *octobre.* — Accès de fièvre, 39°,2 à huit heures du matin ;

39°,3 à quatre heures du soir. Anémie très marquée, teinte terreuse de la peau. La zone de matité splénique mesure 9 centimètres de haut, sur 10 centimètres de large.

Examen du sang fait le 11 octobre à huit heures et demie du matin : corps en croissant, petits corps sphériques non pigmentés, adhérents aux hématies.

Le sulfate de quinine est prescrit à partir du 11 au soir. Pas de nouveaux accès. Le malade quitte l'hôpital le 2 novembre avec un congé de convalescence.

Obs. XXVIII. — *Fièvre intermittente tierce (rechute).* — *Hématozoaires du paludisme : Corps en croissant.* — Br..., vingt-deux ans, infirmier militaire, entre à l'hôpital de Constantine le 24 février 1881.

Br... a été atteint de fièvre pour la première fois au mois de septembre 1880 à Fort-National ; la fièvre a pris dès le début le type tierce ; c'est la sixième fois que le malade entre à l'hôpital pour fièvre intermittente. Dernière rechute le 23 février. Le malade n'a pas pris de sulfate de quinine depuis quelque temps.

24 *février.* — Apyrexie, anémie très marquée, faiblesse générale, la zone de matité splénique mesure 11 centimètres de haut sur 11 de large.

Examen du sang fait le 25 février au matin (avant l'accès) ; je constate l'existence de corps en croissant en assez grand nombre, sans autres éléments parasitaires.

Dans la journée du 25, le malade a un accès de fièvre.

Examen du sang fait le 26, à deux heures du soir : corps en croissant.

Sulfate de quinine 0gr,60 du 27 février au 4 mars. Pas de nouveaux accès.

Examen du sang fait le 6 mars : corps en croissant très rares.

Examen du sang fait le 9 mars : corps en croissant en plus grand nombre que lors de l'examen précédent.

Dans la nuit du 10 au 11 mars, le malade a un accès de fièvre.

Examen du sang fait le 11 mars : corps en croissant.

Le sulfate de quinine est prescrit pendant une dizaine de jours ; la fièvre ne reparaît pas.

Examen du sang fait le 3 avril ; je trouve encore quelques corps en croissant.

Le malade sort le 4 avril.

Obs. XXIX. — *Fièvre intermittente tierce (rechute). — Hématozoaires du paludisme : Corps en croissant, corps sphériques, flagella.*
— Gold..., âgé de vingt-six ans, soldat au 4ᵉ hussards, entre à
l'hôpital militaire de Constantine le 19 décembre 1881.

Gold... est arrivé en Algérie au mois de novembre 1880. Au
mois de mars 1881, une entrée à l'hôpital de Sétif pour bronchite;
au mois d'avril, deuxième entrée au même hôpital pour fièvre
typhoïde. Pendant l'expédition de Kroumyrie, Gold... est entré à
l'ambulance pour dysenterie. C'est au mois d'octobre, pendant la
marche sur Kaïrouan que le malade a été atteint de fièvre intermittente pour la première fois; depuis cette époque il a eu plusieurs rechutes notamment à Gafsa; en même temps il y avait de
la dysenterie. Le malade a été évacué successivement sur Tébessa,
puis sur Constantine.

19 *décembre*. — Apyrexie. Anémie profonde, teinte terreuse
caractéristique, muqueuses décolorées, amaigrissement, faiblesse
générale très grande; dysenterie, les selles ne contiennent plus
de sang, selles graisseuses, coliques, ténesme.

Je prescris le régime lacté, je fais prendre à plusieurs reprises
de l'eau de Sedlitz, puis des pilules de Segond. Le 22 décembre, les
selles sont redevenues normales. Le malade mange une demi-
portion. Pas d'accès de fièvre depuis l'entrée à l'hôpital.

11 *janvier* 1882. — Rechute de fièvre : 39°,5 à trois heures du soir.

12 *janvier*. — Apyrexie le matin. Le soir, l'apyrexie persiste. La
rate déborde les fausses côtes de deux travers de doigt environ,
la matité splénique mesure 12 centimètres de haut sur 12 de large.
Examen du sang fait le 12 janvier à deux heures du soir : corps
en croissant en assez grand nombre, corps sphériques immobiles
ou munis de flagella animés de mouvements très vifs, corps ovalaires.

13 *janvier*. — Apyrexie le matin; à dix heures du matin, accès
de fièvre; à dix heures et demie le thermomètre marque 39°,6.

Examen du sang fait le 13 janvier, à deux heures du soir : corps
en croissant en assez grand nombre, corps ovalaires, corps sphériques.

14 *janvier*. — Apyrexie matin et soir. Anémie, faiblesse générale, un peu d'appétit. (Une demi-portion; sulfate de quinine
0ᵍʳ,80 matin et soir.)

15 *janvier*. — L'apyrexie persiste. (Une demi-portion; sulfate
de quinine 0ᵍʳ,80; vin de quinquina; café.)

Le sulfate de quinine est continué jusqu'au 18 janvier.

Pas de rechute de fièvre. Les forces reviennent assez facilement.

Le malade sort le 18 janvier avec un congé de convalescence de trois mois.

Obs. XXX. — *Fièvre intermittente.* — *Sixième rechute (type tierce): Corps en croissant.* — *Septième rechute (type tierce) : Corps sphériques, flagella.* — God..., vingt-trois ans, soldat au 3ᵉ escadron du train, entre à l'hôpital de Constantine le 25 janvier 1882.

God..., qui est en Algérie depuis un an, a pris la fièvre intermittente pour la première fois au mois de septembre 1881. Cinq entrées à l'hôpital pour fièvre intermittente. Dernière rechute il y a huit jours, fièvre tierce bien caractérisée, le malade a pris six doses de sulfate de quinine de 1 gramme chaque, avant d'entrer à l'hôpital.

26 janvier. — Apyrexie, anémie très marquée, faiblesse générale. La zone de matité splénique mesure 14 centimètres de haut, sur 12 de large.

Examen du sang fait le 26 janvier : corps en croissant, corps ovalaires, leucocytes mélanifères.

Pas de nouveaux accès. Je ne prescris que du vin de quinquina. Le malade sort de l'hôpital le 8 février.

La fièvre reparaît le 8 février, toujours avec le type tierce, et le malade rentre à l'hôpital le 24 mars. Derniers accès le 22 et le 24 mars.

Examen du sang fait le 24 mars à la fin de l'accès : corps sphériques de petit et de moyen volume, libres ou adhérents à des hématies, leucocytes mélanifères.

25 mars. — Apyrexie, anémie très marquée, teinte terreuse de la peau, paresse intellectuelle très prononcée. La matité splénique mesure 12 centimètres 1/2 de haut sur 16 de large.

Examen du sang fait le 25 : corps sphériques rares, leucocytes mélanifères.

Le malade a pris plusieurs doses de sulfate de quinine avant d'entrer à l'hôpital, je ne prescris que du vin de quinquina.

29 mars. — Accès de fièvre; à six heures du matin frisson, à sept heures 39°,8; à trois heures du soir l'apyrexie est complète. Examen du sang fait à neuf heures du matin, à la fin de l'accès : corps sphériques de moyen volume, libres ou adhérents à des hématies; quelques-uns renferment des grains de pigment mobiles.

Le 30 et le 31 l'apyrexie persiste.

Examen du sang fait le 31 mars, à neuf heures du matin. Corps sphériques libres ou adhérents à des hématies, flagella.

L'apyrexie persiste les jours suivants, bien que le malade ne prenne, en fait de médicaments, que du vin de quinquina.

Examen du sang fait le 4 avril, je trouve encore quelques corps sphériques.

Le malade quitte l'hôpital le 10 avril 1882.

Obs. XXXI. — *Fièvre intermittente tierce contractée en Algérie. — Rechute de fièvre après la rentrée en France. Type tierce. — Hématozoaires du paludisme : Corps en croissant, corps sphériques, flagella.* — Bel..., âgé de vingt-deux ans, entre à l'hôpital du Val-de-Grâce le 15 octobre 1887 (service de M. le Dr Vaillard).

Le malade a contracté la fièvre palustre au mois d'août dernier, en Algérie. La fièvre aurait eu, dès le début, le type tierce. A plusieurs reprises le malade a pris du sulfate de quinine, mais la fièvre ne tardait pas à reparaître.

A l'entrée au Val-de-Grâce : anémie profonde, la peau et les muqueuses sont décolorées, œdème des membres inférieurs; le pouls ne bat que 44 fois à la minute. La rate est fortement hypertrophiée, la matité splénique mesure 16 centimètres de hauteur. L'apyrexie persiste jusqu'au 9 novembre.

Examen du sang fait le 8 novembre : corps en croissant en assez grand nombre, il y en a souvent deux ou trois dans le champ du microscope.

Le 9 novembre accès de fièvre bien caractérisé, avec les trois phases de frisson, de chaleur et de sueurs.

12 novembre. — L'accès de fièvre ne s'est pas reproduit. Examen du sang : corps en croissant, corps sphériques, flagella. Je montre ces éléments à M. Vaillard.

Le 12 et le 13 novembre le malade prend 0gr,80 de sulfate de quinine.

14 novembre. — Pas de nouveaux accès. Examen du sang : corps en croissant assez nombreux encore.

19 novembre. — Pas de nouveaux accès de fièvre. Examen du sang : corps en croissant assez nombreux encore, je montre ces éléments à M. le professeur Straus.

5 décembre. — Accès de fièvre bien caractérisé.

6 décembre. — Apyrexie.

7 *décembre*. — Nouvel accès de fièvre. Ces deux accès des 5 et 7 décembre ne laissent pas de doute sur le type de la fièvre.

A la suite de ces accès le malade prend plusieurs doses de sulfate de quinine et il quitte l'hôpital le 20 décembre 1887 dans un état satisfaisant. L'anémie est beaucoup moins marquée qu'à l'entrée à l'hôpital, l'œdème des membres inférieurs a disparu, la rate est moi. s volumineuse.

Obs. XXXII. — *Fièvre intermittente tierce contractée au Tonkin (rechute). — Hématozoaires du paludisme : Corps en croissant, corps sphériques, flagella.* — G..., vingt-deux ans, soldat au 2º régiment d'infanterie de marine, entre à l'hôpital du Val-de-Grâce le 6 mai 1887.

G..., a passé onze mois au Tonkin de juin 1885 à mai 1886 ; il a été atteint de fièvre intermittente pour la première fois à la fin du mois de septembre 1885 à Haïphong, la fièvre aurait présenté dès le début le type tierce ; plusieurs rechutes pendant le séjour au Tonkin ; à chaque rechute le malade prenait quelques doses de sulfate de quinine.

Au mois de mai 1886, G... a été embarqué pour Madagascar et il est resté dans cette île jusqu'à la fin du mois de février 1887. Plusieurs rechutes de fièvre pendant le séjour à Madagascar, et à plusieurs reprises la fièvre s'est compliquée d'accidents pernicieux. G... a quitté Madagascar à la fin de février, et, ayant obtenu un congé de convalescence de trois mois, il est arrivé à Paris le 11 mars 1887. Du 11 mars au 6 mai, jour de l'entrée à l'hôpital, le malade a eu plusieurs rechutes de fièvre qui ont été traitées par le sulfate de quinine.

6 *mai*. — Anémie très marquée, pas de fièvre. La rate est doublée au moins de volume. Troubles nerveux : diminution de la mémoire, hésitation de la parole ; à la suite d'un accès de fièvre à Madagascar, le malade aurait eu de l'aphasie pendant quatre jours. Léger nystagmus.

L'apyrexie persiste jusqu'au 20 mai.

20 *mai*. — Accès de fièvre dans la journée ; à trois heures du soir, le thermomètre placé dans l'aisselle marque 39º. Examen du sang fait le 20 mai pendant l'accès : corps en croissant, corps sphériques libres.

21 *mai*. — Apyrexie matin et soir. Le malade n'a pas pris de quinine.

Examen du sang fait le 21 mai : corps en croissant (rares), corps sphériques libres, quelques-uns présentent des flagella ; je montre ces éléments à M. le Dr Maurel.

22 *mai.* — Accès de fièvre, 39° à quatre heures du soir.

23 *mai.* — 36°,2 le matin. Examen du sang : corps sphériques pigmentés libres, quelques flagella. Corps en croissant. Je montre à M. le Dr Roux un corps sphérique avec un flagellum.

24 *mai.* — Accès de fièvre : 39°,2 le matin (fièvre tierce anticipante).

28 *mai.* — L'apyrexie persiste. Examen du sang : corps sphériques pigmentés rares.

1er *juin.* — Il n'y a pas eu de nouveaux accès. L'examen du sang est négatif. Le malade n'a pris que du vin de quinquina.

Le malade quitte l'hôpital.

Obs. XXXIII. — *Fièvre intermittente quarte.* — *Hématozoaires du paludisme : Corps sphériques.* — Ben..., vingt-quatre ans, soldat au 4° zouaves, entre à l'hôpital de Constantine le 23 décembre 1881.

Ben..., a pris la fièvre intermittente pour la première fois à Aumale le 10 août 1881 ; il a été pendant un mois en traitement à l'hôpital d'Aumale pour fièvre intermittente tierce. Rechutes aux mois de septembre, novembre et décembre.

23 *décembre.* — Apyrexie, anémie très marquée, la zone de matité splénique mesure 9 centimètres de haut, sur 11 de large.

30 *décembre.* — Accès de fièvre, à quatre heures du soir le thermomètre placé dans l'aisselle marque 40°,2.

31 *décembre.* — Apyrexie. Examen du sang fait le 31 décembre à deux heures et demie du soir : corps sphériques de petit ou de moyen volume, libres ou adhérents à des hématies. Leucocytes mélanifères.

1er *janvier* 1882. — L'apyrexie persiste.

2 *janvier.* — Accès de fièvre à trois heures du soir, à trois heures et demie la température axillaire est de 39°,6.

Examen du sang fait le 2 janvier à quatre heures du soir : corps sphériques de moyen volume, libres ou adhérents à des hématies.

A partir du 3 janvier, le malade prend du sulfate de quinine ; néanmoins, le 5 au soir, il a encore un accès léger.

Le sulfate de quinine est continué jusqu'au 11 janvier.

Pas de rechute de fièvre.

Le malade quitte l'hôpital le 18 janvier avec un congé de convalescence.

Obs. XXXIV. — *Fièvre quarte (rechute).* — *Hématozoaires du paludisme : Corps sphériques, corps segmentés.* — Dan..., vingt-cinq ans, soldat à la 8° compagnie de remonte, entre à l'hôpital de Constantine le 11 septembre 1880.

Dan... a pris la fièvre intermittente pour la première fois au mois de septembre 1880. Depuis le mois de mars 1881 plusieurs rechutes du type tierce ou du type quarte. Le malade a pris à plusieurs reprises du sulfate de quinine.

15 *septembre.* — Apyrexie. Anémie très marquée, teinte terreuse de la face, faiblesse générale, apathie, indifférence très grande. Anorexie. La zone de matité splénique mesure 9 centimètres et demi de haut sur 10 de large.

17 *septembre.* — Accès de fièvre; à midi, 40°; à quatre heures 41°,3.

Examen du sang fait le 17 septembre à deux heures (en plein accès) : corps segmentés ou en rosace en assez grand nombre. Leucocytes mélanifères.

18 *septembre.* — Apyrexie. Examen du sang fait le 18 septembre; corps sphériques de petit ou de moyen volume, corps segmentés plus rares que le 17.

L'apyrexie persiste le 19.

20 *septembre.* — Accès de fièvre, 40°,6 à sept heures et demie du soir.

21 *septembre.* — Apyrexie qui persiste le 22.

23 *septembre.* — Nouvel accès, 39°,6 le matin ; 40°,9 à six heures du soir. Examen du sang fait le 23, à huit heures et demie du matin : corps sphériques en assez grand nombre, corps segmentés rares.

A partir du 23, le sulfate de quinine est prescrit à la dose de 0^{gr},80 puis de 0^{gr},60 jusqu'au 3 octobre. Pas de rechute de fièvre. L'examen du sang fait le 2 octobre ne révèle rien d'anormal.

Le malade quitte l'hôpital le 3 octobre avec un congé de convalescence.

Obs. XXXV. — *Fièvre quarte contractée au Tonkin (rechute).* — *Hématozoaires du paludisme : Corps sphériques, corps segmentés.* —Pois..., vingt-quatre ans, soldat d'artillerie de la marine, entre à l'hôpital du Val-de-Grâce le 15 mars 1890. Le malade a pris la fièvre intermittente au Tonkin au mois de septembre 1888 ; rechute au mois d'août 1889. Pois... a débarqué à Toulon le 6 février dernier et il a obtenu un congé de convalescence.

Nouvelle rechute de fièvre depuis l'arrivée à Paris ; dernier accès le 13 mars.

A l'entrée, on constate que le malade est anémié, mais encore très robuste ; apyrexie le 15 mars. La rate est augmentée de volume, la matité splénique mesure 8 centimètres de haut, sur 12 de large. Le malade n'a pas pris de sulfate de quinine depuis qu'il est à Paris.

Examen du sang fait le 15 mars : quelques corps sphériques assez gros, adhérents à des hématies.

16 *mars*. — Accès de fièvre qui commence à quatre heures du soir par un frisson ; à six heures du soir, la température est de 40°,8 ; à dix heures du soir, elle est encore de 39° (Sueurs).

17 *mars*. — Apyrexie. Examen du sang : corps sphériques libres ou adhérents à des hématies, corps segmentés. Pas de quinine.

18 *mars*. — Apyrexie. Examen du sang fait le 18 mars à trois heures du soir : corps sphériques de moyen ou de petit volume, libres ou adhérents à des hématies. Pas de quinine.

19 *mars*. — Apyrexie le matin. Examen du sang fait à deux heures du soir : corps sphériques de petit ou de moyen volume, corps segmentés.

Le 19 à quatre heures du soir frisson, la température s'élève à partir de quatre heures, et atteint à huit heures du soir 40°,4 ; à dix heures du soir elle n'est plus que de 38° (Sueurs).

20 *mars*. — Apyrexie. (Chlorhydrate de quinine 0^{gr},60 matin et soir.)

Examen du sang fait le 20 mars au soir, je ne trouve plus aucun élément parasitaire.

Le 21 et le 22 mars, le malade prend encore 0^{gr},60 de chlorhydrate de quinine.

Obs. XXXVI. — *Fièvre intermittente quarte (rechute).* — *Hématozoaires du paludisme : Corps en croissant, corps sphériques, flagella.* — Fét…, vingt-quatre ans, soldat au 8e escadron du train, entre à l'hôpital militaire de Constantine le 24 février 1881.

Fét… a pris la fièvre intermittente pour la première fois à Mondovi au mois d'août 1880. Plusieurs rechutes pendant les mois de septembre, octobre et novembre.

La fièvre a reparu au mois de janvier 1881 et elle persiste avec le type quarte ; dernier accès le 23 février.

24 *février*. — Apyrexie, le malade est très affaibli, anémié, la peau a la teinte terreuse caractéristique; la zone de matité splénique mesure 10 centimètres de haut sur 12 de large.

Examen du sang fait le 24 février au soir : corps en croissant, corps sphériques.

26 *février*. — Accès de fièvre dans la journée : le type quarte est donc bien caractérisé. Le malade n'a pas pris de quinine depuis l'entrée à l'hôpital.

Examen du sang fait le 26 février au matin (quelques heures avant l'accès) : corps sphériques en assez grand nombre, flagella.

A partir du 27 février, je prescris le sulfate de quinine qui est continué jusqu'au 5 mars.

10 *mars*. — Il n'y a pas eu de nouveaux accès de fièvre. L'examen du sang ne révèle plus l'existence d'aucun élément parasitaire.

Le malade quitte l'hôpital sans avoir eu de rechute.

OBS. XXXVII. — *Fièvre quarte. — Hématozoaires du paludisme : Corps en croissant.* — Bon..., vingt ans, soldat au 16e régiment d'artillerie, entre à l'hôpital de Constantine le 19 novembre 1882.

Bon... est en Algérie depuis sept mois; il a pris la fièvre pour la première fois le 8 octobre dernier, et il a été traité à l'hôpital de Philippeville pour une fièvre continue avec état typhoïde.

19 *novembre*. — Anémie profonde, faiblesse générale. Vertiges, amaigrissement. La zone de matité splénique mesure 13 centimètres de haut, sur 15 de large. Accès de fièvre; 38° à midi, 38°,8 à quatre heures du soir.

Le 20 et le 21, apyrexie complète.

22 *novembre*. — Accès de fièvre : 38°,8 le matin, 36° le soir.

Examen du sang fait le 23 novembre : corps en croissant, leucocytes mélanifères.

Le sulfate de quinine est prescrit du 23 au 30 novembre et du 3 au 7 décembre. La fièvre ne reparaît pas et l'état du malade s'améliore rapidement. Bon... quitte l'hôpital le 9 décembre.

OBS. XXXVIII. — *Fièvre intermittente tierce (rechute). — Hématozoaires du paludisme : Corps en croissant, corps sphériques, flagella. — Rechutes avec le type quotidien, puis avec le type tierce : Corps en croissant, corps sphériques, flagella.* — Malade entré à l'hôpital militaire de Constantine pour une rechute de fièvre intermittente le 12 novembre 1881 ; la fièvre présente le *type tierce*.

L'examen du sang fait quelques heures avant un accès montre des corps en croissant, des corps sphériques et des flagella.

La fièvre disparaît sous l'influence de la quinine. Rechute le 29 novembre 1881 avec des *accès quotidiens* ; nouvelles rechutes le 21 et le 27 décembre avec des accès du *type tierce*, je constate de nouveau dans le sang des corps en croissant en assez grand nombre, des corps sphériques et des flagella. (Pour les détails, voir l'observation XXVII de mon *Traité des fièvres palustres*, p. 239.)

Obs. XXXIX. — *Fièvre intermittente quotidienne.* — *Hémato-zoaires du paludisme : Corps en croissant, corps sphériques, flagella.* — *Rechute, accidents pernicieux : Corps sphériques.* — Malade entré à l'hôpital de Constantine le 7 novembre 1882 pour fièvre inter-mittente quotidienne. Examen du sang fait le 19 novembre 1882 pendant un accès : corps en croissant en grand nombre, corps sphériques, flagella.

Rechute de fièvre le 15 mars 1883, le malade rentre à l'hôpital de Constantine le 20 mars 1883 pour cachexie palustre avec accès graves. L'examen du sang révèle des corps sphériques de petit ou de moyen volume, libres ou adhérents à des hématies ; je ne trouve plus de corps en croissant. (Pour plus de détails, voir l'observation XLVIII de mon *Traité des fièvres palustres*, p. 334.)

Obs. XL. — *Fièvre intermittente tierce.* — *Hématozoaires du pa-ludisme : Corps sphériques, flagella.* — *Rechute, accès quotidiens : Corps en croissant.* — Malade entré à l'hôpital de Constantine le 16 décembre 1882 pour fièvre intermittente (rechute) du type tierce. Examen du sang fait dans l'intervalle de deux accès : corps sphériques de moyen ou de petit volume. Examen du sang fait pendant un accès : corps sphériques de moyen ou de petit vo-lume, libres ou adhérents à des hématies, flagella.

La fièvre cède au sulfate de quinine.

Rechute de fièvre le 19 janvier 1883, accès le 19 et le 20 (fièvre quotidienne) ; à l'examen du sang je ne trouve que des corps en croissant. (Pour plus de détails, voir l'observation XLIX de mon *Traité des fièvres palustres*, p. 338.)

Obs. XLI. — *Fièvre intermittente tierce puis quotidienne (rechute).* — *Hématozoaires du paludisme : Corps en croissant, corps sphériques.*

—Th..., vingt-trois ans, soldat au 3e escadron du train, entre à l'hôpital de Constantine le 25 septembre 1881.

Th... est en Algérie depuis vingt-deux mois; il dit avoir pris la fièvre pour la première fois à Collo, il y a une quinzaine de jours, les accès revenaient tous les deux jours. Le malade a pris plusieurs doses de sulfate de quinine. Dernier accès de fièvre le 21 septembre.

26 *septembre*. — Apyrexie, anémie profonde. Faiblesse générale, apathie très marquée, anorexie. La matité splénique mesure 14 centimètres de haut, sur 15 de large. Examen du sang fait le 26 à deux heures du soir : corps en croissant, corps amiboïdes, renfermant des grains de pigment animés d'un mouvement très rapide.

27 *septembre*. — Apyrexie le matin. Examen du sang fait le 27 au matin : corps en croissant. Le soir, accès de fièvre sans frisson initial; à quatre heures du soir la température axillaire est de 39°,1.

28 *septembre*. — 37°,5 le matin. Examen du sang fait le 28 à deux heures et demie du soir : corps en croissant, corps sphériques de petit volume. Accès léger dans la journée, à quatre heures 38°,5; céphalalgie. Sulfate de quinine 0gr,80 le 28 au soir.

Les jours suivants, apyrexie. Le sulfate de quinine est continué jusqu'au 7 octobre, 0gr,80 d'abord, puis 0gr,60.

Le malade sort le 17 octobre 1881.

Obs. XLII. — *Fièvre intermittente quotidienne. — Hématozoaires du paludisme : Corps en croissant, corps sphériques. — Rechute de fièvre, type tierce; nouvel examen du sang : Corps sphériques.* — Du..., trente ans, gendarme, entre à l'hôpital de Constantine le 5 août 1882; il a été atteint de fièvre intermittente pour la première fois, il y a douze jours à l'Oued-Zenati. Fièvre quotidienne, accès les 3, 4, 5, 6 août.

6 *août*. — 39°,2 le matin, 39°,7 le soir. Anémie très marquée; la zone de matité splénique mesure 11 centimètres 1/2 de haut sur 13 centimètres 1/2 de large.

Examen du sang fait le 6 août au matin : corps en croissant en assez grand nombre, corps ovalaires, corps sphériques assez rares, leucocytes mélanifères.

La fièvre cède facilement au sulfate de quinine. Le malade sort le 22 août.

Du... a une rechute de fièvre au mois d'octobre 1882 et une deuxième rechute au mois d'avril 1883, pour laquelle il rentre à l'hôpital le 25 avril.

La fièvre a reparu le 16 avril; accès légers d'abord, puis de plus en plus forts, revenant tous les deux jours, accès réguliers avec frisson initial. Du 16 au 24, il y a eu quatre accès; le malade a pris 2 grammes de sulfate de quinine avant d'entrer à l'hôpital.

25 avril. — Apyrexie. Anémie très marquée, teinte terreuse de la face, faiblesse générale. Anorexie. La matité splénique est de 8 centimètres de haut, sur 10 de large.

Examen du sang fait le 25 avril : corps sphériques libres ou adhérents aux hématies, en petit nombre, leucocytes mélanifères. Je ne trouve pas de corps en croissant.

Pas de rechute. L'examen du sang, fait le 4 mai, ne révèle plus l'existence d'aucun élément parasitaire. Je prescris cependant quelques doses de sulfate de quinine. Le malade quitte l'hôpital le 10 mai.

Obs. XLIII. — *Fièvre continue palustre de première invasion. — Hématozoaires du paludisme : Corps sphériques de petit volume. — Rechute de fièvre. — Accès du type tierce, puis quotidiens : Corps sphériques.* — Mar..., vingt-trois ans, soldat au 3ᵉ zouaves, entre à l'hôpital de Constantine le 20 juillet 1882.

Le malade a pris la fièvre pour la première fois le 15 juillet, à Aïn-el-Bey; fièvre continue qui persiste au moment de l'entrée à l'hôpital; le 20 juillet, à quatre heures du soir, la température axillaire est de 39°. Malaise général, céphalalgie, soif très vive; langue rouge et sèche à la pointe, la zone de matité splénique mesure 9 centimètres 1/2 de haut, sur 10 centimètres 1/2 de large. Le malade n'a pas pris de quinine avant d'entrer à l'hôpital.

Examen du sang fait le 20 juillet, à quatre heures et demie du soir. Corps sphériques de petit volume, libres ou adhérents à des hématies.

21 juillet. — La fièvre persiste : 40°,4 le matin ; 41°,4 le soir. État typhoïde sans les symptômes abdominaux. Examen du sang fait le 21 juillet, à deux heures du soir : Corps sphériques de petit ou de moyen volume, libres ou adhérents à des hématies, quelques-uns de ces corps renferment des grains de pigment animés d'un mouvement très vif.

Sulfate de quinine 1ᵍʳ,60 le 21.

22 *juillet*. — 37°,5 le matin. Faiblesse générale, apathie, indifférence, anorexie.

Sulfate de quinine 0^{gr},80 matin et soir.

Le sulfate de quinine est continué à la dose de 0^{gr},80, puis de
0^{gr},60 jusqu'au 30 juillet.

Pas de rechute de fièvre.

Le malade sort le 16 août 1882.

Le 11 mars 1883, rechute de fièvre avec le type tierce.

Le 29 mars, nouvelle rechute; le malade rentre à l'hôpital de
Constantine le 3 avril 1883.

3 *avril*. — Accès de fièvre : 40°,2 à midi, 38°,1 à quatre heures
du soir.

Examen du sang fait le 3 avril, à deux heures du soir : Corps
sphériques de petit et de moyen volume, libres ou adhérents à
des hématies, corps sphériques renfermant des grains de pigment
mobiles, leucocytes mélanifères.

Sulfate de quinine 1 gramme le 3 au soir.

4 *avril*. — 38°,3 le matin, 38°,4 le soir. Anémie très marquée,
teinte terreuse de la face, vertiges.

La zone de matité splénique mesure 12 centimètres de haut, sur
13 de large.

Examen du sang fait le 4 avril; mêmes résultats que le
3 avril.

Sulfate de quinine 1^{gr},80.

5 *avril*. — Apyrexie qui persiste les jours suivants. Le sulfate
de quinine est continué à la dose de 0^{gr},80 puis de 0^{gr},60 jusqu'au
12 avril, et prescrit de nouveau du 15 au 19.

L'examen du sang, fait le 8 avril, ne révèle plus l'existence
d'aucun élément parasitaire.

Le 20 avril, le malade quitte l'hôpital avec un congé de convan-
lescence.

Obs. XLIV. — *Fièvre intermittente quotidienne*. — *Hématozoaires
du paludisme : Corps sphériques*. — *Rechutes de fièvre : Corps sphériques, flagella*. — Eu..., vingt-deux ans, soldat au 3e zouaves,
entre à l'hôpital militaire de Constantine le 21 août 1882. Première
atteinte de fièvre le 15 août 1882 à Aïn-el-Bey; fièvre intermittente quotidienne.

21 *août*. — Apyrexie, anémie, faiblesse générale, la zone de matité splénique mesure 11 centimètres de haut sur 13 de large.

Le malade a pris une dose de sulfate de quinine avant d'entrer à l'hôpital.

29 août. — Accès de fièvre à onze heures du matin; à midi 41°; à quatre heures du soir 38°,7.

Examen du sang fait le 29 août, à deux heures du soir : corps sphériques libres ou adhérents à des hématies.

Sulfate de quinine : 1 gramme le 29 au soir, 1gr,60 le 30 ; 0gr,80 le 31; 0gr,60 du 1er au 7 septembre.

La fièvre ne reparaît pas. Le malade quitte l'hôpital le 16 septembre, avec un congé de convalescence de deux mois.

Pas de rechute pendant le congé que le malade passe en France.

Eu... rentre en Algérie le 21 novembre 1882.

Rechute légère de fièvre au mois de décembre.

Le 24 mars, la fièvre reparaît avec le type tierce.

16 avril. — Nouvelle rechute avec accès quotidiens du 16 au 19 avril; le malade rentre à l'hôpital de Constantine le 19 avril.

19 avril. — Accès de fièvre : à dix heures du matin 41°; à quatre heures du soir 38°,5.

Examen du sang fait le 19 avril, à deux heures du soir : Corps sphériques libres ou adhérents à des hématies en grand nombre, corps sphériques de petit volume, flagella.

Sulfate de quinine 1 gramme.

20 avril. — Apyrexie. Anémie très marquée, teinte terreuse de la face, vertiges. Point douloureux splénique. La zone de matité splénique mesure 8 centimètres de haut, sur 10 de large. Sulfate de quinine 1gr,80.

Examen du sang fait le 20 avril, à deux heures : corps sphériques très rares, leucocytes mélanifères.

Le sulfate de quinine est continué à la dose de 0gr,80 ou 0gr,60 jusqu'au 27 avril. Pas de rechute de fièvre.

Le malade quitte l'hôpital le 4 mai avec un congé de convalescence.

Obs. XLV. — *Fièvre intermittente quotidienne (rechute).* — *Hématozoaires du paludisme: Corps en croissant, corps sphériques.* — *Rechute de fièvre, type tierce : Corps sphériques de petit et de moyen volume.* — *Nouvelle rechute, accès quotidiens : Corps sphériques de petit et de moyen volume.* — Cl..., vingt-deux ans, adjudant au 3e régiment de tirailleurs algériens, entre à l'hôpital de Constantine le 27 octobre 1882.

Première atteinte de fièvre le 3 septembre 1882 ; fièvre intermittente quotidienne, qui est coupée à plusieurs reprises par le sulfate de quinine, mais qui ne tarde pas à reparaître. Derniers accès les 24 et 25 octobre.

27 octobre. — Apyrexie. Anémie très marquée, faiblesse générale, vertiges, essoufflement, palpitations de cœur au moindre effort, léger tremblement des mains ; la matité splénique mesure 13 centimètres de haut sur 17 de large.

Examen du sang fait le 27 octobre : corps en croissant, corps sphériques.

Du 27 au 30 octobre, l'apyrexie persiste ; je ne prescris que du vin de quinquina.

30 octobre. — Accès léger, céphalalgie ; à trois heures du soir le thermomètre marque 38°,4. Examen du sang fait le 30, à trois heures : corps en croissant plus nombreux que le 27 octobre, leucocytes mélanifères.

Je prescris le sulfate de quinine du 30 octobre au 5 novembre ; la fièvre ne reparaît pas.

Le malade sort le 9 novembre, il a obtenu un congé de convalescence.

Cl... passe son congé en France ; la fièvre reparaît à plusieurs reprises pendant le congé ; il rentre en Algérie le 17 février 1883.

Rechute de fièvre le 10 mars ; nouveaux accès les 12 et 14 mars. La fièvre a donc pris cette fois le type tierce.

Cl... rentre à l'hôpital de Constantine le 13 mars 1883. Apyrexie, anémie très marquée, faiblesse générale, vertiges, anorexie. La zone de matité splénique mesure 8 centimètres de haut, sur 9 de large.

Examen du sang fait le 13 mars au matin : corps sphériques de petit ou de moyen volume, libres ou adhérents aux hématies, leucocytes mélanifères. Pas de corps en croissant.

14 mars. — Accès de fièvre à quatre heures du matin ; à six heures du matin le thermomètre marque dans l'aisselle 40°,4 ; à quatre heures du soir 38°,6.

Examen du sang fait le 14 mars, à huit heures et demie du matin : corps sphériques de petit ou de moyen volume, ces derniers en grand nombre, leucocytes mélanifères.

Le sulfate de quinine est prescrit du 14 au 23 mars et du 5 au 9 avril. Pas de rechute, le malade sort le 12 avril 1883.

Après la sortie de l'hôpital la fièvre reparaît à plusieurs reprises. Dernière rechute le 12 juin; accès les 12, 13, 14, 15 juin revenant le matin.

Le 15 juin, le malade rentre à l'hôpital de Constantine. Accès à sept heures et demie du matin. A midi, la température axillaire est de 40°,6 ; à quatre heures du soir elle n'est plus que de 37°,8. La zone de matité splénique mesure 0^m,15 de haut sur 0^m,17 de large.

Examen du sang fait le 25 juin à deux heures du soir (à la fin de l'accès) : corps sphériques de moyen ou de petit volume, leucocytes mélanifères.

Le sulfate de quinine est prescrit du 15 au 23 juin (0^{gr},80 à 0^{gr},60 par jour), et du 28 juin au 3 juillet ; il n'y a pas de rechute de fièvre.

Examen du sang fait le 17 juin : je ne trouve plus aucun élément parasitaire.

Le malade quitte l'hôpital le 4 juillet 1883 avec un congé de convalescence de trois mois.

Obs. XLVI. — *Fièvre intermittente.* — *Plusieurs rechutes dont une avec le type tierce.* — *Hématozoaires du paludisme : Corps sphériques, corps en croissant, corps segmentés.* — G..., vingt-trois ans, soldat au 1er régiment étranger, entre au Val-de-Grâce le 4 janvier 1888.

G... a pris la fièvre pour la première fois, le 18 août 1887, dans la province d'Oran. Accès quotidiens ; le malade est resté pendant cinquante jours à l'hôpital ; il a été envoyé ensuite en congé de convalescence à l'île Sainte-Marguerite, où la fièvre a reparu à plusieurs reprises.

G... est arrivé à Paris le 20 décembre 1887, la fièvre a reparu le 25 décembre, et du 25 décembre au 4 janvier, jour de l'entrée à l'hôpital, G... a eu plusieurs accès de fièvre.

3 janvier. — Accès à dix heures du matin.

4 janvier. — Accès très fort constaté à l'hôpital ; frisson à onze heures du matin ; à une heure trente la température axillaire est de 41° ; la défervescence n'est complète qu'à sept heures du soir.

Examen du sang fait le 4 janvier à onze heures, c'est-à-dire au plus fort de l'accès : corps sphériques en assez grand nombre, pigmentés, libres ou adhérents aux hématies, quelques corps segmentés (éléments en rosace), quelques leucocytes mélanifères.

5 janvier. — 37° le matin. Le malade est très anémié ; la peau est terreuse. La matité splénique mesure 16 centimètres de haut, sur 16 centimètres de large. Le foie n'est pas sensiblement augmenté de volume.

Examen du sang fait le 5 janvier au matin, au début de l'accès : corps sphériques en assez grand nombre, pigmentés, libres ou adhérents aux hématies; corps segmentés, plusieurs de ces corps montrent une segmentation complète et les corpuscules arrondis provenant de cette segmentation sont en partie désagrégés.

Le 5 janvier, à neuf heures du matin, frisson violent; à dix heures du matin la température axillaire est de 41°. L'accès est terminé à deux heures du soir.

Chlorhydrate de quinine 0^{gr},60 les 5, 6 et 7 janvier.

L'apyrexie persiste jusqu'au 20 janvier.

Examen du sang fait le 8 janvier : je ne trouve aucun élément parasitaire.

Examen du sang fait le 13 janvier : quelques corps en croissant.

Les 20 et 22 janvier, nouveaux accès de fièvre; apyrexie complète le 21; la fièvre quotidienne s'est donc transformée en fièvre tierce. Je prescris trois doses de chlorhydrate de quinine 0^{gr},60 qui sont prises les 22, 23 et 24 janvier.

5 *février*. — Léger accès de fièvre.

13 *février*. — Rechute. Accès les 13, 14 et 15 février, la fièvre a donc repris le type quotidien. Quatre doses de chlorhydrate de quinine de 0^{gr},60 à partir du 14 février.

Examen du sang fait le 16 février : corps en croissant.

Du 25 au 27 février, trois doses de chlorhydrate de quinine. Pas de rechute de fièvre.

Du 8 au 10 mars, je prescris de nouveau le chlorhydrate de quinine. L'état général s'est beaucoup amélioré. La matité splénique ne mesure plus que 10 centimètres de haut sur 10 de large.

Le malade quitte l'hôpital le 18 mars 1888.

Rechute de fièvre au mois d'avril 1888.

Gundr... rentre au Val-de-Grâce le 17 avril; on constate ce jour-là un accès de fièvre.

Examen du sang fait le 17 avril : corps sphériques de petit ou de moyen volume, libres ou adhérents à des hématies; quelques-uns des corps sphériques renferment des grains de pigment animés d'un mouvement très vif; je n'observe pas de flagella, pas de corps en croissant, ni de corps segmentés.

18 *avril*. — Apyrexie. Examen du sang frais : corps sphériques pigmentés, libres ou adhérents aux hématies.

Examen du sang en goutte suspendue. Le 17 avril on distingue assez facilement, sur les bords de la goutte de sang, les corps sphériques au milieu des hématies. Le 20 avril les hématies sont peu déformées (la préparation faite le 17 a été conservée à la température ordinaire du laboratoire); les corps sphériques sont plus ou moins déformés, immobiles. Le 25 avril, huit jours après que le sang a été recueilli, on distingue encore très bien les corps sphériques au milieu des hématies.

Le malade prend, à partir du 18 avril, quelques doses de chlorhydrate de quinine et il quitte l'hôpital sans avoir eu de nouveaux accès. L'examen du sang fait le 30 avril est négatif.

Obs. XLVII. — *Fièvre intermittente irrégulière contractée au Tonkin. — Plusieurs rechutes. — Hématozoaires du paludisme : Corps sphériques, corps segmentés.* — Sp..., vingt-cinq ans, soldat au 1ᵉʳ régiment d'infanterie de marine, entre à l'hôpital du Val-de-Grâce le 12 février 1890. Sp... a passé deux ans au Tonkin et il a eu plusieurs atteintes de fièvre intermittente; il a fait pour cette cause trois entrées à l'hôpital et il a été embarqué pour la France au mois d'août 1889.

Depuis son retour en France, il est en congé de convalescence. Plusieurs rechutes de fièvre depuis le mois de septembre, traitées chaque fois par le sulfate de quinine.

13 *février*. — Apyrexie. Anémie peu prononcée. La matité splénique mesure 8 centimètres de haut, sur 8 centimètres de large. Appétit conservé.

17 *février*. — Léger accès de fièvre; la température s'élève à 39 degrés.

Les jours suivants il existe du malaise, de la céphalalgie et le soir la température s'élève un peu; 38°,5 le 23 février.

24 *février*. — 37°,5 le matin. Le malade accuse de la céphalalgie, de l'insomnie.

Examen du sang fait le 24 février au matin : corps sphériques pigmentés assez grands, libres ou adhérents à des hématies, corps segmentés.

Accès de fièvre qui débute peu après que le sang a été recueilli; à une heure la température est de 39°,6.

Examen du sang fait le 24 à deux heures (pendant l'accès) :

corps sphériques pigmentés (rares), leucocytes mélanifères. Je ne trouve plus de corps segmentés.

Je prescris trois doses de chlorhydrate de quinine de $0^{gr},60$ chacune.

La fièvre reparaît à plusieurs reprises sans type régulier.

ADDENDUM

L'impression de cet ouvrage était presque terminée, lorsque j'ai reçu le mémoire de Vandyke Carter dont il est question à la page 64 ; je suis heureux de pouvoir donner un résumé de ce très intéressant travail (1) d'après une traduction que je dois à l'obligeance de M. le docteur Anderson. On verra par ce résumé que les recherches de Vandyke Carter sont absolument confirmatives des miennes.

Carter a examiné le sang : 1° chez des sujets atteints des différentes formes du paludisme; 2° chez des sujets atteints d'autres maladies; les hématozoaires n'ont jamais été rencontrés dans cette deuxième catégorie de malades.

L'auteur donne les observations de sept malades atteints de paludisme dans le sang desquels la présence des hématozoaires a été constatée sous les formes suivantes :

1° Petits corps sphériques, hyalins, adhérents à des hématies, qui représentent la forme initiale des parasites; il faut se méfier, dit Carter, des erreurs qu'on pourrait commettre en confondant les hématies ainsi altérées avec

(1) Vandyke Carter, *Note on some aspects and relations of the Blood-Organisms in Ague. Scientif. Mem. by Medical Officers of the Army of India.* Part. III. Calcutta, 1888.

des hématies normales présentant simplement des espaces clairs, aspect qui est particulièrement fréquent lorsqu'on fait l'examen du sang sous les tropiques.

2° Corps sphériques pigmentés, libres ou adhérents à des hématies; ces éléments présentent à l'état frais des mouvements amiboïdes. Les grains pigmentés inclus dans ces corps sphériques sont souvent animés d'un mouvement plus ou moins rapide, intermittent.

3° Corps sphériques avec des flagella.

4° Corps en croissant.

Il résulte des descriptions de Carter, comme de la planche qui accompagne son mémoire, que les éléments parasitaires observés par lui sont identiques à ceux que j'ai décrits.

Les corps sphériques sont ceux qui ont été rencontrés le plus fréquemment.

Carter a constaté que les flagella, après s'être détachés des corps sphériques, s'agitent pendant 10 à 30 minutes; ils disparaissent ensuite et le corps sphérique d'où ils émanent reste immobile.

Ce fut avec la plus grande difficulté, dit Carter, qu'on réussit à conserver deux ou trois de ces flagella dans des préparations de sang desséché.

Les corps en croissant persistent souvent pendant plusieurs semaines, même chez des malades soumis à la médication quinique.

Il est bien probable que les différentes formes parasitaires indiquées ci-dessus appartiennent à une seule espèce; ces formes apparaissent dans les mêmes conditions et leur ordre de succession est en général le même.

L'infection se produirait au moyen de l'eau de boisson.

Les corps sphériques et les flagella sont détruits par les

phagocytes qui n'attaquent pas les corps en croissant, d'où la persistance de ces derniers éléments ; l'absorption des corps sphériques par les leucocytes est facile à constater.

Les parasites du paludisme doivent être rangés parmi les hématozoaires ; ils se rapprochent d'une part des trichomonades, *Trichomonas sanguinis* (chevaux, rats) et d'autre part des sporozoaires (corps en croissant).

Il n'y a pas de relation constante entre la nature des éléments parasitaires et la forme clinique que revêt le paludisme.

La présence des éléments parasitaires dans le sang d'un malade permet de diagnostiquer à coup sûr le paludisme.

La quinine agirait en excitant l'activité des phagocytes et non directement sur les hématozoaires.

BIBLIOGRAPHIE

Mon intention n'est pas de faire la bibliographie du paludisme en général; je me propose uniquement : 1° de donner la liste, établie par année, des travaux relatifs aux hématozoaires du paludisme ; 2° de fournir des indications bibliographiques sur les travaux relatifs aux sporozoaires en général et en particulier aux hématozoaires des animaux qui se rapprochent de ceux du paludisme. L'étude de ces derniers parasites est devenue inséparable de celle de l'hématozoaire du paludisme.

A. — Hématozoaires du paludisme.

1880

A. Laveran, Note sur un nouveau parasite trouvé dans le sang de plusieurs malades atteints de fièvre palustre. Note communiquée à l'Académie de médecine. Séance du 23 novembre.

Du même, Deuxième note relative à un nouveau parasite trouvé dans le sang des malades atteints de fièvre palustre. Origine parasitaire des accidents de l'impaludisme. Note communiquée à l'Académie de médecine, séance du 28 décembre.

Du même, Sur un nouveau parasite trouvé dans le sang des malades atteints de fièvre palustre. Origine parasitaire des accidents de l'impaludisme. Société médicale des hôpitaux. Séance du 24 décembre. *Bulletins et mémoires de la Société médicale des hôpitaux. Mémoires*, p. 158.

1881

A. Laveran, Nature parasitaire des accidents de l'impaludisme. Description d'un nouveau parasite trouvé dans le sang des malades atteints de fièvre palustre. Paris (chez Baillière), in-8, 104 pages avec 2 planches.

Du même, Troisième note relative à la nature parasitaire des accidents de l'impaludisme. Note communiquée à l'Académie de médecine dans la séance du 25 octobre.

Du même, Communication à l'Académie des sciences sur la nature parasitaire des accidents de l'impaludisme. Séance du 24 octobre.

1882

E. Richard, Communication à l'Académie des sciences sur les parasites de l'impaludisme. Séance du 20 février.

A. Laveran, De la nature parasitaire de l'impaludisme. Société médicale des hôpitaux. Séance du 28 avril et *Revue scientifique* du 29 avril.

Du même, Deuxième communication à l'Académie des sciences sur les parasites du sang dans l'impaludisme. Séance du 23 octobre.

1883

A. Laveran, Article *Fièvres palustres*, in 2e édition des *Nouveaux Éléments de pathologie et de clinique médicales* de Laveran et Teissier. Paris.

E. Richard, le Parasite de l'impaludisme. *Revue scientifique*, p. 113.

1884

A. Laveran, Traité des fièvres palustres. Paris, in-8 (chez O. Doin).

E. Marchiafava et A. Celli, Sulle alterazioni dei globuli rossi nella infezione da malaria e sulla genesi della melanemia. Reale Accademia dei Lincei. Roma.

Tommasi Crudeli, les Altérations des globules rouges du sang dans l'infection malarique. Congrès de Copenhague.

1885

A. Laveran, Du paludisme et de ses microbes. Société médicale des hôpitaux. Séance du 24 juillet.

E. Marchiafava et A. Celli, Nuove Ricerche sulla infezione malarica. *Annali di agricoltura*, Roma, et *Fortschritte der Medicin*.

Councilman et Abbot, A Contribution to the Pathology of Malarial Fever, in *American Journ. of Med. Sciences*. Avril.

Chassin, Sur l'inoculation de la fièvre intermittente. Thèse de Paris.

1886

E. Marchiafava et A. Celli, Studi ulteriori sulla infezione malarica. *Annali di agricoltura.*

Sehlen, Ueber die Ætiologie der Malaria. *Arch. de Virchow*, n° de mai p. 319.

G. Sternberg, The malarial germ of Laveran. *The Medical Record.* New York, n°s du 1er et du 8 mai.

Golgi, Sull'infezione malarica. *Archivio per le scienze mediche*, t. X, n° 4.

Councilman, Sur certains éléments trouvés dans le sang des sujets atteints de fièvre intermittente, in *Assoc. of Americ. Physic.*, 18 juin, et *Maryland Med. Journ.*, octobre.

Metchnikoff, *Centralblatt f. Bacter.*, n° 21.

1887

E. Marchiafava et A. Celli, Sulla infezione malarica. *Atti della R. Accad. med. di Roma.* Travail reproduit en français dans les *Archives italiennes de biologie*, 1888, t. IX, fasc. 3.

U. Arcangeli, le Ricerche moderne intorno l'agente dell' infezione malarica. *Rivista clinica*, n° 1.

E. Marchiafava et A. Celli, Hémoplasmodie malarique. Association médicale italienne. Session de Pavie.

Metchnikoff, Étude sur les affections malariennes. *Russkaïa med.*, n° 12.

E. Maurel, Communication au Congrès de l'Association médicale pour l'avancement des sciences. Toulouse.

Du même, Recherches microscopiques sur l'étiologie du paludisme, in-8° de 210 pages (chez O. Doin).

Councilman, Noùvelles observations sur l'état du sang dans les fièvres malariales. *Med. News.*

Mosso, *Arch. de Virchow*, p. 205, et *Rend. della R. Accad. dei Lincei*, vol. III, fasc. 7, 8.

Klebs, Die allgemeine Pathologie, Ire partie (Étiologie).

Councilman, Recherches complémentaires sur le germe de la malaria de Laveran. Communication à la réunion annuelle de la Société pathologique de Philadelphie.

A. Laveran, les Hématozoaires du paludisme. *Annales de l'Institut Pasteur*, 25 juin.

Hallopeau, Traité élémentaire de pathologie générale, 2e édit., p. 253.

W. Osler, Communication à la Société pathologique de Philadelphie. *The British med. Journ.*, p. 556. Analyse in *Semaine médicale*, 1887, p. 27.

E. Maragliano, Sur la résistance des globules rouges du sang. *R. Accad. med. di Genova* et *Berliner Klin. Wochenschr.*, n° 43.

E. Marchiafava et A. Celli. Sui rapporti fra le alterazioni del sangue di cane introdotto nel cavo peritoneale degli uccelli e quelle del sangue dell'uomo nell'infezione malarica. *Bollett. della R. Accad. med. di Roma.* fasc. 7.

PFEIFFER, *Centralblatt f. Bacter.*

COHN, *Même recueil*, n° 12.

TOMMASI CRUDELI, *Deutsche med. Wochensch.*, novembre.

1888

B. JAMES, The microorganisms of malaria. Communic. à la Société pathol. de New-York, 25 janv. *The medic. Record*, p. 269.

A. LAVERAN, Des hématozoaires du paludisme. Revue critique. *Annales de l'Institut Pasteur.*

SCHIAVUZZI, Untersuchungen ueber die Malaria in Polen. *München med. Woch.*, n° 24 et *Beiträge zur Biologie der Pflanzen. Journal de F. Cohn.* Breslau.

PAMPOUKIS, Étude clinique et bactériologique sur les fièvres palustres de la Grèce.

E. MARCHIAFAVA et A. CELLI, Notes sur les études modernes de l'étiologie de la fièvre malarienne. *Archivio per le scienze mediche*, t. XI et *Archives italiennes de biologie.*

COUNCILMAN, Neuere Untersuchungen ueber Laveran's Organismus der Malaria. *Fortschritte der Medicin*, n°ˢ 12 et 13.

VANDYKE CARTER, Note on some aspects and relations of the Blood-Organisms in Ague. *Scientif. Mem. by Med. Offic. of the Army of India.* Part. III. Anal. *in the Lancet*, 16 juin, p. 1201.

C. GOLGI, Il fagocitismo nell'infezione malarica. Communic. à la Société méd.-chirg. de Pavie, 19 mai. Journal *la Riforma medica*, mai.

JEUNHOMME, l'Étiologie de la malaria d'après les observations anciennes et modernes. *Arch. de méd. militaire*, t. XII, p. 57 et 145.

EVANS, état du sang dans les fièvres intermittentes. Société clinique de Londres. Analyse *in Bulletin méd.*, p. 608.

A. CATTANEO et A. MONTI, les Parasites du paludisme et les altérations dégénératives des globules rouges. Communic. au douzième congrès médical de Pavie, et *Archivio per le scienze mediche*, t. XII.

A. CELLI et G. GUARNIERI, Sur la structure intime du plasmodium malariæ. *Riforma medica*, 7 septembre et 12 octobre.

N.-A. SACHAROFF, Recherches sur le parasite de la fièvre palustre, *C. r. des seances de la Société méd. de Tiflis. Centralbl. f. Bacteriol.*, 1889. p. 432 et *Arch. de méd. expérim.*, 1ᵉʳ mai 1889.

DU MÊME, Sur l'analogie du parasite de la fièvre intermittente avec celui de la fièvre récurrente. *C. r. des seances de la Société de médecine de Tiflis.* n° 11, *Centralbl. f. Bacteriol.*, 1889, et *Arch. de méd. expér.*, mai 1889, p. 482.

Chenzinsky (Odessa), Zur Lehre uber den Mikroorganismus der Malaria-fiebers. *Centralblatt f. Bacteriol.*, Bd. III.

Soulié, Étiologie du paludisme. Communication à la Société de biologie. *C. r. de la Société de biologie*, p. 766.

Giard, Note sur l'infection paludéenne. Société de biologie. Séance du 24 novembre.

1889

Nepveu, Étude sur le sang des paludiques. Association française pour l'avancement des sciences. Paris, 14 août 1889.

C. Golgi, Intorno al preteso bacillus malariæ di Klebs, Tommasi Crudeli e Schiavuzzi. Torino.

Du même, Sur le développement des parasites du paludisme dans la fièvre tierce. *Fortschr. der Med.*, 3, et *Archivio per le scienze mediche*, t. XIII, p. 173.

A. Celli et G. Guarnieri, Sull'etiologia dell'infezione malarica. *Annali di agricoltura.*

Pietro Canalis, Sopra il ciclo evolutivo delle forme semilunari di Laveran et sulle febbri malariche irregolari e perniciose che da esse dipendono. Roma.

Chenzinsky, Contribution à l'étude des microorganismes du paludisme. Thèse de doctorat. Odessa.

T. Gualdi et E. Antolisei, Due casi di febbre malarica sperimentale. *Accad. med. di Roma.* Anno XV (1888-1889) fasc. VI.

Tomas Coronado, Cuerpos de Laveran. Microbios del Paludismo. *Cronica medico-quirurgica de la Habana*, n° 10.

C. Golgi, Communication sur les fièvres intermittentes à long intervalle. Société médico-chirurgic. de Pavie, 6 avril.

Du même, Sur l'étiologie du paludisme. Association médicale italienne. Congrès de Padoue.

Pietro Canalis, Studi sulla infezione malarica. Sulla varietà parassitaria delle forme semilunari di Laveran, sulle febbri malariche che da esse dipendono. Torino, 1889, et *Giornale medico del esercito et della marina*, n° de décembre.

A. Celli, Dei protisti citofagi. *Riforma medica*, mai.

E. Marchiafava et A. Celli, Sulle febbri malariche predominante nell' estate e nell' autunno in Roma. *Riforma medica*, 13 septembre 1889, et *Atti della R. Accad. med. di Roma.* Anno XVI, vol. V. série 2.

R. Feletti et B. Grassi, Sui parassiti della malaria (Nota preliminare). Catania, 22 décembre.

E. Antolisei et A. Angelini, Due altre casi di febbre malarica sperimentale. *Riforma medica.* Septembre.

T. Gualdi et E. Antolisei, Una quartana sperimentale. *Riforma medica*, novembre.

T. Gualdi et E. Antolisei, Inoculazione delle forme semilunari di Laveran. *Riforma medica*, novembre.

Paltauf et Kahler, Communication à la Société império-royale des médecins de Vienne, 20 décembre 1889. *Semaine médicale*, 1890, p. 8.

Hayem, Du sang et de ses altérations anatomiques. Paris, 1889, p. 347.

N.-A. Sacharoff, *le Paludisme sur le chemin de fer de Transcaucasie.* Observations microscopiques. Tiflis, 1889.

Klein, Examen des éléments figurés du sang au point de vue clinique. Collège des docteurs de Vienne, décembre 1889. *Bulletin méd.*, 1890, p. 40.

W. Osler, Valeur de l'organisme de Laveran dans le diagnostic de la malaria. *John's Hopkins Hosp. Bull.*, n° 1, 1889-1890.

1890

Jaccoud, De la fièvre intermittente, son traitement, sa nature. *Semaine médicale*, p. 25.

Vallin, les Hématozoaires du paludisme. *Revue d'hygiène*, p. 97.

A. Celli et E. Marchiafava, Intorno a recenti lavori sulla natura della causa della malaria. *Bollettino della R. Accad. med. di Roma*, 1889-1890. Anno XV, fascicolo II.

F. Plehn, Beiträg zur Lehre der Malaria-infection. *Zeitschrift für Hygiene*, p. 78.

Du même, Communication à la Société de médecine de Berlin, 5 mars, et *Berlin. Klin. Wochensch.*, 31 mars.

Hallopeau, Traité élémentaire de pathologie générale, 3e édition, Ire partie.

R. v. Jaksch, Ueber Malariaplasmodien. *Prager med. Wochenschrift*, 4.

Pietro Canalis, Contributo alla storia degli studi moderni sulla infezione malarica. *Spallanzani*.

Du même, Intorno a recenti lavori sui parassiti della malaria. Lettera al Presidente della R. Accad. Med. di Roma.

Du même, Étude sur l'infection palustre. *Fortschr. der Medicin*, n°s 8 et 9, p. 285, 325.

R. Feletti et B. Grassi, Sui parassiti della malaria. *Riforma medica*, mars.

Soulié, Sur l'hématozoaire du paludisme. *Bulletin médical de l'Algérie*, p. 228.

E. Antolisei, l'Ematozoa della quartana. *Riforma medica*. Janvier.

E. Antolisei et A. Angelini, Osservazioni sopra alcuni casi d'infezione malarica con forme semilunari. *Archivio italiano di clinica medica*.

E. Antolisei, Sull' ematozoo della terzana. *Riforma medica*, janvier.

E. Antolisei et A. Angelini, Nota sul ciclo biologico dell'ematozoo falciforme. *Riforma medica*, mars.

Cornil et Babès, les Bactéries, 3e édition, t. II, p. 163.

H. de Brun, les Causes individuelles ou somatiques de l'impaludisme. *La médecine moderne*, 8 mai.

Bamberger, De la plasmodie de la malaria. Société império-royale des médecins de Vienne, 2 mai.

A. Celli et E. Marchiafava, Sulle febbri predominanti nell' estate e nell' autunno in Roma. *Archivio per le scienze mediche di Bizzozero*, t. XIV p. 117 (avec une planche).

E. Antolisei, Considerazioni intorno alla classificazione dei parassiti della malaria. *Riforma medica*, avril.

A. Valenti, Etiologia e patogenesi della melanemia e della infezione malarica. *Gaz. med. di Roma*.

A. Laveran, Au sujet de l'hématozoaire du paludisme et de son évolution. Société de biologie, séance du 21 juin. *Comptes rendus*, p. 374.

Luzet, Des agents infectieux du paludisme. *Arch. gén, de méd*, t. II, p. 61.

C. Terni et G. Giardina, Sulle febbri irregolari da malaria. *Rivista d'igiene e sanita pubblica*, 16 mai.

Des mêmes, Même travail avec analyse des observations. Publication de la direction de la santé publique. Rome.

Paltauf, Étiologie de la fièvre intermittente. *Wiencr med. Wochensch.*

Dock, Étude sur l'étiologie de l'infection malarienne et des hématozoaires de Laveran. *Med. News*, 19 juillet.

A. Laveran, Des hématozoaires voisins de ceux du paludisme observés chez les oiseaux. Communication à la Société de biologie, séance du 5 juillet. *Bulletin*, p. 422.

Tomas V. Coronado, El microbio de la malaria. *Cronica medico-quirurgica de la Habana*, n° 6, p. 287.

Quincke, Ueber Blutuntersuchungen bei Malariakranken (Sur l'examen du sang dans le paludisme), Kiel, et *Mitth. d. Verein. Schleswig-Holst. Aerzte*, n° 4.

Rosenbach, *Deutsch. med. Wochensch*, n° 16.

L. Pfeiffer, *Corresp. Bl. d. allg. ärztl. Vereins v. Thüringen*, 145.

Du même, les Protozoaires pathogènes. Iéna.

Kollmann, les Pseudo-Microbes du sang humain normal. Congrès de Berlin, (Section de médecine interne).

Tito Gualdi, Bozzolo, Discussion de la communication précédente. Congrès de Berlin.

C. Golgi, Représentation photographique du développement des parasites de l'infection paludéenne. Congrès de Berlin.

A. Bignami, Recherches sur l'anatomie pathologique des fièvres pernicieuses. *Atti della R. Accad. med. di Roma*. Anno XVI, t. V.

A. Celli et E. Marchiafava, Il reperto del sangue nelle febbri malariche invernali. *R. Accad. med. di Roma*. Anno XVI (1889-1890) fascicolo VI.

Veronesi, Valeur clinique de l'examen du sang dans l'infection palud. *Atti d. Accad. med. Perugia*, II, n° 1.

Dolega, Étiologie de la malaria, IX° congrès de médecine interne de Vienne, 18 avril.

Du même, Blutbefunde bei Malaria (État du sang dans la Malaria). *Fortsc. der Med.*, 15 octobre.

Anderson, The malarial fever of Mauritius. *The Lancet*, p. 391.

C. Golgi, Sur le cycle évolutif des parasites malariques dans la fièvre tierce. Diagnose différentielle entre les parasites endoglobulaires malariques de la fièvre tierce et ceux de la fièvre quarte. *Archives italiennes de biologie*, t. XIV, fasc. I-II.

D. Reshetilo, Étiologie de la malaria. Saint-Pétersbourg.

G. Titov, Importance diagnostique des protozoaires de la fièvre paludéenne. Saint-Pétersbourg.

B. Grassi et R. Feletti, Di un' ameba che si trova in vita libera e che potrebbe rapportarsi ai parassiti malarici (Note préliminaire). Juin.

Maragliano, De la pathologie du sang. Congrès de la Société italienne de médecine interne. Rome, octobre.

Du même, Sur les fièvres intermittentes malariques à longs intervalles. Fondements de la classification des fièvres malariques. *Arch. italiennes de biologie*, t. XIV, fasc. I-II.

J.-M. Atkinson, *Annual Report on the Medical Department for the year* 1889. Hongkong, 1890. Appendice D.

A. Laveran, De l'examen du sang au point de vue de la recherche de l'hématozoaire du paludisme. Société médicale des hôpitaux. Séance du 28 novembre.

Du même, Au sujet des altérations des globules rouges du sang qui peuvent être confondues avec les hématozoaires du paludisme. Société de biologie, 27 décembre.

Danilewsky, Sur les microbes de l'infection malarique aiguë et chronique chez les oiseaux et chez l'homme. *Annales de l'Institut Pasteur*, n° de décembre.

Romanowsky, Sur la structure des parasites du paludisme. *Wratsch*, n° 52, p. 1171.

L. Pfeiffer, Vergleichende Untersuchungen ueber Schwärmsporen und Dauersporen bei den Coccidieninfectionen und bei intermittens. *Fortschritte der medicin*, 15 décembre 1890.

B. — Sporozoaires en général. — Hématozoaires des animaux.

G. Valentin, Ueber ein Entozoon im Blute von Salmofario. *Müller's Archiv*, 1841, p. 435.

G. Gluge, Ueber ein eigenthümliches Entozoon im Blute des Frosches. *Müller's Archiv*, 1842, p. 148.

Gruby, Sur une nouvelle espèce d'hématozoaires. Trypanosoma sanguinis. Acad. des sciences, 1843. *Comptes rendus*, XVII, p. 1134.

Gros, Observ. et inductions microscopiques sur quelques parasites. *Bulletin de la Soc. imp. des naturalistes de Moscou*, 1845.

C. Wedl, Beiträge zur Lehre von den Hematozoen. *Denkschriften der Wiener Akad. der Wissen.*, 1850.

E. Ray Lankester, On Undulina. *Quarterly Journal of Microsc. Science*, 1871.

A. Schneider, *Arch. de zoologie expérimentale*, t. X, 1878.

T.-R. Lewis, Flagellated organisms in the blood of healthy Rats. *Quaterly Journ. of Microsc. Science*, 1879, p. 109.

J. Gaule, Ueber Würmchen welche aus den Froschblutkorperchen auswandern, *Arch. für Physiologie*, 1880-1881.

Wallerstein, Ueber Drepanidium ranarum, *Inaug. Diss.* Bonn, 1880.

W. Flemming, Die Cytozoen. *Biolog. Centralblatt*, 1881.

E. Ray Lankester, On Drepanidium Ranarum. *Quarterly. Journ. of Microsc. Science*, 1882.

Kunstler, Recherches sur les infusoires parasites. *Comptes rendus de l'Acad. des sc.*, 1883, p. 755.

B. Grassi, Sur quelques protistes endoparasites appartenant aux classes des Flagellata, Lobosa, Sporozoa et Ciliata. *Archives italiennes de biologie*, 1882-1883.

Mitrophanow, Beiträge zur Kenntniss der Hematozoen, *Biologisches Centralblatt*, 1883.

Balbiani, Leçons sur les sporozoaires. Paris, 1884.

E. M. Crookshank, Flagellated Protozoa in the blood of diseaded and apparently healthy animals. *Journ. of the R. Microsc. Society*, p. 913, 1886.

Danilewsky, Matériaux pour servir à la parasitologie du sang. *Archives slaves de biologie*, 1886-1887.

Du même, Contribution à la question de l'identité des parasites pathogènes du sang chez l'homme avec les hématozoaires chez les animaux sains. *Centralbl. f. med. Wiss.* 1886-1887.

Du même, Recherches sur la parasitologie comparée du sang. Zooparasites du sang des oiseaux. Kharkov, 1888 (ouvrage publié en langue russe).

R. Blanchard, Art. Hématozoaires in *Dictionn. encyclop. des sc. méd.*

Du même, Bibliographie des hématozoaires. *Bulletin de la Société zoologique de France*, t. XII, 1887.

Vandyke Carter, Sur la maladie infectieuse du rat et du cheval dans l'Inde. Extrait des *Mémoires scientifiques des médecins militaires de l'armée des Indes*. Calcutta, 1888.

Chalachnikov, Recherches sur les parasites du sang chez les animaux à sang froid et à sang chaud (en langue russe). Kharkov, 1888.

Danilewsky. Nouvelles recherches sur les parasites du sang des oiseaux. Kharkov, 1889.

Du même, Recherches sur les hématozoaires des tortues. Kharkov, 1889.

J. Steinhaus, Karyophagus salamandrae. *Arch. de Virchow*, 1889, t. CXV.

Th. Smith, Sur la fièvre du Texas du bœuf, *The Medical Record*, décembre 1889.

B. Grassi et R. Feletti, les Parasites du paludisme chez les oiseaux. *Bulletin mensuel de l'Acad. des sc. naturelles de Catane*, 23 mars 1890.

Walther Kruse, Ueber Blutparasiten, *Archives de Virchow*, 1890, t. CXX, p. 541.

Du même, Ueber Blutparasiten. *Archives de Virchow*, 1890, t. CXXI, p. 359.

Danilewsky, Développement des parasites malariques dans les leucocytes des oiseaux (Leucocytozoaires). *Annales de l'Institut Pasteur*, 1890, p. 427.

Gabritchewsky, Contribution à l'étude de la parasitologie du sang. *Annales de l'Institut Pasteur*, 1890, p. 440.

B. Grassi et R. Feletti, Ancora sui parassiti degli uccelli. *Bull. de l'Acad. des sc. nat. de Catane*, juin 1890.

Pfeiffer, les Protozoaires pathogènes. Iéna, 1890.

PLANCHE I

1, hématie normale.

2-6, hématies auxquelles adhèrent de petits corps sphériques sans pigment, au nombre de 1 à 4.

7-13, hématies auxquelles adhèrent des corps sphériques pigmentés au nombre de 1 à 4.

14-18, hématies auxquelles adhèrent des corps sphériques pigmentés qui ont détruit presque complètement les hématies.

19-20, corps sphériques libres arrivés à leur développement complet

21, petits corps sphériques pigmentés libres.

22, petits corps sphériques agglomérés.

23-28, différentes phases de l'évolution des corps segmentés.

29-31, corps sphériques avec des flagella au nombre de 1, 3 ou 4. Le flagellum de l'élément 31 présente vers sa partie moyenne **un** petit renflement.

32, flagellum devenu libre.

33-36, corps en croissant; un de ces corps (34) est accolé à une hématie, un autre (36) présente un double contour.

37-38, corps ovalaires dérivant des corps en croissant.

39-41, leucocytes mélanifères.

42-44, corps hyalins pigmentés représentant des formes cadavériques des hématozoaires du paludisme.

Tous ces éléments ont été dessinés à un grossissement de 1000 diam. environ.

PLANCHE II

Fig. A.

Hématozoaires du paludisme dans le sang frais. Au milieu d'hématies normales on distingue les éléments suivants :

a, groupe de trois hématies auxquelles adhèrent de petits corps sphériques.

b, petits corps sphériques libres.

c, corps sphérique de moyen volume adhérent à une hématie.

d, corps sphérique arrivé à son développement complet, libre.

e, corps sphérique avec deux flagella.

f, flagellum libre.

g, g, corps en croissant.

h, leucocyte mélanifère.

i, leucocyte normal.

(Grossissement 500 diam.).

Fig. B.

Hématozoaires du paludisme dans le sang desséché et coloré par le bleu de méthylène. Au milieu d'hématies normales on distingue les éléments suivants :

a, a, a... hématies auxquelles adhèrent des corps sphériques à différents degrés de leur développement.

b, b, b, corps sphériques libres.

c, c, c, corps en croissant.

d, d, leucocytes.

(Grossissement 500 diam.).

Tous les éléments parasitaires des figures A et B de cette planche ont été dessinés d'après nature, ils ont été groupés dans le même champ du microscope afin de ne pas multiplier les figures. Même observation pour les figures A et B de la planche III.

PLANCHE III

Fɪɢ. A.

Hématozoaires du paludisme dans le sang desséché et soumis à la double coloration par l'éosine et le bleu de méthylène. Au milieu d'hématies normales colorées en rose par l'éosine on distingue les éléments suivants :

a, a, a, a, corps sphériques adhérents à des hématies.
b, deux corps sphériques libres arrivés à leur développement complet.
c, deux corps en croissant.
d, corps segmenté.
e, e, leucocytes.
(Grossissement 500 diam.).

Fɪɢ. B.

Hématozoaires des oiseaux dans le sang desséché et soumis à la double coloration par l'éosine et le bleu de méthylène. Au milieu d'hématies normales on distingue les éléments suivants :

a, a, a, hématies renfermant des cytozoa plus ou moins développés.
b, trois cytozoa libres.
c, vermicules libres, à l'un d'eux est encore accolé un débris d'hématie.
d, d, leucocytes.
(Grossissement 500 diam.).

PLANCHE IV

Différents aspects des hématozoaires de la tortue (d'après Danilewsky).

1, 2, 3, 4, hématies renfermant un ou deux hémocytozoa de petit volume ; à côté des hémocytozoa qui forment des taches claires, on distingue les noyaux des hématies ;

5, 6, les hémocytozoa prennent une forme allongée dans l'intérieur des hématies, on distingue un noyau dans chaque vermicule ;

7, 8, les vermicules, en s'accroissant, se replient sur eux-mêmes ;

9, 10, 11, 12, vermicules avec des débris des hématies ;

13, vermicule libre ;

14, vermicule libre avec les étranglements qui se produisent dans la locomotion ;

15, début de segmentation ; la masse parasitaire a l'aspect d'une framboise ;

16, cytocyste avec ses embryons de parasites ;

17, cytocyste écrasé ;

18, embyrons falciformes mobiles avec étranglements transversaux.

Quelques aspects des hématozoaires des oiseaux (d'après Danilewsky).

1, 2, 3, 4, différentes formes de pseudovacuoles, c'est-à-dire hémocytozoa à différentes phases de leur développement incomplet. Les hématies sont plus ou moins déformées, quelques-unes renferment plusieurs hémocytozoa. A côté des hémocytozoa formant des taches claires on distingue les noyaux des hématies ;

5, pseudovermicules mobiles renfermant chacun un noyau. Un de ces pseudovermicules montre un étranglement produit pendant la progression ;

6, hématie avec cytozoon d'où s'échappent des corps spirilliformes ;

7, corps spirilliformes à un fort grossissement ;

8, 9, polimitus sanguinis avium avec flagella. A côté du corps des polimitus on distingue encore les noyaux des hématies ;

10, pseudospirilles ou, autrement dit, flagella, devenus libres.

PLANCHE V

Les photographies reproduites dans les planches V et VI ont été
faites, sur mes préparations, par M. Yvon.

Fig. 1.

Hématozoaires du paludisme. Sang desséché. Au milieu d'hématies
normales on distingue deux corps en croissant, pigmentés vers la partie
moyenne. (Grossissement 700 diam.).

Fig. 2.

Hématozoaires du paludisme. Sang desséché. Au milieu d'hématies
normales on voit un corps en croissant pigmenté vers la partie moyenne
et présentant la ligne fine qui réunit souvent les cornes du croissant.
(Grossissement 400 diam.).

Fig. 3.

Hématozoaires du paludisme. Sang desséché et coloré par le bleu de
méthylène. On distingue vers la partie centrale, au milieu d'hématies
normales, deux hématies auxquelles adhèrent des corps sphériques à
bords irréguliers, pigmentés. Une troisième hématie également altérée
se trouve à droite et en bas, mais elle est moins visible que les deux
autres. (Grossissement 500 diam.).

Fig. 4.

Hématozoaires du paludisme. Sang desséché soumis à la double coloration par l'éosine et le bleu de méthylène. Au milieu d'hématies un
peu déformées on distingue un corps sphérique pigmenté (Grossissement 500 diam.).

PLANCHE VI

Fig. 1.

Coupe du cerveau d'un sujet mort d'accès pernicieux comateux ; la coupe faite après durcissement par le procédé ordinaire a été colorée par le carmin et montée dans le baume du Canada. Le vaisseau capillaire qui se trouve dans la coupe présente un piqueté noir très caractéristique formé par l'agglomération des éléments parasitaires pigmentés (mélanémie). (Grossissement 100 diam. environ).

Fig. 2.

Coupe histologique du foie d'un sujet mort d'accès pernicieux comateux. Coupe faite après durcissement, colorée au picrocarmin et montée dans le baume du Canada. Le réseau capillaire sanguin renferme de nombreux éléments pigmentés. Le pigment forme des taches noires, de formes et de dimensions variables (mélanémie). (Grossissement 100 diam. environ).

Fig. 3.

Hématozoaires des oiseaux. Sang de geai desséché. Au milieu d'hématies normales on distingue trois hématies avec des parasites endoglobulaires pigmentés. L'hématie qui se trouve au centre de la préparation est déformée, le parasite occupe la plus grande partie de l'hématie et a refoulé le noyau. Les deux autres hématies envahies par des parasites sont moins déformées, les parasites s'enroulent autour du noyau. (Grossissement 500 diam.).

Fig. 4.

Hématozoaires du sang des oiseaux. Sang de geai desséché. On distingue à côté d'hématies normales : 1° une hématie avec un parasite endoglobulaire pigmenté qui, par ses extrémités, commence à contourner le noyau. La partie de l'hématie qui n'est pas altérée se distingue bien de la partie envahie par le parasite, qui est plus pâle. 2° Un corps sphérique pigmenté (parasite libre) dont les contours ne sont pas très apparents. (Grossissement 1200 diam.).

TABLE DES MATIÈRES

CHAPITRE III

CHAPITRE IV

CHAPITRE V

CHAPITRE VI

OBSERVATIONS

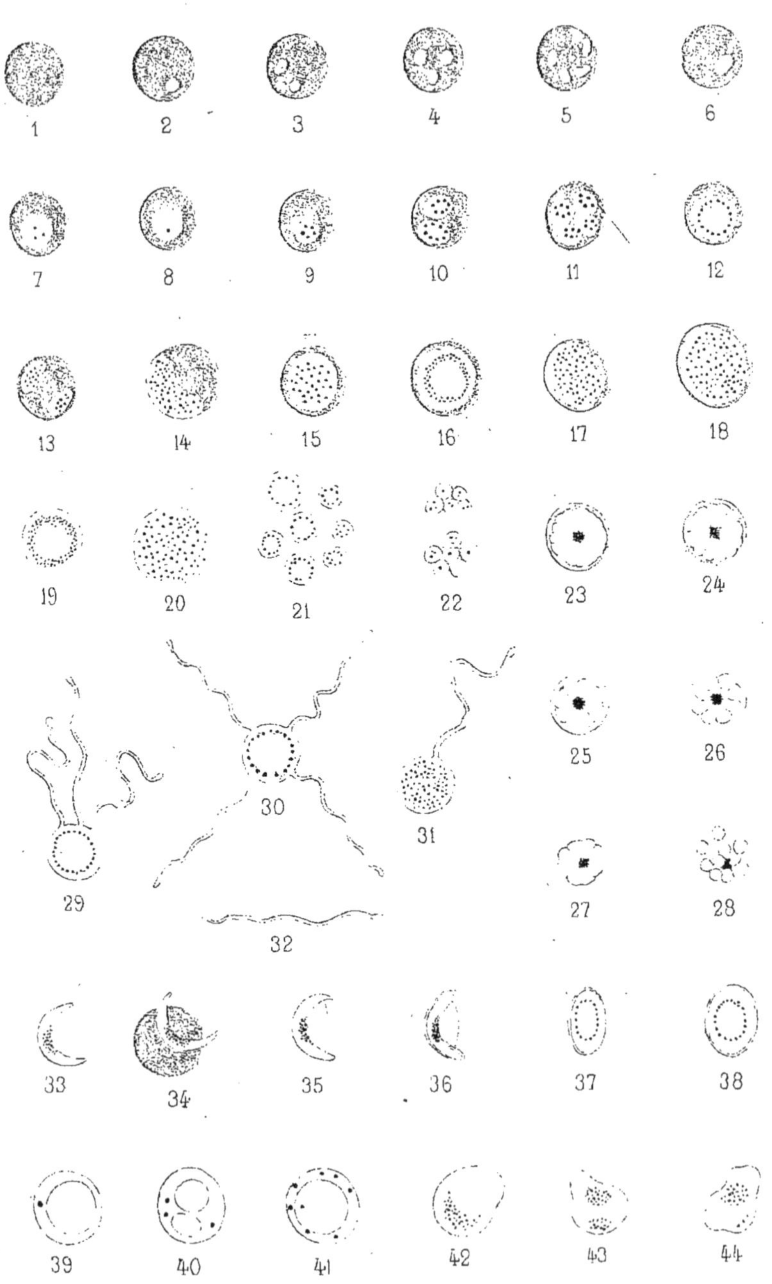

Planche I.
1
2
3
4
5
6
7
8
9
10
11
12
13
14
15
16
17
18
19
20
21
22
23
24
25
26
27
28
29
30
31
32
33
34
35
36
37
38
39
40
41
42
43
44
Laveran del.
Nicolet lith.
Imp. Lemercier & Cie Paris

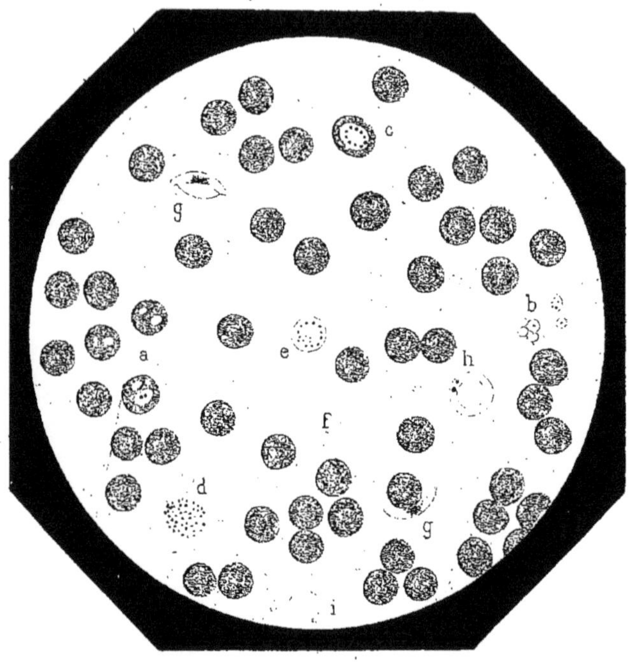

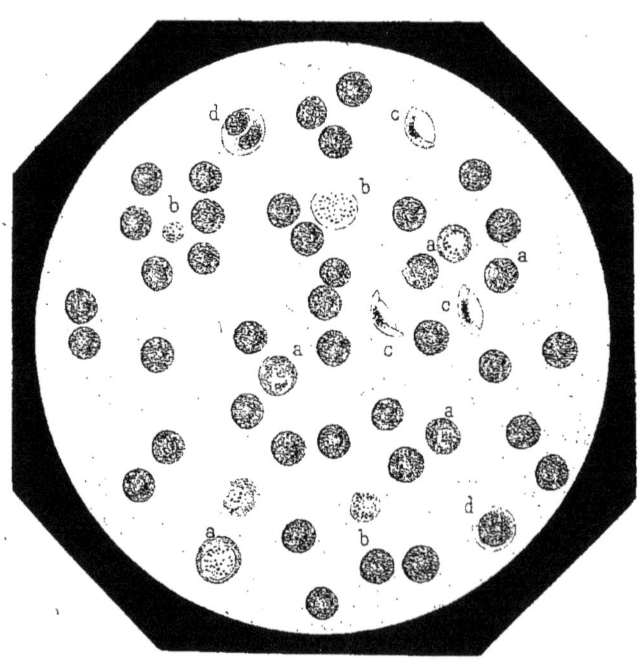

Laveran del

Nicolet lith

Imp. Lemercier & Cie, Paris

Planche III.

A

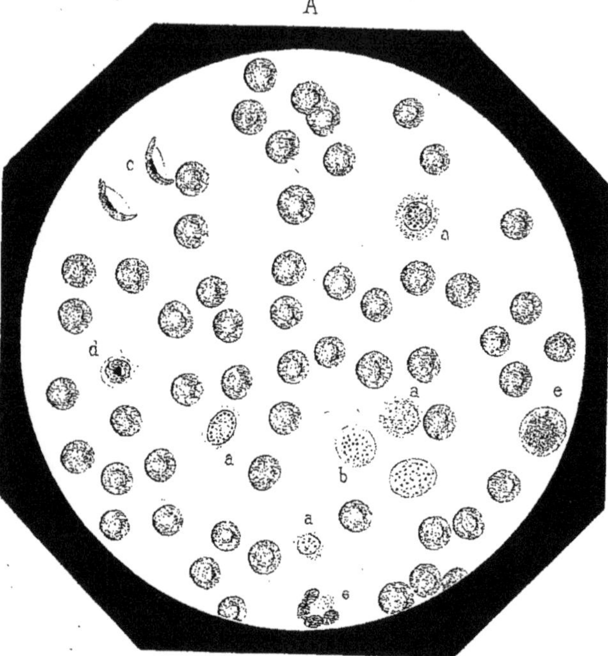

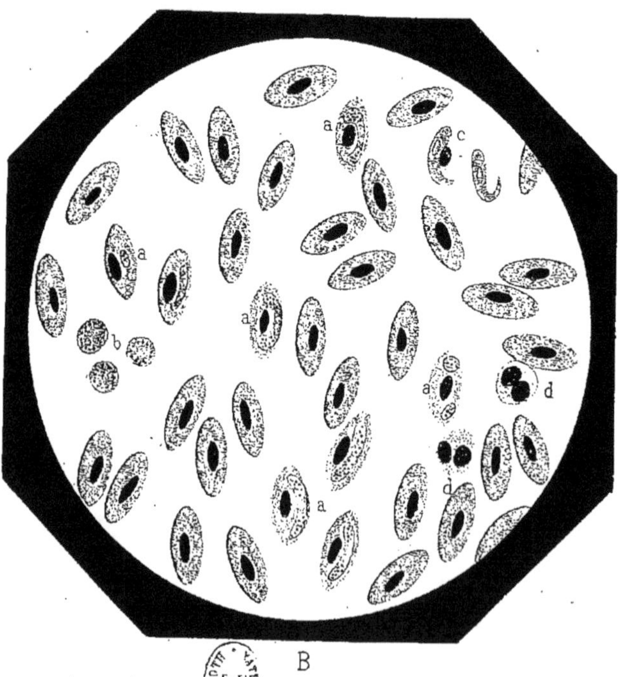

B

Laveran del

Nicolet lith.

imp. Lemercier & Cie Paris

Planche IV

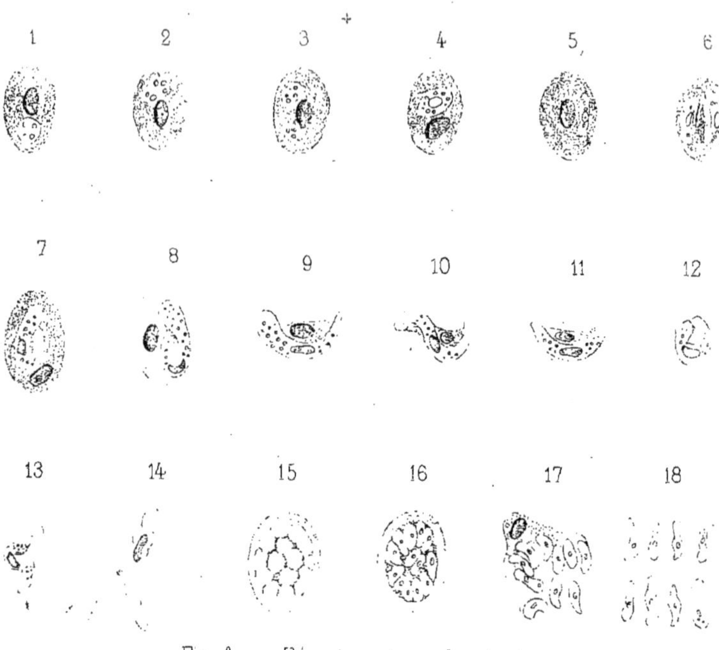

Fig. A — Hématozoaires des tortues

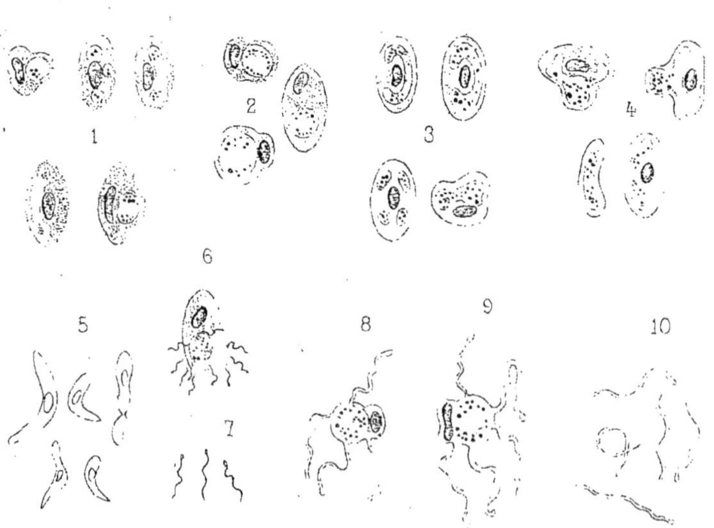

Fig. B — Hématozoaires des oiseaux

Imp. Lemercier et Cie, Paris

Fig . 1.

Fig . 2

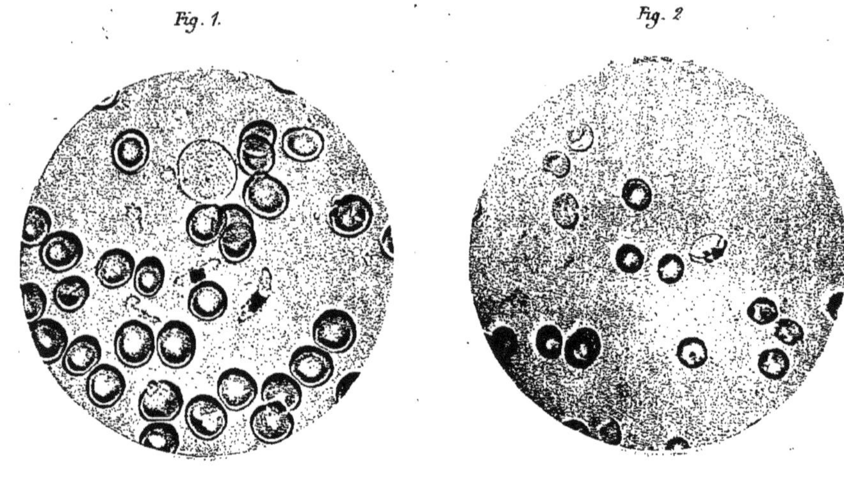

Fig . 3.

Fig. 4.

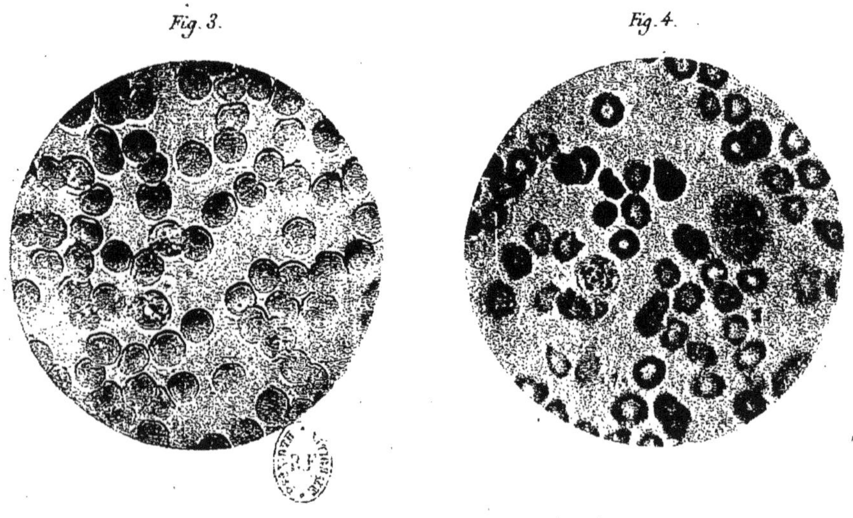

Héliotypie E. Rouillé, Paris, 13. r. Claude-Bernard.

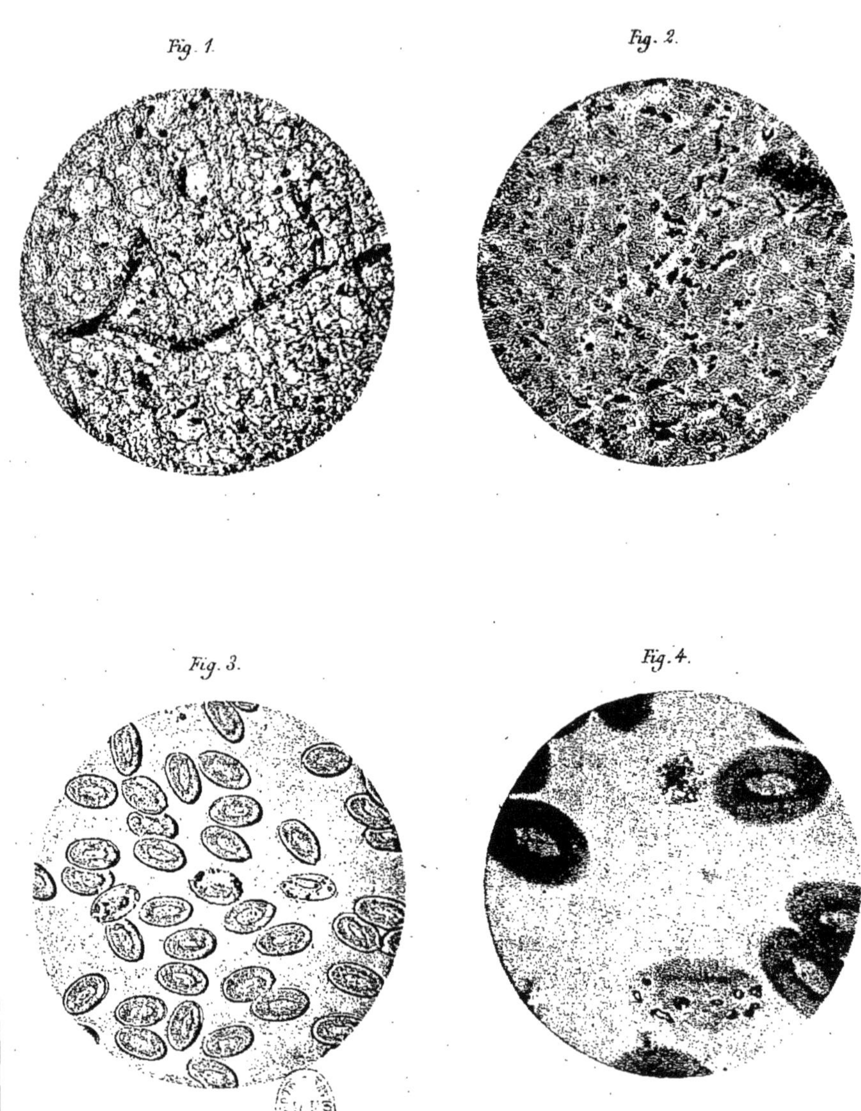

Pl . VI.
Fig . 1.
Fig . 2.
Fig . 3.
Fig . 4.